中学思政课程教学论

刘建良◎主编

蒙　宇　戴家芳◎副主编

安徽师范大学出版社
ANHUI NORMAL UNIVERSITY PRESS
·芜湖·

图书在版编目(CIP)数据

中学思政课程教学论 / 刘建良主编 . —— 芜湖 : 安徽师范大学出版社, 2023.5

ISBN 978-7-5676-6000-7

Ⅰ.①中… Ⅱ.①刘… Ⅲ.①政治课—教学研究—中学 Ⅳ.①G633.202

中国国家版本馆 CIP 数据核字(2023)第 081681 号

中学思政课程教学论

刘建良◎主编

责任编辑 : 胡志立　　　责任校对 : 李晴晴

装帧设计 : 张　玲　　　责任印制 : 桑国磊

出版发行 : 安徽师范大学出版社

安徽省芜湖市北京东路 1 号安徽师范大学赭山校区

网　　　址 : http://www.ahnupress.com/

发 行 部 : 0553-3883578　5910327　5910310(传真)

印　　　刷 : 江苏凤凰数码印务有限公司

版　　　次 : 2023 年 5 月第 1 版

印　　　次 : 2023 年 5 月第 1 次印刷

规　　　格 : 700mm × 1000 mm　　1/16

印　　　张 : 14.5

字　　　数 : 232 千字

书　　　号 : ISBN 978-7-5676-6000-7

定　　　价 : 49.80 元

凡发现图书有质量问题,请与我社联系(联系电话 : 0553-5910315)

目　录

第一章 导 论

随着教育改革的推进,中学思政课在课程理念、教材、教学方法与手段、教学评价等方面都发生了一些新变化。这些变化既包括教学理念的更新,教学方式与方法的变革,也包括基于核心素养的人才培养目标新要求,还包括教师专业发展的需要。与此同时,课程与教学改革也给中学思政课教学带来新的挑战:如何贯彻"大中小学思政课一体化"的新要求? 在教学中如何培育和发展学生的核心素养? 如何实施活动型学科课程? 如何开发教学议题? 如何实现基于学科核心素养的教学评价改革? ……这些都是新时代中学思政课教学需要面对和解决的问题,也是高等师范院校思想政治教育专业中学思政课程教学论这门课程需要关注和解决的问题。

第一节 中学思政课程教学论的研究对象与学科性质

高等师范院校的思想政治教育专业一般来说是以培养合格的中学思政课教师为目标。在其课程体系中,中学思政课程教学论是专业必修课程和核心课程,同时也是教师教育课程的重要组成部分。

一、中学思政课程教学论的内涵

教学论作为研究教学一般规律的科学,兼具理论性和应用性,是教育学学科体系中一个重要的分支学科。教学论研究教学中存在的种种现象和问题,探索教学的本质与规律,总结教学的经验和艺术,主要包括教学的地位与作用、教学的目的与任务、教学过程的本质与规律、教学原则、教学内容、教学组织形式、教学手段与方法、教学评价等内容。

中学思政课程教学论是以中学思政课教学实践和经验为基础,以马克思主义理论、教育学、教育心理学等为指导,以中学思政课程教学过程和规律为主要研究对象的理论与实践相统一的一门教育学学科,是教学论这一学科的重要组成部分。从已经出版的著作来看,改革开放以来与中学思政课程教学论相关的有《中学政治课教学法概论》(组编,1983)、《中学政治课教学法》(贺允清,1986)、《新编中学思想政治课教学法》(邢安仁等,1988)、《思想政治教学法教程》(李之戌,1988)、《中学思想政治课教育学》(胡文瑞等,1989)、《思想政治学科教育学》(孙运锡等,1991)、《德育课程与教学论》(吴铎,2003)、《中学德育学科教学论》(邝丽湛,2010)、《中学德育课程与教学论》(胡田庚,2010)、《当代中等学校德育学科教学论》(刘强,2011)、《中学思想政治课教学论》(高青兰等,2013)、《中学政治学科教学论新编》(陈美兰,2019)等。因此,中学思政课程教学论学科建设与发展受到教学论的理论研究与学科发展、高等师范院校教师教育课程设置、中学思政课程改革与发展等的影响和制约。从教学论学科发展来看,经历了"教学法""教材教法研究""学科教学论"等阶段;从中学思政课程来看,其具体课程设置及名称也经历了一个改革发展过程,目前在初中学段为《道德与法治》、高中学段为《思想政治》,本书中统称为中学思想政治课,简称中学思政课。

二、中学思政课程教学论的研究对象和研究内容

(一)中学思政课程教学论的研究对象

任何一门独立的学科,都有其特定的研究对象。研究对象的确定性和科学性是该学科成熟的重要标志。中学思政课程教学论作为一门比较成熟的学科,虽然在研究对象的具体表述上有差异,如"思想政治课教学法的研究对象

就是思想政治课的教学过程及其规律"①，"思想政治学科教学论是研究思想政治教育专业教与学的科学规律和艺术的一门学问"②，"中学思想政治课教学法是研究思想政治教学过程的特殊矛盾及其规律的科学"③，"思想政治教学研究是一门研究思想政治教学过程及其规律的科学"④，"中学德育学科教学论的研究对象是中学德育学科的教育、教学特殊矛盾"⑤等，但都聚焦于思想政治课教学过程中的规律。

毛泽东在《矛盾论》中指出："科学研究的区分，就是根据科学对象所具有的特殊的矛盾性。因此，对于某一现象的领域所特有的某一种矛盾的研究，就构成某一门科学的对象。"⑥综合参考学界的研究与讨论，本书认为中学思政课程教学论的研究对象就是中学思政课程的教学过程及其特殊规律。

首先，中学思政课程教学论以思政课教师的教和学生的学之间的相互关系作为研究对象。教师的教和学生的学共同构成了完整的教学活动，中学思政课程教学论既要研究教师如何教思政课，也要研究学生如何学思政课，同时要研究思政课教师的教与学生的学之间的相互关系和基本原理。

其次，中学思政课程教学论以思政课程教学中存在的具体问题作为研究对象。一般而言，教学问题一方面包含了认识问题、价值问题和操作问题，另一方面也包含了理论问题和实践问题及两者之间的矛盾问题。中学思政课程教学论要去发现和研究中学思政课教学实践中存在的具体问题，诸如思政课教学效果的评价、思政课教学模式的优化、思政课教学方法的选择等。

最后，中学思政课程教学论以中学思政课程教学的规律作为研究对象。具体来说，就是要去研究和归纳总结中学思政课程教学原则与方法、教学艺术、教学评价、学习方法等的本质规律，构建中学思政课程教学论的理论体系、学科体系和教学体系。

---

① 邢安仁、谭伟才、项复初主编：《新编中学思想政治课教学法》，广西师范大学出版社1988年版，第8页。

② 刘强主编：《思想政治学科教学新论》（第二版），高等教育出版社2009年版，第4页。

③ 陈善卿、张学曾主编：《思想政治课教学研究》，南京大学出版社1992年版，第1页。

④ 吴铎主编：《中学思想政治教学论》，高等教育出版社1994年版，第1页。

⑤ 邝丽湛主编：《中学德育学科教学论》，北京大学出版社2010年版，第5页。

⑥《毛泽东选集》（第一卷），人民出版社1991年版，第309页。

（二）中学思政课程教学论的研究内容

根据中学思政课程教学论的研究对象，其研究领域可以确定为以下四个方面：一是中学思政课程建设及课标、教材研究；二是中学思政课程教学过程与教学规律研究；三是中学思政课程学习与评价研究；四是中学思政课教师队伍建设研究。围绕这四个研究领域，本书研究讨论的中学思政课程教学论的主要内容是：

（1）中学思政课程教学论导论，包括中学思政课程教学论的内涵、研究对象、学科性质，以及学习中学思政课程教学论的意义与方法等。

（2）中学思政课程概况，包括中学思政课程的历史沿革、课程性质、课程地位、课程任务等。

（3）中学思政课程标准与教材，包括新一轮中学思政课程改革、新课程标准的理念、课程目标、课程标准设计思路、课程标准的主要内容、现行教材的主要内容等。

（4）中学思政课程教学准备，包括如何制订学期教学计划、如何研读课标和教材、如何了解学情、如何撰写教学设计、如何说课等。

（5）中学思政课程教学实施，包括教学组织形式、教学方法、教学过程等。

（6）中学思政课程教学技能与艺术，包括课堂导入、课题讲解、教学语言、课堂提问、板书设计、结课等。

（7）中学思政课程学习指导与学业评价，包括中学思政课程学习指导方法，学业评价的内容、方法与要求等。

（8）中学思政课程教学反思与教学评价，包括如何进行教学反思，如何听课、观课，如何进行教学评价等。

（9）中学思政课教师专业发展，包括中学思政课教师专业发展的意义、结构与要求、路径与方法等。

三、中学思政课程教学论的学科性质

中学思政课程教学论作为思想政治教育专业教师教育课程的重要组成部分，是一门理论性与实践性高度统一的教育学分支学科。

中学思政课程教学论的理论性体现为相关理论的综合。一方面,它以教学论为理论基础,同时也是教育学原理、课程论、教育心理学、教育测量与评价等多学科的综合;另一方面,它又是教学论与中学思政课程所涉及的马克思主义理论、思想政治教育学、政治学、法学、社会学等学科的综合。

中学思政课程教学论的实践性既体现在它的创立与发展是建立在中学思政课教学实践基础上,是对中学思政课教学规律的探索和教学经验与艺术的总结;又体现在它给予中学思政课程教学实践以理论指导,它所揭示的教学规律和归纳总结的教学方法不断推动中学思政课教学的改革发展。

因此,只有以教育学、心理学等学科知识作为坚实的基础,对相关社会科学理论知识有比较深入的理解和把握,对思政课教学活动的各个方面、各个环节有全面的了解和有丰富的经验积累,才能构建起系统化的中学思政课程教学论的学科知识体系。

第二节 学习中学思政课程教学论的意义与方法

学习中学思政课程教学论能够帮助思想政治教育专业的学生了解中学思政课教学的基本要求、一般规律和具体方法,能够帮助中学思政课教师和教研工作者把握中学思政课程教学改革发展方向和趋势。在学习过程中,必须坚持理论性和实践性相统一,掌握科学的学习方法,提高学习的实效。

一、学习中学思政课程教学论的意义

(一)培养合格中学思政课教师的需要

一名合格的中学思政课教师首先必须要掌握丰富的学科知识,具备较高的理论水平。但要解决"怎么教"的问题,还必须学习学科教学的理论和知识,掌握学科教学的技能,才能在实践中不断提高教学艺术,完成教学目标。基础教育领域在新时代的深层次变革对教师的专业知识和专业技能提出了越来越高的要求,这就要求师范专业的学生认真学习相关的教育理论和教育技能,为将来的教学实践作好准备。

中学思政课程教学论是帮助思想政治教育专业师范生拓展思政课教学理论视野,提高思政课教学技能的重要课程。通过本课程的学习将有助于师范生培养崇高的师德规范,坚定投身教育事业的理想信念;有助于师范生深入学习课程与教学理论知识,把握中学思政课的教学规律、教学艺术和评价方法;有助于师范生掌握教材分析与教学设计的基本方法,提升教学能力,为教育实习打下坚实的基础。

(二)推动中学思政课程教学改革和实现教师专业发展的需要

从实践来看,中学思政课教学在遵循一般教学规律的基础上不断改革创新,这种创新体现在教学理念、教学方法、评价策略等各个方面。中学思政课的实效性与这种适应时代、学情和教学目标要求的教学改革密不可分。

在推动思政课教学改革的过程中,教育主管部门、学科专家及一线教师都有至关重要的作用,而上好思政课的关键在教师,思政课的教学改革最终是通过一线教师的课堂教学来实现的。通过对中学思政课程教学论的学习,有助于思政课教师夯实思政课教学的理论基础,把握思政课的教学规律,理解和接受思政课教学改革的理念和要求,积极推动思政课的教学创新。同时,中学思政课程教学论的知识也是教师专业知识的重要组成部分,对中学思政课程教学论的学习,也有助于教师丰富自己的教学论知识,提高自己的教学反思能力,从而实现自己的专业发展。

(三)促进学科建设、推动学科发展的需要

学科建设与学科发展离不开研究人才的培养。中学思政课程教学论的研究者包括在中学思政课教学一线具备研究能力的教师群体,也包括专门的学科教学研究专家。学习中学思政课程教学论可以培养学习者的兴趣,为进一步学习深造和从事专门的学科研究打下基础。

学科建设与学科发展是建立在学科实践基础上的。中学思政课程教学论对于中学思政课教师的培养、中学思政课的教学改革起到了重要的指导作用,同时该学科也在中学思政课教学实践中不断完善和发展。随着我国基础教育

领域教学改革的深入,深度学习、项目学习、跨学科学习、大单元教学、信息技术与教学的深度融合等都深刻影响着中学思政课的教学实践,积累了比较丰富的经验。我们需要加强对这些问题的深入研究,不断总结其经验和成果,充实、完善中学思政课程教学论的知识体系和理论体系,推动中学思政课程教学论的学科发展。

二、中学思政课程教学论的学习方法

学习中学思政课程教学论必须立足学科性质和学科特点,按照马克思主义的认识论"实践—认识—再实践—再认识"的基本要求,遵循中学思政课程教学论的学习规律,将中学思政课程教学的理论与课堂教学的实际联系起来,努力做到学以致用。

(一)理论联系实际

理论联系实际是学习中学思政课程教学论的根本方法。中学思政课程教学论是理论性与实践性并重的学科,在学习过程中,相关专业学生一方面要通过教师的课堂讲授、课下的自主学习等方式系统掌握有关中学思政课程与教学的基础理论和基本知识,建构起对中学思政课程教学论的整体知识结构体系,为将来的教育实习乃至从事中学思政课教师的工作奠定比较坚实的理论基础;另一方面也要密切联系当前中学思政课一线教学的实际,做到学以致用。这就要求学生在学习过程中能够积极投身各项教学技能训练和教育见习、教育实习等学习活动,在实践中运用理论,在实践中作出反思,进而加深对中学思政课程教学论理论知识的认知和理解。

(二)学习有法、学无定法

学习中学思政课程教学论的具体方法有很多,针对理论层面,学习的主要方式是教师课堂教学,当然学生也可以利用线上教学资源和教材进行自主学习,还可以根据任课教师推荐的相关著作、论文等资源进行拓展学习。在实践层面,学生应该积极参与与课程学习相关的教学技能训练,如导入、讲解、结课、板书设计、说课、模拟授课等;积极参与教育见习、教育实习、教育研习活动,开展中学思政课堂教学调查和研讨、参与教学展示评比等,在教育教学实践中学习理论、运用理论、掌握理论,同时提高自己的实践技能水平,为将来成为一名合格的中学思政课教师打下良好的理论和实践基础。

第二章　中学思政课程概述

中学思政课程创立以后，由于受到社会发展和政治等因素的影响，经历了一个不断调整、改革与完善的过程。了解这一过程，有助于深入认识和全面把握中学思政课程的性质、理念和目标，为上好中学思政课奠定基础。

第一节　中学思政课程的历史沿革

新中国成立之后，党在新民主主义革命时期开设思政课的实践经验基础上，开启了思政课建设的新探索，中学思政课程建设大致经历了初步创立与曲折探索（1949—1976年）、恢复重建与改革发展（1977—2011年）、新时代的中学思政课程建设（2012年至今）三个比较重要的时期。

一、中学思政课程的初步创立与曲折探索（1949—1976年）

新中国成立初期，中学思政课程继承传统、推陈出新，以解放区办教育的经验为基础，逐步形成了新的课程设置和课程内容。1949年12月第一次全国教育工作会议指出，要在"青年学生中进行政治与思想教育，其主要的目的乃是逐步地建立革命的人生观"[①]。各地以此次会议提倡并鼓励的马克思列宁主义世界观和毛泽东思想为指导，对学生开展党的政策教育和形势教育，在中学设置了全新的思政课程。但由于当时全国大部分地区刚刚解放，各地思政课

---

① 中央文献研究室编：《建国以来重要文献选编》（第一册），中央文献出版社1992年版，第91页。

程的名称、内容等并不统一。1950年8月,教育部颁布《中学暂行教学计划》,指出"除各科均应贯彻政治思想教育外,初高中各年级均设政治课目",同时提出思政课程应该被列为各个学科教育的首位。1951年6月,教育部发出的《关于改定中学政治课名称、教学时数及教材的通知》指出:"为了有系统地通过各科教学进行爱国主义的政治思想教育,原教学计划所列政治一科名称,应即取消",自1951年秋季开始,初中三年级开设"中国革命常识";高中二年级和高中三年级第一学期开设"社会科学基本知识",高中三年级第二学期开设"共同纲领";教学时数都是每周2小时①。1951年11月,教育部又出台了《关于中学"政治课"略有变更的通知》,对中学政治课做了如下调整:初中三年级讲授"中国革命常识读本",每周2小时;高中一年级和高中二年级讲授"社会科学基本知识",每周2小时,高中三年级讲授"共同纲领",每周1小时;从初中一年级到高中三年级各学年增设"时事政策"一科,每周1小时。

1953年7月,教育部拟定了《中学教学计划(修订草案)及1953年8月至1954年7月试行中学教学计划(修订草案)的调整办法》,规定在初中阶段的二年级和三年级开设"中国革命常识",每周2课时;高中阶段将高中三年级的"共同纲领"教学时数调整为每周2课时。1954年7月,教育部发布的《关于中学部分学科的设置、授课时数的变更及政治教材的通知》中将初中二年级的"中国革命常识"调整为"卫生常识",高中三年级的"共同纲领"调整成为"政治常识"。《1956—1957学年度中学授课时数表的通知》规定:初中三年级开设"政治常识",每周2课时;高中二年级开设"社会科学常识",每周1课时;高中三年级开设"中华人民共和国宪法",每周1课时。

1956年,由于受苏联经验的影响,产生了削弱思政课的倾向,当年8月教育部通知只保留高中三年级每周1课时的宪法课,其他各学段各年级的思政课程全部停止开设。但这一做法很快得到了毛泽东的纠正,他于1957年3月17日在给周恩来等人的信中提出:"要恢复中学方面的政治课,取消宪法课,要编新的思想政治课本。"②同年6月8日教育部发布的《关于1957—1958学年度中学教学计划的通知》中要求"初、高中各年级增设政治课",8月17日又发

---

① 何东昌主编:《中华人民共和国重要教育文献(1949—1997)》,海南出版社1998年版,第98页。

② 中央教育科学研究所编:《中华人民共和国教育大事记(1949—1982)》,人民教育出版社2008年版,第282—283页。

出《关于中学、师范学校设置政治课的通知》,明确规定课程总称为"政治课",其中初中一、二年级开设"青年修养",初中三年级开设"政治常识";高中一、二年级开设"社会科学常识",高中三年级开设"社会主义建设"。但由于当时反右运动的影响,仅仅 10 天后的 8 月 27 日,教育部和团中央又发出了《关于对中学和师范学校学生进行社会主义思想教育的联合通知》,要求将原定的各年级政治课的内容改为进行以反右派斗争为中心的社会主义思想教育。1958 年 3 月,教育部在《关于 1958—1959 学年度中学教学计划的通知》中将"政治课"改为"社会主义教育课",初中和高中各年级的教学时数都是每周 2 课时。

1959 年 7 月,教育部印发了《中等学校政治课教学大纲(试行草案)》,这是新中国成立以来第一个由教育部制定的思政课教学大纲,标志着中学思政课程及其体系的基本建立,此后的中学思政课程设置大体上沿袭了它的框架。该大纲对中学政治课的地位任务、课程设置、课时安排、编写教材的原则、教学注意事项、成绩考查和操行评定等做了说明,在附件中提供了初中"政治常识"课题目录以及供中专、师范和高中使用的政治常识、经济常识、辩证唯物主义常识纲目。

1961 年 8 月 22 日,教育部发出《关于 1961—1962 学年度中等学校政治课课程设置和教学用书的通知》,供各省市参考。其中,《道德品质教育》(试选教材)供初一、初二使用,《社会发展简史》供初二、初三使用,《中国革命和中国共产党》供初三、高一、高二使用,《辩证唯物主义常识》供高二、高三使用。

1963 年 7 月,教育部发出《关于实行全日制中小学新教材计划(草案)的通知》,规定中学思政课按年级分别设置"道德品质教育""社会发展简史""中国革命和建设""政治常识""经济常识""辩证唯物主义常识",教学时数为每周 2 课时,"时事政策教育"通常情况下在政治课上课时间内进行,可以占用政治课上课时间的四分之一。1964 年 10 月中共中央批转了《中央宣传部 高教部党组教育部临时党组关于改进高等学校、中等学校政治理论课的意见》再次调整了课程设置,并首次规定在全国使用统编教材。其中,"做革命接班人"可在初一或初二年级开设,"社会发展史"可在初二或初三年级开设,"我国社会主义革命和建设"可在初三或高一年级开设,"辩证唯物主义常识"可在高一或高二年级开设,初三下学期和高三年级主要学习毛泽东同志著作。

"文化大革命"的十年间,思政课主要服从于政治运动的需要,其教学内容变成了"语录课""斗争课""批判课",主要学习毛主席语录或者马克思、列宁、毛泽东著作选读及时事材料,具体内容不统一且更替频繁。

二、中学思政课程的恢复重建与改革发展（1977—2011年）

党的十一届三中全会以后,邓小平提出教材建设的重要性问题,编写全国通用的中小学教材得到高度重视。1978年,教育部颁布《〈全日制十年制中小学教学计划试行草案〉的通知》,规定中学政治课包括"科学社会主义""社会发展简史""政治经济学常识""辩证唯物主义常识"四门课程,人民教育出版社随即出版了相应的教材,为思政课正常教学秩序的恢复提供了保障。

1979年9月,教育部转发的《全国中小学思想政治教育工作座谈会纪要》中指出:"中小学政治课长期处于'课程不稳定,教材不理想,领导不重视,教师不愿教,学生不愿学'的局面,这种状况应当迅速改变。大家认为,当务之急是认真总结建国30年政治课的经验教训,改革课程设置,编出一套适合中小学生用的较好的教材。"1980年9月12日,教育部印发《改进和加强中学政治课的意见》中就中学思政课程设置提出如下方案:初中一年级开设"强少年修养",初中二年级开设"政治常识",初中三年级开设"社会发展简史",高中一年级开设"政治经济学常识",高中二年级开设"辩证唯物主义常识"。各门课程的教学时数都是每周2学时。1982年2月,教育部按照分科设置课程的方式分别印发了《初级中学青少年修养教学大纲(试行草案)》《初级中学社会发展简史教学大纲(试行草案)》《高级中学政治经济学常识教学大纲(试行草案)》《高级中学辩证唯物主义常识教学大纲(试行草案)》,这是新中国成立以后第二次统一印发中学思政课程教学大纲。

1985年8月1日,中共中央印发《关于改革学校思想品德和政治理论课程教学的通知》,提出了课程设置、课程内容、教学方法的改革问题。该通知将中学政治课改称为中学思想政治课,初中阶段主要进行道德、民主和法制、纪律教育,进行社会生活和社会发展规律及社会主义建设常识的教育;高中阶段主要进行初步的经济学和其他社会科学的教育。1986年6月18日,国家教委印发《中学思想政治课改革实验教学大纲(初稿)》,这是新中国成立以来统一制定的第三个中学思政课程教学大纲。大纲指出中学思想政治课是在马克思主义指导下对学生进行思想品德和社会科学基础知识教育的重要课程,其课程设置方案为:初中一年级"公民",初中二年级"社会发展简史",初中三年级"中国社会主义建设常识",高中一年级"共产主义人生观",高中二年级"经济常识",高中三年级"政治常识"。

1992年3月,国家教委印发《全日制中学思想政治课教学大纲(试用稿)》,这是新中国成立以来统一制定的第四个中学思政课程教学大纲。大纲规定全日制初中和高中各年级不再分列课程名,统称为"思想政治",初中一年级重点进行公民道德和法制教育,初中二年级重点进行社会发展常识教育,初中三年级重点进行中国特色社会主义和宪法常识教育;高中一年级重点进行经济常识教育,高中二年级重点进行哲学常识教育,高中三年级重点进行政治常识教育。

1995年12月20日,国家教委印发《关于进一步加强和改进中学思想政治课教学工作的意见》,提出初中思想政治课要对学生进行公民的良好道德品质教育、健康心理素质教育、法律意识教育、社会发展常识和国情教育;高中思想政治课要以邓小平同志建设有中国特色社会主义理论为中心内容,简明扼要地对学生进行马克思主义有关政治、经济、哲学的基本理论观点教育和必要的社会科学常识教育。该意见还提出了编订课程标准的基本思路和任务要求,明确以课程标准取代教学大纲。按照高中思想政治课作为一个教学阶段、九年义务教育小学思想品德和初中思想政治课作为一个教学阶段的划分。1996年6月,国家教委印发《全日制普通高级中学思想政治课课程标准(试行)》,1997年4月,国家教委印发《九年义务教育小学思想品德课和初中思想政治课课程标准(试行)》,这是我国中小学思政课第一次颁布课程标准,标志着我国中小学思政课程改革与建设进入了一个新阶段。

2001年10月,教育部印发《〈九年义务教育小学思想品德课和初中思想政治课课程标准(修订)〉的通知》,调整充实了教学内容,优化了课程结构;2002年4月教育部办公厅印发《〈调整高中思想政治课有关教学内容的方案〉的通知》,删减有关"繁难偏旧"的教学内容,减少容量,以适应高考提前、教学时间减少的客观情况。2003年5月、2004年3月教育部相继印发了全日制义务教育《思想品德课程标准(实验稿)》和《普通高中思想政治课程标准(实验)》,对初中和高中各年级的教学内容做了调整,其中初中学段以学生逐步扩展的生活作为课程建构的基础,教学内容围绕成长中的我、我与他人的关系、我与集体、国家和社会的关系展开。高中学段课程采取模块式的组织形态,分为必修和选修两部分。必修部分的四个课程模块分别是思想政治1(经济生活)、思想政治2(政治生活)、思想政治3(文化生活)、思想政治4(生活与哲学),该模块的学习主要在高中一、二年级完成,每周2学时;选修部分的6个课程模块分别是:科学社会主义常识、经济学常识、国家和国际组织常识、科学思维常识、生活中的法律常识、公民道德与伦理常识。其后为了深化基础教育课程改革、贯彻落实《国家中长期教育改革和发展规划纲要(2010—2020年)》的有关要求,教育部于2006年末启动了义务教育课程标准修订工作,2011年12月,修订后的思想品德课程标准,即《义务教育思想品德课程标准(2011年版)》颁布实施。本次课程标准修订遵循了大结构不变、有针对性修改的原则,合理增加了科学发展观、核心价值观、公民教育三个方面的内容,注意培养学生的生态文明意识,确立全球化视野,增强情感发展对品德培养的重要性。

三、新时代的中学思政课程建设(2012年至今)

进入新时代,以习近平同志为核心的党中央高度重视思政课建设,围绕加强思政课建设作出了全面部署和系统安排。2019年3月18日,习近平总书记主持召开学校思想政治理论课教师座谈会并发表重要讲话,为新时代思政课实现高质量发展提供了根本的原则遵循和具体的方向指导。

2016年4月8日,教育部办公厅印发的《关于2016年中小学教学用书有关事项的通知》中指出"为贯彻落实党的十八届四中全会关于在中小学设立法治知识课程的要求,从2016年起,将义务教育小学和初中起始年级'品德与生活''思想品德'教材名称统一更改为'道德与法治'";同年6月28日,教育部、司法部、全国普法办联合印发《青少年法治教育大纲》,对各学段法治教育的目标、内容做了具体规定;同年9月13日中国学生发展核心素养研究成果发布,该成果从文化基础、自主发展、社会参与三个方面制定了"学生应具备的,能够适应终身发展和社会发展需要的必备品格和关键能力"[1]。在此背景下,2017年12月教育部印发《普通高中思想政治课程标准(2017年版)》,其后又根据2018年9月全国教育大会和2019年10月召开的党的十九届四中全会关于教

---

[1] 核心素养研究课题组:《中国学生发展核心素养》,《中国教育学刊》2016年第10期,第1页。

育改革的体系建设和目标方向要求,对课程标准做了修订,于2020年6月印发《普通高中思想政治课程标准(2017年版2020年修订)》,2022年3月教育部印发了《义务教育道德与法治课程标准(2022年版)》。

根据《普通高中思想政治课程标准(2017年版2020年修订)》的规定,在课程目标方面凝练了高中思想政治课所要培育的学生核心素养,包括政治认同、科学精神、法治意识、公共参与;在课程结构方面将高中思想政治课设置为必修、选择性必修和选修三类,必修课程四个模块:中国特色社会主义、经济与社会、政治与法治、哲学与文化;选择性必修课程三个模块:当代国际政治与经济、法律与生活、逻辑与思维;选修课程三个模块:财经与生活、法官与律师、历史上的哲学家。

根据《义务教育道德与法治课程标准(2022年版)》的规定,在课程目标方面凝练了道德与法治课要培育的学生核心素养,包括政治认同、道德修养、法治观念、健全人格、责任意识;在课程内容方面,道德与法治课程以发展学生的核心素养为导向,以"成长中的我"为原点,由"自我认识"到"我与自然""我与家庭""我与他人""我与社会""我与国家和人类文明",不断扩展学生的认识和生活范围,以道德与法治教育为框架,有机融入国家安全教育、生命安全与健康教育、劳动教育,以及信息素养教育、金融素养教育等相关主题,强化中华民族传统美德、革命传统和法治教育。

纵观新中国成立以来中学思政课程从创立到不断改革和完善的发展历程,虽然当中有一些波折,但是在这个过程中我国中学思政课程建设不断总结经验教训,始终坚持在党的领导下办好思政课,积极主动回应时代变化,在马克思主义中国化的历史进程中不断调整课程结构、充实完善课程内容,形成了较为完备和相对稳定的中学思政课程体系。

第二节　中学思政课程的性质

课程性质是课程本质的规定性,体现了对课程本质特性的把握。中学思政课程的性质是中学思政课程教学论研究的基本问题之一,也是设定课程目标、构建课程内容体系、实施课程教学和评价、推进课程改革的基本依据。

一、对中学思政课程性质的基本认识

中学思政课程的性质就是要回答"中学思政课程是一门什么样的课程"这一问题。通过对中学思政课程建设的历史考察,我们可以发现,在不同的阶段具有不同的观点,可以概括如下:

一是认为中学思政课程是一门对学生开展政策教育和时事政治教育的课程,强调其时政教育功能。

二是认为中学思政课程是一门对学生开展马克思主义基础理论和社会科学常识教育的课程,强调其知识传递与学习的智育属性。

三是认为中学思政课程是一门对学生开展思想政治教育的德育课程,强调其德育属性。

四是认为中学思政课程是一门以智育为基础的德育课程,指出了思政课的德育属性,但根本上仍然是智育课程。

随着思政课程建设的不断推进,人们对思政课程性质的认识在不断深化,逐步形成了这样一些认识:"思想政治课是对中学生进行系统公民品德教育和马克思主义常识教育的必修课程,是中学德育工作的主要途径。""九年义务教育小学思想品德和初中思想政治课是对学生进行系统思想品德教育和初步的马克思主义常识教育,以及有关社会科学常识教育的必修课程,是学校德育工作的主导渠道,是我国学校教育社会主义性质的标志。"2019年3月18日,习近平总书记在学校思想政治理论课教师座谈会上指出:"思政课是落实立德树人根本任务的关键课程。"这表明,中学思政课作为中学课程方案中的一门学科课程,既要对学生进行马克思主义基本观点、思想品德和社会科学基础知识的教育,帮助学生认识自然界、人类社会以及思维的一般规律;又要立足学情、结合社会生活实际对学生开展思想政治教育,帮助其树立正确的世界观、人生观、价值观。因此,中学思政课程不是一般的讲授政治理论的智育课程,而是智育与德育相统一的显性德育课程,是学校贯彻党的教育方针、落实立德树人根本任务、实现"有理想、有本领、有担当"人才培养目标的关键课程。

二、初中道德与法治课程性质

思政课是落实立德树人根本任务的关键课程,道德与法治课程是义务教育阶段的思政课,旨在提升学生思想政治素质、道德修养、法治素养和人格修养等,增强学生做中国人的志气、骨气、底气,为培养以实现中华民族伟大复兴为己任的有理想、有本领、有担当的时代新人打下牢固的思想根基[1]。初中道德与法治课作为义务教育阶段的思政课,具有鲜明的政治性、思想性、综合性和实践性。

(一)政治性

思政课作为落实立德树人根本任务的关键课程,要将它办好,最根本的就是要全面贯彻落实党的教育方针,着力解决培养什么人、怎样培养人、为谁培养人的问题。这是一个教育问题,但首先是一个政治问题,办好思政课必须讲政治。思政课的政治性体现为思政课的建设要始终坚持党的领导,坚持马克思主义理论的指导地位,坚持社会主义方向,努力培养担当民族复兴大任的时代新人,培养德智体美劳全面发展的社会主义建设者和接班人。

(二)思想性

道德与法治课程承担着对学生进行系统的思想政治教育,帮助学生树立正确的世界观、人生观、价值观的重任,具有鲜明的思想性,主要体现在:一是道德与法治课程坚持以习近平新时代中国特色社会主义思想为指导,用习近平新时代中国特色社会主义思想铸魂育人;二是道德与法治课程积极倡导、培育和践行社会主义核心价值观;三是道德与法治课程大力弘扬中华优秀传统文化,大力加强革命文化教育;四是道德与法治课程实现了道德教育与法治教育的融合,努力引导学生树立法治意识,做到尊法学法守法用法;五是道德与法治课程积极开展公民道德教育,不断提升学生的道德修养。

(三)综合性

道德与法治课程的综合性从根本上说是由其核心素养目标决定的,具体

---

[1] 参见《义务教育道德与法治课程标准(2022年版)》。

体现为基于学生的生活、学习特点的综合和基于学科知识的综合。道德与法治课程以学生的生活为基础，有机整合了学校生活、家庭生活和社会生活，以"成长中的我"为原点，由"自我认识"到"我与自然""我与家庭""我与他人""我与社会""我与国家和人类文明"，不断扩展学生的认识和生活范围；在内容选择上以习近平新时代中国特色社会主义思想为指导，突出中华民族传统美德、革命传统和法治教育，同时整合了社会主义先进文化教育、革命文化教育、中华优秀传统文化教育、国家安全教育、生命安全与健康教育、劳动教育等相关主题。因此，"道德与法治课程的综合性是根据培养学生核心素养的需要，以学生的社会生活为基础，选择相关的课程内容，使学生的课程学习与社会生活融为一体，形成本课程要培养的核心素养。"[1]

（四）实践性

实践性是道德与法治课程教育教学规律的本质要求和具体体现。"品德的形成需要以道德认知为基础，但道德学习不能只是道德知识的学习。道德作为一种社会交往的行为规范，必须基于交往实践。学生只有在交往中才能学会处理与他人、与社会、与国家的关系，才能真正提高道德修养与法治素养，养成良好的道德品质和行为习惯。"[2]因此，从道德与法治课程设计和教材内容组织来看，秉持了以活动设计课程的理念，关注学生的真实生活体验，把课程内容融入活动；从教学实施来看，一方面强化课堂教学的活动性，另一方面倡导把思政课小课堂与社会大课堂紧密结合，在社会实践中做到"知行合一"。

三、高中思想政治课课程性质

《普通高中思想政治课程标准（2017年版2020年修订）》对高中思想政治课的课程性质做了如下阐述：高中思想政治课程是落实立德树人根本任务的关键课程，以培育社会主义核心价值观为目的，是帮助学生确立正确的政治方向、提高思想政治学科核心素养、增强社会理解和参与能力的综合性、活动型

---

[1] 韩震、万俊人主编：《义务教育道德与法治课程标准（2022年版）解读》，高等教育出版社2022年版，第53页。

[2] 韩震、万俊人主编：《义务教育道德与法治课程标准（2022年版）解读》，高等教育出版社2022年版，第54页。

学科课程。高中思想政治课程紧密结合社会实践,讲授马克思主义基本原理,讲授马克思主义中国化成果特别是习近平新时代中国特色社会主义思想,引导学生经历自主思考、合作探究的学习过程,理解中国特色社会主义进入新时代的历史方位,了解新时代中国特色社会主义经济、政治、文化、社会、生态文明建设和党的建设进程,培育政治认同、科学精神、法治意识和公共参与等核心素养,逐步树立共产主义远大理想和中国特色社会主义共同理想,坚定中国特色社会主义道路自信、理论自信、制度自信、文化自信,基本形成正确的世界观、人生观、价值观。高中思想政治课程具有学科内容的综合性、学校德育工作的引领性和课程实施的实践性等特征,它与初中道德与法治、高校思想政治理论等课程相互衔接,与时事政治教育相互补充,与高中其他学科教学和相关德育工作相互配合,共同承担思想政治教育立德树人的任务。

理解和把握高中思想政治课程性质,有以下几点需要注意:

一是作为高中学段落实立德树人根本任务的关键课程,其目的是让学生自觉践行社会主义核心价值观,帮助学生确立正确的政治方向、提高思想政治学科核心素养、增强社会理解和参与能力。这是高中思想政治课作为显性德育课程在学校德育工作中处于引领性地位的充分体现。学校德育工作的途径多种多样,其形式包括课程育人、文化育人、活动育人、实践育人、管理育人、家校与社会协同育人等,其中课程育人是学校德育工作的主要载体,思想政治课在所有课程中承担着最直接的德育任务,发挥着不可替代的核心和引领作用。

二是高中思想政治课程就其教学内容来说,立足中国特色社会主义进入新时代的历史方位,紧密结合社会实践,讲授马克思主义基本原理,讲授马克思主义中国化成果特别是习近平新时代中国特色社会主义思想,了解新时代中国特色社会主义经济、政治、文化、社会、生态文明建设和党的建设进程。马克思主义基本原理是科学的理论体系,习近平新时代中国特色社会主义思想是与马克思主义理论一脉相承的马克思主义中国化的最新理论成果,是当代中国的马克思主义。这些内容构成了高中思政课程的完整知识体系,呈现出时代性、系统性、科学性、综合性的特点。

三是高中思想政治课程是一门活动型学科课程,其课程实施具有实践性的特征。一方面,思想政治课是普通高中课程方案中设置的一门重要的学科课程,它有自己的学科背景和知识体系;另一方面,思想政治课程的学习内容以思维活动和社会实践活动等方式来呈现,力求通过一系列的活动及其结构化设计,实现"课程内容活动化""活动内容课程化",从而构建起学科逻辑与实践逻辑、理论知识与生活关切密切结合的活动型学科课程。"打造活动型学科课程是修订思想政治课程标准独有的特色,是思想政治课程以培育学科核心素养为导向的课程实施最具创新意义的亮点。"[①]

第三节 中学思政课程的理念

所谓理念"就是一个人具有的准备付诸行动的信念,它既是一种观念,也是一种行动"[②]。课程理念是课程的核心和灵魂,它制约与支配着课程的设计、实施、评价各个环节。因此,只有明确中学思政课程的基本理念,才能构建起科学合理的中学思政课程体系,贯彻落实思政课程和教学改革发展的要求,实现课程教学的既定目标。

课程理念是课程标准内容结构的重要组成部分。通过比较《义务教育道德与法治课程标准(2022年版)》和《普通高中思想政治课程标准(2017年版2020年修订)》可以发现,初中道德与法治课程和高中思想政治课程的理念在根本上是一致的,但因学段不同存在具体表述上的差异。

一、初中道德与法治课程理念

《义务教育道德与法治课程标准(2022年版)》把初中道德与法治课程的基本理念概括为以下五个方面。

(一)以立德树人为根本任务,发挥课程的思想引领作用

道德与法治课程以马克思列宁主义、毛泽东思想、邓小平理论、"三个代

---

① 韩震、朱明光主编:《普通高中思想政治课程标准(2017年版2020年修订)解读》,高等教育出版社2020年版,第40页。

② 钟启泉、崔允漷、张华主编:《为了中华民族的复兴 为了每位学生的发展 基础教育课程改革纲要(试行)解读》,华东师范大学出版社2001年版,第224页。

表"重要思想、科学发展观、习近平新时代中国特色社会主义思想为指导,引导学生理解用马克思主义的立场、观点、方法观察时代、把握时代、引领时代的意义,形成正确的世界观、人生观、价值观,践行和弘扬社会主义核心价值观,坚定理想信念,厚植爱国主义情怀,增进对伟大祖国、中华民族、中华文化、中国共产党、中国特色社会主义的高度认同,把爱国情、强国志、报国行自觉融入坚持和发展中国特色社会主义事业、建设社会主义现代化强国、实现中华民族伟大复兴的奋斗之中。坚持道德与法治课程的思想与价值引领,着力引导学生用理想之光照亮奋斗之路、用信仰之力开创美好未来,发挥道德与法治课程在落实立德树人根本任务中的关键作用。

(二)遵循育人规律和学生成长规律,强化课程一体化设计

道德与法治课程以"成长中的我"为原点,将学生不断扩大的生活和交往范围作为建构课程的基础;遵循学生身心发展特点和成长规律,按照大中小学德育一体化的思路,依据我与自身,我与自然、家庭、他人、社会,我与国家和人类文明关系的逻辑,以螺旋上升的方式组织和呈现教育主题,强化课程设计的整体性。

(三)以社会发展和学生生活为基础,构建综合性课程

道德与法治课程立足于发展学生核心素养,以引导学生学习和掌握道德与法律的基本规范,提升思想政治素质、道德修养、法治素养和人格修养为主旨,坚持学科逻辑与生活逻辑相统一,主题学习与学生生活相结合。内容选择体现社会发展要求,特别是中国特色社会主义进入新时代对道德与法治教育提出的新要求,突出中华民族传统美德、革命传统和法治教育,有机整合社会主义先进文化教育、革命文化教育、中华优秀传统文化教育、国家安全教育、生命安全与健康教育、劳动教育等相关主题。以学生的真实生活为基础,增强内容的针对性和现实性,突出问题导向,正视关注度高、涉及面广的问题,引导学生发现问题、分析问题、解决问题,提升道德理解力和判断力,强化规则、纪律、秩序、诚信、团结合作、冲突解决等教育。

（四）坚持教师价值引导和学生主体建构相统一，建立校内与校外相结合的育人机制

道德与法治课程教学遵循道德修养和法治素养的形成规律，坚持教师主导与学生主体相统一。发挥教师主导作用，晓之以理、动之以情、导之以行，做到价值性和知识性相统一、灌输性和启发性相统一；突出学生主体地位，充分考虑学生的生活经验，通过设置议题，创设多样化的学习情境，引导学生开展自主、合作的实践探究和体验活动，帮助学生形成正确的价值观，涵养必备品格，增强规则意识，发展社会情感，提升关键能力，使他们在感悟生活中认识社会，学会做事，学会做人，把道德与法治教育的方向引领和学生发展有机统一起来。坚持校内教育和校外教育相结合，引导学生走出课堂、走出校园，积极参与社会实践活动，把知识运用于社会，服务于人民，强化学生的社会责任感，提高他们的实践创新能力。

（五）综合运用多种评价方式，促进知行合一

道德与法治课程评价要围绕发展学生核心素养，发挥评价的引导作用，改进结果评价，强化过程评价，探索增值评价。结果评价要全面关注知识、情感和行为的发展，关注学生在学校、家庭和社会生活中的日常品行表现。过程评价要更加关注发挥评价的激励和改进功能。增值评价要关注学生思想品行的发展和进步，注重对学生的激励。坚持学生自我评价、教师评价、同伴评价、家长评价和社区评价相结合，借助信息技术探索和优化纸笔测试、学生成长记录袋、日常行为表现记录卡等定性和定量多种评价方式，提升道德与法治课程评价的科学性、专业性、客观性。

二、高中思想政治课程理念

在继续坚持以生活为基础、以学科知识为支撑的同时，还明确了以核心素养的培育为主导、以活动型课程的打造为主线的理念[1]，新课程标准包含了对课程目标和内容方面的追求、课程设计方面的追求、课程实施方面的追求、课程评价方面的追求，具体内容如下：

---

[1] 韩震、朱明光主编：《普通高中思想政治课程标准（2017年版2020年修订）解读》，高等教育出版社2020年版，第30页。

（一）坚持正确的思想政治方向

高中思想政治课程坚持理论与实践相结合的原则,对学生进行马克思主义基本理论教育,用习近平新时代中国特色社会主义思想铸魂育人,培养德智体美劳全面发展的社会主义建设者和接班人,使他们理解马克思主义中国化就是马克思主义基本原理同中国具体实际相结合的过程,习近平新时代中国特色社会主义思想是马克思主义中国化的最新理论成果。

面对当前社会变革和实践创新中的新挑战、新问题,要用历史的眼光、国情的眼光、辩证的眼光、文化的眼光和国际的眼光,引领学生通过观察、辨析、反思和实践,真学真懂真信真用马克思主义,在人生成长的道路上把握正确的思想政治方向。

（二）构建以培育思想政治学科核心素养为主导的活动型学科课程

高中思想政治课程力求构建学科逻辑与实践逻辑、理论知识与生活关切相结合的活动型学科课程。学科内容采取思维活动和社会实践活动等方式呈现,即通过一系列活动及其结构化设计,实现"课程内容活动化""活动内容课程化"。高中思想政治课程关注思想政治学科核心素养的培育,坚持教育与生产劳动和社会实践相结合,着眼于学生的真实生活和长远发展,使理论观点与生活经验、劳动经历有机结合,让学生在社会实践活动的历练中、在自主辨析的思考中感悟真理的力量,自觉践行社会主义核心价值观。

（三）尊重学生身心发展规律,改进教学方式

高中思想政治课程针对高中学生思想活动和行为方式的多样性、可塑性,着力改进教学方式和学习方式。在课程实施中,要充分利用现代信息技术,拓展教育资源和教育空间;要通过议题的引入、引导和讨论,推动教师转变教学方式,使教学在师生互动、开放民主的氛围中进行;要通过问题情境的创设和社会实践活动的参与,促进学生转变学习方式,在合作学习和探究学习的过程中,培养创新精神,提高实践能力。

（四）建立促进学生思想政治学科核心素养发展的评价机制

高中思想政治课程紧紧围绕思想政治学科核心素养的形成与发展，建立激励学生不断进步的发展性评价机制。要注重学生学习、劳动和社会实践活动的行为表现，采用多种评价方式，综合评价学生的理论思维能力、政治认同度、价值判断力、法治素养和社会参与能力等，全面反映学生思想政治学科核心素养的发展状况。

第四节　中学思政课程的目标

简单来说，课程目标就是"课程本身要实现的具体目标"，也就是学生在一定时期内通过对课程的学习所要达到的预期结果。"课程目标定位过程中，国家起着主导作用。各国在考虑德育课程目标定位时，都力求与经济、政治、社会和文化发展的要求相适应。"[1]因此，课程目标是国家教育目的、人才培养目标在各门具体课程中的具体化呈现，是教师确定教学目标、实施课程教学、开展学习评价的重要依据。

2014年教育部颁布了《关于全面深化课程改革落实立德树人根本任务的意见》，2016年又颁布了《中国学生发展核心素养》。核心素养是党的教育方针总体要求的具体化与细化，"是连接宏观教育理念、培养目标及课程与教学目标的关键环节"[2]。因此，新一轮普通高中思想政治课程标准、义务教育道德与法治课程标准的修订都坚持以核心素养为纲，在课标目标的确定上都是首先阐明核心素养的内涵，然后以此为基础再阐述具体课程的目标，形成了依托核心素养阐述表达课程目标的新模式。这种呈现课程目标的方式，既坚持课程目标要着眼于知识与技能、过程与方法、情感态度与价值观三个维度，又强调三维目标之间具有密不可分的关系，体现了课程实施更加注重三维目标整体推进的取向。按照大中小学思政课一体化建设的要求，遵循整体建构、有序

---

① 吴铎：《德育课程与教学论》，浙江教育出版社2003年版，第20页。

② 林崇德：《21世纪学生发展核心素养研究》（修订版），北京师范大学出版社2021年版，第3页。

衔接、依次递进的思路,分别定位义务教育阶段和高中阶段的课程内容目标。

一、初中道德与法治课程目标

《义务教育道德与法治课程标准(2022年版)》指出:道德与法治课程围绕核心素养、体现课程性质、反映课程理念来确立课程目标的。道德与法治课程要培养的核心素养,主要包括政治认同、道德修养、法治观念、健全人格、责任意识五个方面。

(一)义务教育道德与法治课程的总目标

《义务教育道德与法治课程标准(2022年版)》整合了2011年版小学品德与生活、品德与社会和初中思想品德三个课程标准,按照学段要求进行一体化设计。其总目标如下:

(1)学生能够初步了解中国的基本国情、中华优秀传统文化的主要代表性成果,了解中国共产党的历史和革命传统、改革开放和中国特色社会主义的伟大成就,汲取党史、新中国史、改革开放史、社会主义发展史所蕴含的精神力量,热爱伟大祖国、中华民族、中华文化、中国共产党和中国特色社会主义,为自己是中国人而自豪;具有维护民族团结的意识,能够把个人发展和国家命运联系起来,维护国家利益和安全;能够理解社会主义核心价值观的内涵及其重要意义,并在社会生活中自觉践行;能够以实现中华民族伟大复兴为己任,增强做中国人的志气、骨气、底气,不负时代,不负韶华,不负党和人民的殷切期望;关心时事,热爱和平,初步具有国际视野和人类命运共同体意识。

(2)学生能够了解个人生活和公共生活中基本的道德要求和行为规范,能够在日常生活中践行诚实守信、团结友爱、尊老爱幼等基本的道德要求;形成初步的道德认知和判断,能够明辨是非善恶;通过体验、认知和践行,养成良好的道德品质。

(3)学生能够具有基本的规则意识和安全意识,理解宪法的意义,知道与学生生活密切相关的法律,能够初步认识到法律对个人生活、社会秩序和国家发展的规范和保障作用;形成宪法法律至上、法律面前人人平等、权利义务相统一理念;遵守规则和法律规范,提高自我防范意识,掌握基本的自我保护方法,预防意外伤害,养成自觉守法、遇事找法、解决问题靠法的思维习惯和行为方式,初步具备依法参与社会生活的能力。

(4)学生能够正确认识生命的意义和价值,珍爱生命,热爱生活;初步具有自尊自强、坚韧乐观的心理素质和道德品质;具有理性平和的心态,能够建立良好的同伴关系、师生关系和家庭关系,树立正确的合作与竞争观念,具有团队意识和互助精神;具备积极向上、锐意进取的人生态度,能够适应变化,不怕挫折。

(5)学生能够关心集体、社会和国家,具有主人翁意识、责任感和集体主义精神,主动承担对自己、家庭、学校和社会的责任,自觉维护祖国统一和国家安全;能够主动参与志愿者活动、社区服务活动,具有为人民服务的奉献精神,勇于担当;能够遵守社会规则和社会公德,依法依规有序参与公共事务,具有公共意识和公共精神;敬畏自然,保护环境,形成人与自然生命共同体的意识。

(二)初中学段道德与法治课程的具体目标

我国目前的义务教育存在"六三""五四"两种学制,课程标准按照"六三"学制作了学段划分:第一学段(1—2年级)、第二学段(3—4年级)、第三学段(5—6年级)、第四学段(7—9年级)。初中学段也即课程标准中的第四学段(7—9年级),其课程目标如下:

核心素养	第四学段(初中)课程目标
政治认同	•初步了解党史、新中国史、改革开放史、社会主义发展史,知道党的百年奋斗重大成就和历史经验,领悟伟大建党精神的内涵,能够以恰当的方式弘扬爱国主义精神,开展中国共产党人的精神谱系教育;了解我国决胜全面建成小康社会取得的决定性成就和全面建设社会主义现代化强国的新征程;理解中国梦的内涵,树立为中华民族伟大复兴而奋斗的理想。 •体会中华文化的源远流长与博大精深;理解中华优秀传统文化的核心思想理念、人文精神和传统美德,弘扬民族精神,具有强烈的中华民族自豪感;学习和理解社会主义先进文化和革命文化,坚定文化自信。 •了解中国共产党带领中国人民进行革命、建设、改革的历史性成就,认识中国共产党在国家独立、人民解放、国家富强、民族复兴进程中的领导作用;积极加入中国共产主义青年团。 •了解中国特色社会主义制度的优越性,坚定道路自信、理论自信、制度自信、文化自信,能够在生活和学习中自觉维护国家主权、尊严和利益。 •理解社会主义核心价值观的内涵及其重要意义,在日常生活和社会活动中自觉践行

续　表

核心素养	第四学段(初中)课程目标
道德修养	·形成健康、文明的生活方式,懂得生命的意义,热爱生活。 ·遵守基本的社交礼仪,理性维护社会公德;理解诚信是做人的基本要求,做到言行一致;团结同学,宽容友爱。 ·感念父母养育之恩、长辈关爱之情,能够以感恩的心与父母和长辈沟通,能够为父母分忧解难,尊重师长。 ·维护公共秩序,讲社会公德,爱护公共财物,在公共生活中做一个文明的社会成员。 ·感知劳动创造的成就感、幸福感,领会劳动对个人和社会的价值,形成诚实劳动、劳动创造美好生活的意识;初步了解职业道德规范,立志做未来的好建设者
法治观念	·了解法律对个人生活、社会秩序和国家发展的作用,理解法治的本质及特征。 ·了解宪法的主要内容,明确宪法的地位与作用,认识国家基本制度和国家机构,知道中国共产党领导是中国特色社会主义最本质的特征,是中国特色社会主义制度的最大优势。 ·了解以民法典为代表的、与日常生活相关的法律,理解法律是实现和维护公平正义的基本途径。 ·认识违法行为及其法律责任,理解犯罪的特征及后果,主动预防未成年人犯罪。 ·了解法律对国家安全的保障作用,自觉履行维护国家安全的义务
健全人格	·懂得生命的意义和价值,热爱生活,确立正确的人生观。 ·正确认识自己,能够自我反思,不断完善自我,保持乐观的态度,学会合作,树立团队意识。 ·能够自主调控自身的情绪波动,具有良好的沟通能力,主动建立良好的人际关系。 ·养成自尊自信的人生态度,在生活中磨炼意志,形成良好的抗挫折能力。 ·能够清楚表达自己的感受和见解,善于倾听他人的意见,自我改进。 ·理解个人与社会、国家与世界的关系,积极适应社会发展变化。 ·认识青春期的身心特征,建立同学间的友谊,把握与异性交往的尺度
责任意识	·自觉分担家庭责任,体会敬业精神的重要性,具有较强的责任感。 ·关心社会,知道我国全过程人民民主制度的优越性,了解时政,主动参与社会公益活动和志愿者活动;在团队合作互动中增强合作精神和领导力。 ·具备国家利益高于一切的观念,能够以实际行动维护民族团结,捍卫国家主权。 ·敬畏自然,具有绿色发展理念,初步形成环保意识和生态文明观;能够在日常生活中自觉践行生态文明的理念

二、高中思想政治课程目标

学科核心素养是学科育人价值的集中体现,是学生通过学科学习而逐步形成的正确价值观、必备品格和关键能力。高中思想政治学科核心素养,主要包括政治认同、科学精神、法治意识和公共参与四个方面。通过思想政治课程学习,学生能够具有思想政治学科核心素养,具体内容如下:

(1)具有政治认同素养的学生,应能够:认同走中国特色社会主义道路是历史的必然,坚信中国特色社会主义是国家富强、民族振兴、人民幸福的根本保障,坚定中国特色社会主义道路自信、理论自信、制度自信、文化自信;拥护党的领导,领会中国特色社会主义最本质的特征是中国共产党领导,中国特色社会主义制度的最大优势是中国共产党领导,党是最高政治领导力量;明确社会主义核心价值观是公民最基本的价值标准,自觉践行社会主义核心价值观,树立共产主义远大理想和中国特色社会主义共同理想。

(2)具有科学精神素养的学生,应能够:用马克思主义基本立场、观点和方法,观察事物、分析问题、解决矛盾;解放思想、实事求是,对经济、政治、文化、社会和生态文明建设的实践,作出科学的解释、正确的判断和合理的选择;感悟人生智慧,过有意义的生活;以锐意进取的态度和负责任的行动促进社会和谐。

(3)具有法治意识素养的学生,应能够:理解法治是人类文明演进中逐步形成的先进的国家治理方式,全面依法治国是国家治理的一场深刻革命,明确建设社会主义法治国家的基本要求;树立宪法法律至上、法律面前人人平等的法治理念;懂得权利与义务的关系,养成依法办事、依法行使权利、依法履行义务的习惯;拥有法治使人共享尊严,让社会更和谐、生活更美好的认知和情感。

(4)具有公共参与素养的学生,应能够:具有集体主义精神;遵循规则,有序参与公共事务;热心公益事业,践行公共道德,乐于为人民服务;积极参与民主选举、民主协商、民主决策、民主管理、民主监督的实践,体验人民当家作主的幸福感;具备善于对话协商、沟通合作、表达诉求和解决问题的能力,勇于担当社会责任。

第三章　中学思政课程标准与课程资源

　　课程标准是指导课程教材编写、做好教学设计、实施教学活动、做好教学评价的根本依据和出发点。课程资源是教学设计与实施的重要保障，是因地制宜开展教学的前提和基础。因此，只有全面准确理解和把握课程标准、充分开发课程资源，才能真正落实中学思政课程的目标要求，有效组织课程教学。

第一节　中学思政课程标准

一、课程标准概述

　　在我国，"课程标准"这一概念的使用起于清末。1912年，南京临时政府教育部发布《普通教育暂行课程标准》，此后，"课程标准"沿用了近40年。新中国成立后，受苏联教育理论的影响，1952年我国把"课程标准"改为"教学大纲"[①]。《中国大百科全书·教育》给出的教学大纲的定义是："根据教学计划中规定的各门学科的目的、任务而编写的指导性文件。它以纲要的形式，具体规定每门学科知识、技能的范围、深度及其体系、结构，同时规定教学的一般进度和对教学法的基本要求。"[②]

　　随着基础教育改革的推进，我国又以"课程标准"取代了"教学大纲"。

---

① 李方：《课程与教学论》，南京大学出版社2005年版，第324页。
②《中国大百科全书（教育）》，中国大百科全书出版社1985年版，第150页。

1995年12月20日,国家教委印发《关于进一步加强和改进中学思想政治课教学工作的意见》,提出了编订课程标准的基本思路和任务要求,随后国家教委于1996年6月、1997年4月分别印发了《全日制普通高级中学思想政治课课程标准(试行)》《九年义务教育小学思想品德课和初中思想政治课课程标准(试行)》,中小学思政课成为当时最先制订和颁布课程标准的学科。1999年1月,国务院批转教育部《面向21世纪教育振兴行动计划》,该计划中提出"到2000年初步形成现代化基础教育课程框架和课程标准"。

课程标准是由国家教育行政主管部门制订的规定一定学段的课程水平及课程结构的纲领性文件。2001年6月,教育部发布的《基础教育课程改革纲要(试行)》指出:国家课程标准是教材编写、教学、评估和考试命题的依据,是国家管理和评价课程的基础。由此,我们理解和把握课程标准的内涵可以注意以下几点:一是从性质和地位来看,课程标准作为由国家教育行政主管部门根据课程方案组织制订并发布的纲领性教学文件,体现了国家意志,具有权威性。课程标准作为国家意志的体现,具有相对稳定性,同时又要能适应国家经济、政治、社会发展变化的趋势,反映教育教学变革的方向,反映不同时代人才培养目标要求,适时作出修订和完善。二是从结构和内容来看,课程标准一般包括课程性质、课程理念、课程目标、课程结构、课程内容、学业质量、实施建议等方面。它规定了教学内容的基本范围、教学建议及学生所要达到的水平,但并不规定具体的教学内容、教学进度和教学方法。三是从功能和作用来看,课程标准的研制遵循为教材编写服务、为教学实施服务、为考试评价服务的原则,具有较强的可操作性。这就要求从教材的编写到课堂教学的实施再到考试评价的各个环节都要依据课标规定、反映课标精神、落实课标要求。

二、初中道德与法治课程标准分析

党的十八大以来,中国特色社会主义进入新时代。面对新时代的新要求和世界百年未有之大变局的新挑战,着眼于推动新时代基础教育高质量发展、培养担当民族复兴大任的时代新人的现实需要,教育部于2019年启动了义务教育课程方案和包括道德与法治在内的各学科课程标准的修订工作。2022年3月,教育部在《义务教育品德与生活课程标准(2011年版)》《义务教育品德与社会课程标准(2011年版)》《义务教育思想品德课程标准(2011年版)》基础上重新整合修订的新的道德与法治课程标准,即《义务教育道德与法治课程标准(2022年版)》。该课程标准"特别强调用习近平新时代中国特色社会主义思想铸魂育人,发挥道德与法治课程在立德树人方面的关键作用"①。

(一)修订的指导思想

《义务教育道德与法治课程标准(2022年版)》的修订坚持以习近平新时代中国特色社会主义思想为指导,全面贯彻党的教育方针,遵循教育教学规律,落实立德树人根本任务,发展素质教育。以人民为中心,扎根中国大地办教育。坚持德育为先,提升智育水平,加强体育美育,落实劳动教育。反映时代特征,努力构建具有中国特色、世界水准的义务教育课程体系。聚焦中国学生发展核心素养,培养学生适应未来发展的正确价值观、必备品格和关键能力,引导学生明确人生发展方向,成长为德智体美劳全面发展的社会主义建设者和接班人。

(二)修订的原则

1.坚持目标导向

目标导向在道德与法治课程标准修订中具体体现:一是坚持正确的政治方向,认真学习领会习近平新时代中国特色社会主义思想,尤其是关于思政理论课建设的重要论述,以及党和国家的有关文件精神,全面落实有理想、有本领、有担当的时代新人培养要求,确立了课程标准修订的根本遵循。二是全面贯彻落实习近平新时代中国特色社会主义思想进教材进课堂进头脑的要求,根据国家教材委员会2021年7月印发的《习近平新时代中国特色社会主义思想进课程教材指南》,把习近平新时代中国特色社会主义思想有机融入不同学段和不同学习主题。三是把社会主义先进文化、革命文化、中华优秀传统文化、国家安全、生命安全与健康等重大主题教育有机融入了课程,增强了课程的思想性。

---

① 韩震、万俊人主编:《义务教育道德与法治课程标准(2022年版)解读》,高等教育出版社2022年版,第1页。

2.坚持问题导向

问题导向在道德与法治课程标准修订中的具体体现:一是课程标准修订组通过问卷调查,对教研员、一线教师、中考命题人员、教材编写人员、大学学科专家等访谈的基础上,完成了《义务教育德育学科课程标准(2011年版)》调研报告,全面总结了义务教育阶段思政课改革以来取得的成就,并从课程标准、教材编写、课程实施等方面系统梳理了改革中存在的困难和问题,明确了修订的重点和具体任务。二是遵循学生身心发展规律,贯彻落实习近平总书记"要把统筹推进大中小学思政课一体化建设作为一项重要工程,坚持问题导向和目标导向相结合,坚持守正和创新相统一,推动思政课建设内涵式发展。要针对不同学段,根据思想政治理论教育规律和学生成长规律科学设置具体教学目标,抓好教学目标设计、课程设置、教材编写、教学改革、教师培养、考核评价等环节,既不能揠苗助长、操之过急,又不能刻舟求剑、故步自封。课程设置要相对稳定,坚持大中小学纵向主线贯穿、循序渐进,各类课程横向结构合理、功能互补的原则,确保教材的政治性、科学性、时代性、可读性"[1]的要求,加强道德与法治课程的一体化设置,促进学段衔接,提升课程科学性和系统性。三是按照"少而精"和义务教育阶段"双减"政策要求,进一步精选了对学生终身发展有价值的课程内容,做到减负提质。四是凝练道德与法治学科所要培育的学生核心素养,细化育人目标,研制学业质量标准,明确实施要求,增强了课程的指导性和可操作性。

3.坚持创新导向

创新导向在道德与法治课程标准修订中的具体体现:一是坚持守正与创新相统一的原则,既注重继承我国思政课建设的成功经验,也充分借鉴世界各国德育课程建设的先进教育理念和有益经验。二是进一步强化课程综合性和实践性,积极推动育人方式变革,着力发展学生核心素养。三是凸显学生主体地位,在课程结构和课程内容上以"成长中的我"为原点、以"成长中的我"及其关系为主线,关注学生个性化、多样化的学习和发展需求,增强课程适宜性。四是以道德教育和法治教育为基本内容,坚持与时俱进,与党和国家的重大理论创新、实践创新同向同行,增加了"反映文化传承创新、最新社会发展要求、

---

① 习近平:《思政课是落实立德树人根本任务的关键课程》,人民出版社2020年版,第27页。

国内外重大时政事件、与学生生活密切结合的各类内容"[①],体现了课程的时代性。

（三）修订的主要内容和变化

1.强化了课程育人导向

现行义务教育道德与法治课程标准将党的教育方针具体化细化为本课程应着力培养的核心素养,体现正确价值观、必备品格和关键能力的培养要求。道德与法治课程要培养的核心素养,主要包括政治认同、道德修养、法治观念、健全人格、责任意识。政治认同是社会主义建设者和接班人必须具备的思想前提,道德修养是立身成人之本,法治观念是行为的指引,健全人格是身心健康的体现,责任意识是担当民族复兴大任时代新人的内在要求。

（1）政治认同。政治认同是指具备热爱伟大祖国、中华民族、中华文化、中国共产党、中国特色社会主义的情感,以及为中华民族伟大复兴而奋斗的志向,能够自觉践行和弘扬社会主义核心价值观。

政治认同主要表现:一是政治方向。明确中国共产党的核心领导地位,充分认识中国共产党领导是中国特色社会主义最本质的特征,是中国特色社会主义制度的最大优势。拥护中国共产党,坚持中国特色社会主义道路,了解习近平新时代中国特色社会主义思想是当代中国马克思主义、二十一世纪马克思主义,是中华文化和中国精神的时代精华。二是价值取向。践行和弘扬社会主义核心价值观,坚定共产主义远大理想和中国特色社会主义共同理想,增进中华民族价值认同和文化自信。三是家国情怀。对家庭有深厚的情感,热爱家乡,热爱伟大祖国,热爱中华民族,自觉铸牢中华民族共同体意识,有以实现中华民族伟大复兴为己任的使命感。

（2）道德修养。道德修养是指养成良好的道德品质和行为习惯,把道德规范内化于心、外化于行。

道德修养主要表现:一是个人品德。践行以爱国奉献、明礼遵规、勤劳善良、宽厚正直、自强自律为主要内容的道德要求,在日常生活中养成诚实守信、

① 韩震、万俊人主编:《义务教育道德与法治课程标准（2022年版）解读》,高等教育出版社2022年版,第1页。

团结友爱、热爱劳动等个人美德和优良品行。二是家庭美德。践行以尊老爱幼、男女平等、勤劳节俭、邻里互助为主要内容的道德要求,做家庭的好成员。三是社会公德。践行以文明礼貌、相互尊重、助人为乐、爱护公物、保护环境、遵纪守法为主要内容的道德要求,做社会的好公民。四是职业道德。树立劳动不分贵贱的观念,理解以爱岗敬业、诚实守信、办事公道、热情服务、奉献社会为主要内容的职业道德,做未来的好建设者。

(3)法治观念。法治观念是指树立宪法法律至上、法律面前人人平等、权利义务相统一的理念,使尊法学法守法用法成为人们的共同追求和自觉行为。

法治观念主要表现:一是宪法法律至上。理解宪法在法律体系中具有最高的权威,任何个人和组织都必须遵守宪法和法律,尊崇宪法和法律。二是法律面前人人平等。了解公民的合法权益一律平等地受到法律保护,对任何人的违法犯罪行为都依法予以追究,不允许任何人有超越法律的特权。三是权利义务相统一。理解每个公民都享有宪法和法律赋予的权利,同时也必须履行宪法和法律规定的义务。四是守法用法意识和行为。了解以民法典为代表的、与日常生活以及未成年人保护密切相关的法律法规,树立法治意识,养成守法用法的思维方式和行为习惯。五是生命安全意识和自我保护能力。了解和识别可能危害自身安全的行为,具备自我保护意识,掌握基本的自我保护方法,预防和远离伤害。

(4)健全人格。健全人格是指具备正确的自我认知、积极的思想品质和健康的生活态度。

健全人格主要表现:一是自尊自信。正确认识自己,珍爱生命,能够自我调节和管理情绪,具备乐观开朗、坚韧弘毅、自立自强的健康心理素质。二是理性平和。开放包容,理性表达意见,树立正确的合作与竞争观念,能够换位思考,学会处理与家庭、他人、集体和社会的关系。三是积极向上。有效学习,能够主动适应社会环境,确立符合国家需要和自身实际的健康生活目标,热爱生活,积极进取,具有适应变化、不怕挫折、坚韧不拔的意志品质。四是友爱互助。真诚、友善,拥有同理心,相互支持,相互帮助,具有互助精神。

(5)责任意识。责任意识是指具备承担责任的认知、态度和情感,并能转化为实际行动。

责任意识主要表现:一是主人翁意识。对自己负责,关心集体,关心社会,关心国家,维护祖国统一和国家安全,具备国家利益高于一切的观念。二是担当精神。具有为人民服务的奉献精神,积极参与志愿者活动、社区服务活动,热爱自然,践行绿色生活方式。三是有序参与。具有民主与法治意识,守规矩,重程序,能够依规依法参与公共事务,根据规则参与校园生活的民主实践。

2.优化了课程内容结构

现行义务教育道德与法治课程标准以习近平新时代中国特色社会主义思想为统领,基于核心素养发展要求,遴选重要观念、主题内容和基础知识,设计课程内容,增强内容与育人目标的联系,优化内容组织形式,强化了实践性要求。

(1)课程内容结构。道德与法治课程以发展学生的核心素养为导向,以"成长中的我"为原点,由"自我认识"到"我与自然""我与家庭""我与他人""我与社会""我与国家和人类文明",不断扩展学生的认识和生活范围,以道德与法治教育为框架,有机融入国家安全教育、生命安全与健康教育、劳动教育,及信息素养教育、金融素养教育等相关主题,强化中华民族传统美德、革命传统和法治教育。根据不同阶段学生的身心发展特点,以学生实际生活为基础,分学段按主题对内容进行科学设计,建构学段衔接、循序渐进、螺旋上升的课程体系。

(2)初中学段的课程内容。7—9年级是初中学段,是小学高年级段的延续,与高中阶段相衔接,是培育道德品格,形成正确世界观、人生观、价值观的重要时期。初中学段的学生正处于青春期,独立思考能力和判断能力进一步增强,情绪波动性大,可塑性强。依据上述特点,设置生命安全与健康教育、法治教育、中华优秀传统文化教育、革命传统教育、国情教育等五个主题,通过与中华优秀文化传统、革命传统、国情教育等方面的关联,从真实的社会情境角度进行道德教育,强化学生的道德体验和道德实践,旨在引导学生正确认识自己,以及正确认识个人与家庭、他人、社会,国家和人类文明的关系,了解国家发展和世界发展大势,增强社会责任感和担当意识,立志做社会主义建设者和接班人。

学习主题之生命安全与健康教育的内容要求是：

•了解青春期的生理和心理变化，体会青春期的美好，学会克服青春期烦恼；掌握青春期性心理知识，正确对待两性关系；提高预防性骚扰和性侵害的能力。

•客观认识和对待自己，形成正确的自我认同，提高自我管理能力；理解不同的社会角色，形成亲社会的行为；能正确认识和处理自己与同学、朋友的关系，个人和集体的关系，在团队活动中增强合作精神。

•正确认识顺境和逆境的关系，学会情绪调控，能够正确看待生活中的挫折，具备迎接挑战的能力。

•树立正确的人生观和价值观，尊重和敬畏生命，热爱生活，追求生命高度，成就幸福人生。

•遵守基本的社交礼仪，恪守诚信，理性维护社会公德，维护公共秩序，做文明的社会成员。

学习主题之法治教育的内容要求是：

•了解习近平法治思想，理解坚持中国特色社会主义法治道路就要坚持党的领导、坚持以人民为中心。

•了解宪法基本知识，明确宪法的地位与作用，树立宪法法律至上观念。

•懂得公民的基本权利和义务，正确行使公民权利，自觉履行公民义务。

•初步认识法治的内涵，理解法治是治国理政的基本方式。

•认识国家统一是实现中华民族伟大复兴的历史前提和基本保证，理解"和平统一、一国两制"的重要意义，自觉维护国家统一。

•了解人民代表大会制度是我国的根本政治制度，理解全过程人民民主的制度优势。

•了解中国共产党领导的多党合作和政治协商制度。

•了解民族区域自治制度对维护和发展平等团结互助和谐的社会主义民族关系的意义。

•认识基层民主制度对保障人民知情权、参与权、表达权、监督权的作用。

•认识主要国家机关，理解权力是由人民授予的，行使权力必须受法律的约束。

·认识民法典对保护人身权、财产权的意义。

·认识犯罪的基本概念，了解刑罚的主要类型；认识未成年人违法犯罪行为的危害，培育和提高自我保护的意识和能力，自觉抵制校园欺凌和违法犯罪行为。

·辨别媒体中的不良信息，了解网络环境中如何保护未成年人隐私等合法权益。

·了解环境保护的法律规定，树立生态文明观念。

·认识国家主权的内涵，树立国家利益至上的观念，理解总体国家安全观，知道维护国家安全是每个公民的义务，自觉维护国家安全。

·了解主要国际组织，理解维护以联合国为核心的国际体系的意义。

学习主题之中华优秀传统文化教育的内容要求是：

·弘扬中华优秀传统文化讲仁爱、重民本、守诚信、崇正义、尚和合、求大同的核心理念。

·理解中华民族孝悌忠信、礼义廉耻的荣辱观念，崇德向善、见贤思齐的社会风尚。

·践行中华民族自强不息、敬业乐群、脚踏实地、实事求是的思想。

·了解中华优秀传统文化修齐治平的理想追求，锤炼高尚人格。

·感悟天下兴亡、匹夫有责的担当意识，厚植爱国主义情怀。

学习主题之革命传统教育的内容要求是：

·了解中国产生了共产党，这是开天辟地的大事变，理解伟大建党精神的内涵，领悟伟大建党精神是中国共产党的精神之源。

·了解中国共产党领导人民浴血奋战、百折不挠，创造了新民主主义革命的伟大成就，实现了从几千年封建专制政治向人民民主的伟大飞跃，理解中国人民从此站起来了，中国发展从此开启了新纪元。

·了解中国共产党领导人民自力更生、发愤图强，创造了社会主义革命和建设的伟大成就，实现了一穷二白、人口众多的东方大国大步迈进社会主义社会的伟大飞跃，理解只有社会主义才能救中国，只有社会主义才能发展中国。

·了解中国共产党领导人民解放思想、锐意进取，创造了改革开放和社会主义现代化建设的伟大成就，实现了人民生活从温饱不足到总体小康、奔向全面小康的历史性跨越,推进了中华民族从站起来到富起来的伟大飞跃,理解中国特色社会主义道路是指引中国发展繁荣的正确道路。

• 了解中国共产党领导人民自信自强、守正创新,创造了新时代中国特色社会主义的伟大成就,中华民族迎来了从富起来到强起来的伟大飞跃,理解确立习近平新时代中国特色社会主义思想的指导地位,对新时代党和国家事业发展、对推进中华民族伟大复兴历史进程具有决定性意义。

学习主题之国情教育的内容要求是:

• 了解中国特色社会主义新时代是我国发展新的历史方位,中国社会的主要矛盾发生了新变化,理解中国发展的历史方位。

• 了解世界正处于百年未有之大变局,了解全人类共同价值的内涵,领悟构建人类命运共同体的意义。

• 了解我国以国内大循环为主体、国内国际双循环相互促进的新发展格局,推动高质量发展,知道统筹推进经济建设、政治建设、文化建设、社会建设、生态文明建设的"五位一体"总体布局。

• 以实现中华民族伟大复兴为己任,树立"劳动光荣、创造伟大"的观念,进行合理的生涯规划,坚定为实现远大理想而奋斗的信念。

3. 研制了学业质量标准

学业质量是学生在完成本学科课程阶段性学习后的学业成就表现,反映发展学生核心素养的要求。学业质量标准是以核心素养为主要维度,结合课程内容,对学生学业成就具体表现特征的整体刻画。根据不同学段学业成就表现的关键特征,道德与法治课程学业质量标准呈现的是学生学习成效的典型特征,以反映课程目标的达成度,旨在引导教师转变育人方式,树立科学的学业质量观。学业质量标准是指导评价与考试命题的基本依据,也用于指导教材编写、教学与课程资源建设。

道德与法治课程学业质量标准在课程标准中分四个学段呈现,其中第四学段(7—9年级)即初中学段的学业质量要求是:能够结合史实阐明伟大建党精神是中国共产党的精神之源,是我们党领导人民向第二个百年奋斗目标进军的强大动力(政治认同、道德修养);能够结合实例初步阐释中国共产党为什么能、马克思主义为什么行、中国特色社会主义为什么好,了解中国发展的历史方位与中国社会的主要矛盾,能够简要论述习近平新时代中国特色社会主义思想是当代中国马克思主义、二十一世纪马克思主义,能够深刻理解中国特色社会主义进入新时代,党和国家事业取得的历史性成就、发生的历史性变革(政治认同、道德修养);能够结合实例阐明人民代表大会制度、中国共产党领导的多党合作和政治协商制度、民族区域自治制度、基层民主制度、"一国两制"的基本内容和意义(政治认同、法治观念);能够尝试化解青春期烦恼,采取正确方法面对成长过程中的顺境和逆境,自我管理,具有亲社会行为,敬畏生命,热爱生活(道德修养、健全人格、责任意识);能够结合社会发展和个人实际制订个人生涯发展规划,具有实现中华民族伟大复兴的使命感和责任感(政治认同、责任意识);了解习近平法治思想,具有宪法法律至上的观念,能够正确认识和行使公民权利、履行公民义务,运用实际案例说明与生活相关的法律规定(法治观念、责任意识);能够举例说明社会主义先进文化、革命文化和中华优秀传统文化的主要特征,坚定文化自信(道德修养、政治认同);能够结合实例理解维护国家安全的重要性,阐明如何自觉维护国家安全(政治认同、法治观念、责任意识);知道全人类共同价值的内涵,具有初步的国际视野,了解主要的国际组织,阐明维护以联合国为核心的国际体系的意义,阐述构建人类命运共同体的意义(政治认同、责任意识)。

4. 增强了指导性

现行道德与法治课程标准针对"内容要求",提出"学业要求""教学提示",课程实施部分涵盖了"教学建议""评价建议""教材编写建议""课程资源开发与利用""教师培训与教学研究"等内容,注重实现"教—学—评"一致性,增加了教学、评价案例,细化了评价与考试命题建议,不仅明确了"为什么教""教什么""教到什么程度",而且强化了"怎么教"的具体指导,具有很强的可读性和可操作性,有利于广大一线教师学习和落实课标要求。

5. 加强了学段衔接

现行道德与法治课程标准落实大中小学思政课一体化建设的要求,统筹设计各学段的教学内容,注重各学段的有机衔接。主要体现在:一方面将原小学品德与生活、品德与社会和初中思想品德课程标准整合为义务教育道德与法治课程标准,依据学生从小学到初中在认知、情感、社会性等方面的发展,合理安排不同学段内容,体现学习目标的连续性和进阶性;另一方面了解高中学段学生特点和学科特点,与高中思想政治课在课程内容和学习水平上保持一致性和进阶性,为学生进一步学习做好准备。

三、高中思想政治课程标准分析

2013年教育部启动了普通高中课程方案和课程标准的修订工作,这次修订是在中国特色社会主义进入新时代和"当今世界正经历百年未有之大变局"的背景下,为了应对信息技术迅猛变革和社会生活的深刻变化、应对新时代社会主要矛盾发生的转化、应对新时代对人才培养质量的新要求而进行的。2017年12月教育部印发《普通高中思想政治课程标准(2017年版)》,2020年6月印发《普通高中思想政治课程标准(2017年版2020年修订)》,"开创性地构建了以实践活动为基础、以学科核心素养为培养主线、以活动型课程为框架、以议题为引导的崭新的课程标准"[①]。

(一)修订的指导思想

《普通高中思想政治课程标准(2017年版)》及《普通高中思想政治课程标准(2017年版2020年修订)》的修订,坚持以马克思列宁主义、毛泽东思想、邓小平理论、"三个代表"重要思想、科学发展观、习近平新时代中国特色社会主义思想为指导,深入贯彻党的十八大、十九大精神,落实全国教育大会精神,全面贯彻党的教育方针,落实立德树人根本任务,发展素质教育,推进教育公平,以社会主义核心价值观统领课程改革,着力提升课程思想性、科学性、时代性、系统性、指导性,推动人才培养模式的改革创新,培养德智体美劳全面发展的社会主义建设者和接班人。

(二)修订的基本原则

1.坚持正确的政治方向

思政课是落实立德树人根本任务的关键课程。现行高中思想政治课程标

---

① 韩震、朱明光主编:《普通高中思想政治课程标准(2017年版2020年修订)解读》,高等教育出版社2020年版,第1页。

准的修订,坚持党的领导和社会主义办学方向,充分体现了马克思主义的指导地位和基本立场,充分反映习近平新时代中国特色社会主义思想,有机融入坚持和发展中国特色社会主义、培育和践行社会主义核心价值观的基本内容和要求,继承和弘扬中华优秀传统文化、革命文化,发展社会主义先进文化,加强法治意识、国家安全、民族团结、生态文明等方面的教育,培养良好政治素质、道德品质和健全人格,使学生坚定中国特色社会主义道路自信、理论自信、制度自信、文化自信,引导学生形成正确的世界观、人生观、价值观,充分发挥思政课的引领性作用。

2.坚持反映时代要求

思政课是一门与时代发展变化密切关联的课程。现行高中思想政治课程标准的修订,依据先进的教育思想和教育理念,紧密结合信息化环境下的教学改革,关注学生个性化、多样化的学习和发展需求,着力发展学生的核心素养。同时根据经济社会发展新变化、科学技术进步新成果,及时更新教学内容和话语体系,反映中国特色社会主义进入新时代以来在理论创新和国家建设上的新成就。

3.坚持科学论证

现行高中思想政治课程标准的修订过程高度重视调查研究工作,由教育部组织的专家调研组,于2013年深度访谈了包括北京在内的东中西部8个省(自治区、直辖市)的88所中学的116名中学校长和教务主任、167名教师及39名教研员,访谈了四类专家(课标研制专家、思政学科专家、教科书编写专家、会考高考命题专家),共计13人;对学生、教师、教研员发放问卷总计4579份[1],广泛听取了相关人员的意见和建议,严格遵循教育教学规律和学生的身心发展与成长规律,力求贴近高中学生的思想实际、学习实际和生活实际,充分满足学生的健康成长与发展的需要。

4.坚持继承发展

现行高中思想政治课程标准在修订过程中系统总结了十余年来高中思政课程改革的有效经验和成功做法,包括"课程定位比较准确,理念科学,目标合

---

[1] 韩震、朱明光主编:《普通高中思想政治课程标准(2017年版2020年修订)解读》,高等教育出版社2020年版,第2页。

理;课程内容及其结构体现了时代性、基础性和选择性,基本适应了多样化社会需求和学生的个性发展;课程内容的容量与难易度大体上适当,课程内容的衔接性总体上合理和有效;教学建议、教科书编写建议、课程资源的开发和利用建议基本合理,课程标准落实取得诸多成效,文本可读性强"[1]等四个方面,确保了本次课程标准修订的连续性与稳定性。同时,坚持问题导向,通过调研,对原课程标准实施过程中在课程性质、课程目标、课程结构、课程内容、课程容量、课程内容的难易度、课程内容的衔接性、课程标准的实施与落实中,存在的不适应时代发展要求和教育变革及人才培养目标等问题做了梳理分析,做到有针对性地对课程标准进行修订和完善。

(三)修订的主要内容和变化

1.凝练了学科核心素养

现行普通高中各学科课程标准在修订过程中都充分挖掘了本学科课程教学对全面贯彻党的教育方针、落实立德树人根本任务、发展素质教育的独特育人价值,凝练了本学科所要培育和发展的核心素养。各学科课程标准围绕核心素养的落实,确定课程目标,选择和重组课程内容,明确学习要求,指导教学设计与实施,提出考试评价和教材编写的建议。《普通高中思想政治课程标准(2017年版2020年修订)》中指出思想政治学科核心素养主要包括政治认同、科学精神、法治意识和公共参与。

(1)政治认同。我国公民的政治认同,就是拥护中国共产党的领导,坚持和发展中国特色社会主义,认同中华人民共和国、中华民族、中华文化,弘扬和践行社会主义核心价值观。

中国特色社会主义是改革开放以来中国共产党的全部理论和实践的主题,是党和人民历尽千辛万苦、付出巨大代价取得的根本成就。社会主义核心价值观是当代中国精神的集中体现,凝结着全体人民共同的价值追求。认同中国特色社会主义和社会主义核心价值观,才能形成全国各族人民团结奋斗的共同思想基础,坚持中国道路、弘扬中国精神、凝聚中国力量,为实现中华民

---

[1] 韩震、朱明光主编:《普通高中思想政治课程标准(2017年版2020年修订)解读》,高等教育出版社2020年版,第2—3页。

族伟大复兴的中国梦而奋斗。青少年的政治认同是他们创造幸福生活的精神支柱、价值追求和道德准则;发展政治认同素养,才能牢固树立中国特色社会主义理想信念,厚植爱国主义情怀,成为社会主义合格建设者和可靠接班人。

(2)科学精神。我国公民的科学精神,就是在认识世界和改造世界的过程中表现出来的一种精神取向,即坚持马克思主义的科学世界观和方法论,能够对个人成长、社会进步、国家发展和人类文明作出正确的价值判断和行为选择。

当代中国正经历广泛而深刻的社会变革,正进行宏大而独特的实践创新。在这一社会变革和实践创新的过程中发扬科学精神,必须坚持辩证唯物主义和历史唯物主义基本观点,领会习近平新时代中国特色社会主义思想,认清社会发展规律和阶段性特征,解放思想、实事求是、与时俱进、求真务实,在全面深化改革的进程中,把握发展机遇,应对各种挑战。培养青少年的科学精神,有助于他们形成正确价值取向和道德定力,提高辩证思维能力,立足基本国情、拓展国际视野,在实践创新中增长才干。

(3)法治意识。我国公民的法治意识,就是尊法学法守法用法,自觉参加社会主义法治国家建设。

建设社会主义法治国家,是推进国家治理体系和治理能力现代化的必然要求;全面依法治国,必须坚持党的领导、人民当家作主、依法治国有机统一,坚持依法治国和以德治国相结合,实现科学立法、严格执法、公正司法、全民守法,在全社会树立法治意识。增强青少年法治意识,有助于他们在生活中依法行使权利、履行义务,严守道德底线,维护公平正义,做社会主义法治的忠实崇尚者、自觉遵守者和坚定捍卫者。

(4)公共参与。我国公民的公共参与,就是有序参与公共事务,勇于承担社会责任,积极行使人民当家作主的政治权利。

广泛的公共参与,彰显人民主体地位,是公民行使知情权、参与权、表达权、监督权的表现,有助于更好地表达民意、集中民智,提高国家立法和政府决策的科学性、民主性;有助于鼓励人们热心公益活动,激发社会活力,提高社会治理水平。培养青少年公共参与素养,有益于他们了解民主管理的程序、体验民主决策的价值、感受民主监督的作用,增强公德意识和参与能力,追求更高的道德境界。

2.更新了教学内容

本次课程标准修订进一步精选了学科内容,重视以学科大概念为核心,使课程内容结构化,以主题为引领,使课程内容情境化,促进学科核心素养的落实的要求,优化了课程结构、更新了教学内容。

(1)课程结构。现行高中思想政治课程标准在课程结构上相较于2004年发布的《普通高中思想政治课程标准(实验)》,统筹了必修、选择性必修和选修三类课程,其中,"必修课程以发展中国特色社会主义为主轴,以'四个自信'为'四维',以四个素养为'四梁'"①,削减了教学课时,重构和精简了学习内容,强化了中国特色社会主义尤其是习近平新时代中国特色社会主义思想和法治教育。

必修课程与选择性必修课程作为国家课程合计12学分。必修课程是全体学生必修完成的学业,其四个模块在教学实施中按顺序依次开设,其中"中国特色社会主义"和"经济与社会"可在同一学期开设,"政治与法治""哲学与文化"各开设一个学期。选择性必修课程是选择本课程作为学业水平等级考试的学生应该完成的学业,考试成绩计入高考招生录取总成绩,同时也可供对该课程有兴趣的学生选修,计入毕业学分。各模块的教学实施由各学校灵活自主安排。选修课程是学生自主选择修习的课程,涉及个人生活、职业体验、大学先修等方面的内容,可以基于学生个性化发展的需求和当地经济、科技、文化发展的特点开设,纳入校本课程管理,学生可以根据自己的志趣选课学习。

(2)课程内容。高中思想政治课程在课程内容组织上结合学生年龄特点和学科本质,充分落实习近平新时代中国特色社会主义思想,有机融入社会主义核心价值观,中华优秀传统文化、革命文化和社会主义先进文化教育的内容,努力呈现新时代经济、政治、文化、科技、社会、生态等发展的新成就、新成果,充实了培养学生社会责任感、创新精神、实践能力等相关内容。

必修课程内容在总体架构上以发展中国特色社会主义为主轴。模块1:

---

①《打造素养导向的活动型学科课程——访普通高中思想政治课程标准修订组负责人韩震、朱明光》,《基础教育课程》2018年第1期,第47页。

"中国特色社会主义"是本次课程标准修订新增加的模块,其主要内容着眼于人类社会的发展历程,立足于中国特色社会主义的伟大实践,明确中国特色社会主义是科学社会主义理论逻辑与中国社会发展历史逻辑的辩证统一,中国特色社会主义已进入新时代,包括人类社会发展的进程和趋势、中国特色社会主义的开创与发展两大主题,其目的在于帮助学生树立为共产主义远大理想和中国特色社会主义共同理想而奋斗的信念;模块2:"经济与社会"依据习近平新时代中国特色社会主义经济思想的基本原理,讲述我国社会主义基本经济制度,解析社会主义市场经济的基本特征,阐释指导我国经济社会发展的新理念,具体涵盖"五位一体"总布局中的经济建设与社会建设,包括经济制度与经济体制、经济发展与社会进步两个主题,旨在帮助学生理解全面深化改革的意义,提升在新时代参与社会主义现代化建设的能力;模块3:"政治与法治"在内容上以党的领导、人民当家作主、依法治国有机统一为主线,讲述党的领导是人民当家作主和依法治国的根本保证,人民当家作主是社会主义民主政治的本质特征,依法治国是党领导人民治理国家的基本方式,具体包括中国共产党的领导、人民当家作主、依法治国等三个主题,旨在奠定学生政治立场与法治思维的基础;模块4:"哲学与文化"在内容上阐明马克思主义哲学是科学的世界观和方法论,讲述辩证唯物主义和历史唯物主义基本观点,坚持实践的观点、历史的观点、辩证的观点、发展的观点,在实践中认识真理、检验真理、发展真理,讲述社会生活及个人成长中价值判断、行为选择和文化自信的意义,具体包括探索世界与追求真理、认识社会与价值选择、文化传承与文化创新三个主题,旨在培育学生思想政治学科核心素养,奠定世界观、人生观、价值观基础。

选择性必修课程:模块1:"当代国际政治与经济"在内容上主要围绕当今世界多极化与经济全球化趋势,解析不同的国家性质和国家形式,说明国际关系的主要影响因素和世界经济发展的基本特点,介绍国际组织的主要类型及其作用,具体包括各具特色的国家、世界多极化、经济全球化、国际组织四个部分,旨在引导学生在拓展国际视野的过程中,坚持总体国家安全观,坚定不移地走中国特色社会主义道路,积极贡献中国智慧和中国力量,推动构建人类命运共同体;模块2:"法律与生活",其聚焦公民依法维护合法权益的法律行为,通过民事权利与义务、家庭与婚姻、就业与创业、社会争议解决四个主题介绍公民一般的民事权利和义务,了解婚姻家庭中的法律关系和法律责任、劳动关系的法律保障、社会纠纷的解决机制和法律程序,其目的是为学生进一步发展思想政治学科核心素养、增强法治意识提供日常生活中的法律常识;模块3:"逻辑与思维"旨在通过科学思维的训练,引导学生掌握科学思维的基本要求,把握逻辑思维和辩证思维的方法,提高创新思维能力,学会运用科学思维探索世界、认识世界。具体内容包括学会科学思维、遵循逻辑思维要求、运用辩证思维方法、提高创新思维能力,其中"学会科学思维"是总论,目的在于让学生从总体上理解和把握科学思维的内涵,"遵循逻辑思维要求""运用辩证思维方法""提高创新思维能力"分别从逻辑思维、辩证思维、创新思维的角度对科学思维作出详细阐释。

选修课程:模块1:"财经与生活"包括货币与市场、收入与支出、投资与理财、企业与就业四个主题,提供本课程模块目的是帮助学生在中国特色社会主义新时代,更好地立足于社会主义市场经济运行和社会主义现代化建设的需要,了解经济生活的基本概念和原理,提升学生正确理解和积极参与经济生活的能力,帮助学生进一步树立正确的财富观与人生观,坚持公正、法治的价值取向,践行敬业、诚信的价值准则;模块2:"法官与律师"包括法官的职责、审判程序、律师的职责、辩护和代理四个主题,提供本课程模块其目的是帮助学生更多地了解法官和律师这两种有代表性的法律职业的不同职责和共同使命,理解法官和律师对于维护公平正义、推动社会进步、满足人民美好生活需要的作用,从而在建设社会主义法治文化的实践中,不断增强法治意识,进一步提高法治思维和用法、护法能力;模块3:"历史上的哲学家"是对必修课程模块4:"哲学与文化"在内容上的拓展与延伸,包括百家争鸣的时代、理学与心学的演变、西方哲学的起源、西方哲学的发展四个主题,提供本课程模块其目的是帮助学生更多地了解中外历史上唯物主义与唯心主义哲学流派的代表人物及其核心思想,通过对不同哲学观点进行比较、鉴别和评价,看到哲学的时代价值及其影响历史进程的作用,提高理论思维水平,从而更加自觉地理解和掌握马克思主义哲学原理。

3.研制了学业质量标准

依据不同水平学业成就表现的关键特征,高中思想政治学科学业质量标准明确将学业质量划分为4个等级,每个等级都包含完整的政治认同、科学精神、法治意识、公共参与四方面学科核心素养要求,同时1到4级分别指能够面对简单情境、一般情境、复杂情境、挑战性复杂情境问题的四个等级水平。思想政治学科核心素养的行为表现与情境之间的关系是复杂的:同一个情境,可以展现出不同学科核心素养要素或同一个学科核心素养要素的不同水平;同一个学科核心素养要素及其水平,也可以通过不同的情境表现出来。

思想政治学科学业质量标准是阶段性评价、学业水平合格性考试和学业水平等级性考试命题的重要依据。其中,学业质量水平2是高中毕业生在本学科应该达到的合格要求;学业质量水平3是学业水平等级性考试的命题依据;学生达到水平4的相关表现可纳入综合素质档案中予以呈现,作为普通高等学校招生录取、自主招生的参考。"本次课程标准修订单列'学业质量'部分,分别说明了'学业质量内涵''学业质量水平'和'学业质量水平和考试评价的关系',就是要让课程标准明确'课程''素养'与'评价'的关系,实现'教''学''考'的'一体化设计'。"①它有助于引导教师教学更加关注育人目的,更加注重培养学生核心素养,更加强调提高学生综合运用知识解决实际问题的能力,帮助教师和学生把握教与学的深度和广度,促进教、学、考有机衔接,形成育人合力。

4.增强了指导性

现行高中思想政治课程标准本着为编写教材服务、为教学服务、为考试评价服务的原则,逻辑清晰、通俗易懂、可操作性强。其实施建议部分包括"教学与评价建议""学业水平考试命题建议""教材编写建议""对地方和学校实施本课程的建议"四方面内容,并相应地提供了一些具体案例,加强了对教材编写、教学实施、考试评价的针对性指导,有助于课程标准完整准确的落地实施。

---

①李晓东:《理解普通高中思想政治课程标准的三重视角》,《教学月刊:中学版(政治教学)》2018年第3期,第5页。

第二节　中学思政课程资源开发与利用

课程资源是指"在课程设计、编制、实施和评价等整个课程发展过程中可以利用的一切人力、物力以及自然资源的总和"[①]。从类型上来看,课程资源具体包括图书、音像资料、数字化资源,以及现实生活中鲜活的案例等。课程资源是课程实施的基本保障,是提高教学质量和增强教学效果的重要支撑。因此,无论义务教育道德与法治课程标准还是高中思想政治课程标准都对课程资源的开发和利用提出了具体的建议。

一、中学思政课程资源开发与利用的策略方法

综合《义务教育道德与法治课程标准(2022年版)》和《普通高中思想政治课程标准(2017年版2020年修订)》的相关内容,中学思政课程资源开发与利用的策略方法主要包括以下三点:

第一,坚持目标导向,精选优质课程资源。具体来说,一方面必须要牢牢把握正确的政治方向,结合党和国家重大实践和理论创新成果,精选有助于学习活动开展与教学目标达成的优质资源;另一方面,课程资源的选择要立足学生实际,聚焦核心素养,重视资源的典型性与适切性,注重知识性与价值性有机统一,以充分发挥课程资源促进学生发展的育人价值。此外,在课程资源开发和利用中还要增强知识产权保护意识,严格遵守知识产权保护的法律法规。

第二,要充分发挥教师主体作用,丰富课程资源。这就要求学校要不断增强教师课程资源开发与利用的意识,努力发挥教师在课程资源建设中的主体作用,鼓励和支持教师发挥自身优势,根据当地实际,充分挖掘并有效利用一切可以利用的课程资源,为学生学习和教师教学的有效实施创造有利条件。具体来说一是要注重发现、利用学生中间和本地区的先进模范等榜样资源,引

---

① 韩震、朱明光主编:《普通高中思想政治课程标准(2017年版2020年修订)解读》,高等教育出版社2020年版,第186页。

导学生向身边的榜样学习;二是要积极争取社会各方面力量的参与和支持,挖掘和利用中华优秀传统文化资源和红色资源,如重要人物、重大事件、伟大成就、重要作品、重要节日纪念日、故居遗址遗物、馆藏文物等,丰富教育教学活动形式;三是要重视信息化环境下的资源建设,要精选、整理和加工资源,为促进学生学习方式的转变提供课程资源支持。

第三,调动多元主体建立开发机制,共建共享课程资源。这就要求各级教育行政部门、教研机构要增强责任意识,善用"大思政课",统筹规划、指导和管理课程资源的开发与建设。各地区、各学校在课程资源开发中要树立课程资源共建共享意识,积极构建课程资源系统;要运用信息化技术,重视线上线下、互动体验平台等数字化资源建设,充分考虑地区与学校的差异,向资源开发能力不足的地区和学校提供全面而有力的支持,逐步建立地区之间、学校之间资源互补、共建共享的机制;要落实大中小学思政课一体化建设的要求,建立中小学、高校和研究机构资源建设共同体,加强课程资源库建设,并持续更新优化资源。

二、中学思政课程教材的编写与使用

教材是课程标准的具体化,是实现对学生发展核心素养培育、落实课程要求的重要形式,是教学实施最重要的内容、资源和载体。2019年12月,教育部印发《中小学教材管理办法》指出:中小学教材是指根据国家课程方案编写的、供义务教育学校和普通高中学校使用的教学用书,以及作为教材内容组成部分的教学材料(主要包括教材配套的音视频、图册和活动手册等)。由此,中学思政课程教材一般是指中学思政课教科书和与之相应的各种教学材料。

(一)中学思政课程标准对教材编写的建议

习近平总书记曾明确指出教材建设是国家事权。《中小学教材管理办法》加强了国家统筹,规定思想政治(道德与法治)、语文、历史课程等意识形态属性较强的教材和涉及国家主权、安全、民族、宗教等内容的教材实行国家统一编写、统一审核、统一使用,同时强调加强全过程管理,提高教材编写门槛,加强审核把关。鉴于思政课教材的重要性,为了把教材编好、用好,现行中学思政课程标准针对不同的学段特点和要求,分别对教材编写提出了具体的意见和建议。了解和掌握这些建议,有助于我们更加深入地理解课程标准、更加准确地理解教材编写意图和要求,从而真正读懂教材、读透教材。

1.初中道德与法治课教材编写建议

《义务教育道德与法治课程标准(2022年版)》从教材编写的原则、教材内容的选择、教材编排与呈现的形式三个方面对教材编写提出了具体建议。

(1)教材编写的原则。一是坚持正确的政治方向和价值导向。教材编写要坚持以习近平新时代中国特色社会主义思想为指导,将坚持正确的政治立场作为首位要求,旗帜鲜明地批判错误观点和思潮,全面落实习近平新时代中国特色社会主义思想,有机融入重大主题教育内容,用正确的理论武装青少年头脑,打造培根铸魂、启智增慧的精品教材。二是与党和国家重大理论创新同步推进。中国特色社会主义是前无古人的事业,实践发展永无止境,理论创新也永无止境。在教材编写中要充分、及时反映中国特色社会主义实践和理论创新的最新成果,根据时代变化不断充实新的内容。三是按照大中小学德育一体化的要求建构内容。强化一体化设计,按照小学低、中、高年级和初中四个学段,学习要求循序渐进,螺旋上升,学习内容各有侧重,实现教材内容的相互衔接、层层递进。在教材设计上要关注与学前教育和高中教育的衔接。四是基于学生不断扩大的生活范围进行教材设计,着眼于发展学生的核心素养。充分关注学生可感受、可参与的社会生活,引导学生通过分析和解决现实生活问题,逐步扩展和深化自己的认识,学会正确的思维方法,树立正确的世界观、人生观、价值观。教材的呈现要有利于培育核心素养,有助于学生通过自主探究提高思维水平。五是紧密结合中国社会现实进行教材设计。选取具有时代特色的素材,以符合学生身心发展特点的方式加以呈现,引导学生关注国家和社会发展。

(2)教材内容的选择。一是重点呈现马克思主义基本原理,以及马克思主义中国化的重大成果,特别是习近平新时代中国特色社会主义思想,充分反映中国特色社会主义重大实践和理论创新成果。二是遵循思想政治理论教育规律,充分体现道德与法治课程的综合性。根据学生身心不断发育成长的实际,以道德教育和法治教育内容为主,以生命安全与健康教育、中华优秀传统文化教育、革命传统教育、国情教育为主题,借鉴人类文明优秀成果,有机融入国家安全教育、劳动教育以及信息素养教育、金融素养教育等相关内容和素材,形成主次分明、层次清晰、相互支撑、螺旋上升的内容体系,全面落实道德与法治课程的育人功能。三是遵循学生成长规律和认知规律,与学生的认知水平相适应。要着眼于学生的真实生活和现实问题,为学生的自主学习提供有效、渐进的阶梯,实现课程逻辑与实践逻辑、理论知识与生活关切相结合。四是要注重育人要求的一致性,也要适应学生认知水平等差异。既要着眼于学生全面发展,阐述道德与法治课程的基本概念、基本知识和基本方法,符合规定的知识类别、覆盖广度、难易程度等,也要考虑城乡、区域差别。

(3)教材编排与呈现形式。一是保持教材整体风格的一致性。各册保持整体连贯和相互衔接。教材正文与辅文、栏目的比例应适中,栏目之间分工明确、边界明晰。二是注重逻辑性,做到条理清楚,层次分明。合理处理各个教育主题的铺展顺序、层次和逻辑关系。三是教材语言风格要简洁、精当、平实。语言既准确规范,简明扼要地表达相关教学内容,又亲切自然,利于学生接受。各个主题教育的内容与鲜活生动的社会生活紧密结合,将文件语言转化为教材语言,为教师教学提供引导。四是确保适应不同学制的要求。道德与法治教材编写分为"六三"学制和"五四"学制两种版本。"五四"学制6年级教材体例要求等应符合初中学生学习、生活特点。

2.高中思想政治课教材编写建议

《普通高中思想政治课程标准(2017年版2020年修订)》对高中思想政治课教材编写有以下建议:

(1)从教材的编写依据出发,要求突出立德树人要求,着力培育思想政治学科核心素养。教材的编写要立足于立德树人根本任务,以社会主义核心价值观为根本价值标准,以思想政治学科核心素养为育人的主导目标;处理好政治性和学理性、价值性和知识性、建设性和批判性、理论性和实践性、显性教育和隐性教育的关系,知识点的选择和配置服务于思想政治学科核心素养的目标,凸显课程政治方向的引领;应通过鲜活的案例阐述新时代中国特色社会主义经济、政治、文化、社会和生态文明等内容,在克服说教式、过于成人化倾向的同时表达明确的立场,在彰显中华优秀传统文化的同时,强化有关中国特色社会主义道路自信、理论自信、制度自信、文化自信的内容安排。

（2）从教材与课程标准的关系出发，要求依据课程标准，体现课程理念。教材的编写要以课程标准为依据，充分体现课程标准阐述的基本理念，表达课程改革的追求，反映高中阶段学生的特点，体现思想政治课程的本质。要遵循课程标准的设计，在课时安排与呈现方式、内容选择与课程结构、核心素养及其表现水平、教学流程与学习评价等方面，全面落实课程标准的要求。要考虑城乡差异和地区差异，参照课程标准的有关提示和建议，创造性地编写高水平、有特色的教材。

（3）针对教材编写的资源选择，要求利用多种课程资源，拓宽学生视野。教材的编写要善于融通古今中外各种资源，特别是要把握好马克思主义、中华优秀传统文化和国外哲学社会科学三种资源，要按照立足中国、借鉴国外，挖掘历史、把握当代，关怀人类、面向未来的思路，使教材既有深厚历史底蕴，又有鲜明时代特点；既能彰显中国立场，又能开阔国际视野。素材的选择与运用，既要贴近学生生活，又要反映当代社会进步的新发展和科技发展的新成果；既要有利于教师进行创造性的教学，又要有益于学生潜能的发挥，满足不同类型学生发展的需求。

（4）针对课程标准修订中活动型学科课程的构建，要求体现活动型学科课程实施的新要求。教材要体现其作为教学依据的意义，同时要积极发掘其引领教学活动的功能，着力反映活动型学科课程实施的特点。如学科内容与活动设计的融合、课堂教学与社会实践活动的对接等，都应该在教材中有合理安排。要通过设置开放的教学情境，提供多种课内外探究活动设计，注重发展学生自主学习能力；要引导学生主动学习、澄清概念、深化认识，发挥思想政治课程特有的育人功能。

（5）针对教材编写的队伍建设，要求坚持政治性与科学性相统一的原则组织编写队伍。教材的编写要重视编写队伍的优化，遴选出政治立场坚定和德才兼备的编写者，广泛吸纳学科专家、教育教学专家和具有丰富教学经验的教师、教研员参与，以保证教材编写的科学性和适用性。

（二）中学思政课教材的使用

教材是中学思政课程教学活动的核心载体。在教材使用中要着重处理好课程标准与教材、教师与教材、教学内容与教材、学生与教材的关系。

1.课程标准与教材

教材作为教学载体在教学实施中发挥着重要作用，处于重要地位。但是由于受传统应试教育的影响，存在以教材取代课程标准的问题。如前所述，课程标准是教材编写、教学、评估和考试命题的依据，所以教师在教材使用过程中，必须正确处理课程标准与教材的关系，破除"唯教材"的观念，尊重课程标准的权威性，重视对课程标准的研读学习，落实课程标准的教学、评价要求。

2.教师与教材

教师与教材关系的实质是"教教材"还是"用教材教"的问题。

所谓"教教材"，就是教师将教材作为唯一的教学载体，将讲授和学习教材内容作为全部教学目标，其结果是教学活动异化为知识的搬运活动，学生成为被动接受知识的"容器"，忽视了学生其他方面的发展。在这里，教材本身成为教学目的，体现了以知识为中心教材观和教学观。所谓"用教材教"指教师运用教材开展教学活动，学生基于教师的"教"，通过与教材"对话"来习得并建构知识，发展核心素养。在这里，教材是把应当教授的事项作为学生学习课题的具体材料，是学生获得一定的知识、技能、概念、认识的手段或媒介物[1]，体现了以学习者为中心的教材观和教学观。

教师究竟是"教教材"还是"用教材教"被视作区分新旧教学的分水岭。因此，中学思政课教师应该秉持"用教材教"的理念和要求，把握教学过程中教材的性质，科学、合理地运用教材开展教学活动。

3.教学内容与教材

教学内容与教材的关系要求教师既要尊重教材又要灵活处理教材。

中学思政课程教材是依据课标经过严格的程序编写、审查和投入使用的，教材内容是课程内容的"教材化"，教师在教学中应该尊重教材、依托教材，不能脱离教材，不能将教材边缘化。而教学内容是教材内容的"教学化"，教学内

---

[1]钟启泉：《课堂教学的组织与分析》，《上海课程教学研究》2018年第5期，第8—13页。

容来自教材,但不能简单等同于教材。如果将教学比作用餐,教材相当于"半成品",至多是"大众餐",要追求个性化的口味和营养,还需要对其进行"二次加工"①。也就是说,教师在使用教材过程中要能够依据教学目标、学情和教学模式、教学方法的选择等灵活处理教材。

中学思政课教学过程中对教材的灵活处理体现在:一是灵活处理教材内容。针对教材提供的基本教学内容,教师可以根据教学需要加以取舍、整合、拓展、创造,构建符合实际教学需要的教学内容。二是灵活处理教材的"留白"。中学思政课程使用的是全国统编教材,教材的编写充分考虑了地域的差异性和学生的差异性,通过情境问题、活动设计创设了大量的思维空间和活动空间,教师可以结合学情加以灵活处理,将教学内容转化为具体的学习内容,满足不同层次学生的学习需要。三是灵活安排教学进度。教师不能简单地把教材的编排逻辑等同于上课进度安排,而要能够根据学校的学期教学计划和自己对课程教学的内容规划,作出科学合理的教学进度安排。

4.学生与教材

教材作为学科内容与学生之间的媒介和载体,是学生最重要的学习材料之一,在学生自主学习的过程中发挥着重要作用,学生可以依托教材巩固旧知、学习新知,从而提高课堂学习效果。因此,教材的编写应该秉持以学习者为中心的理念,实现从利于教师教的"教材"到方便学生学的"学材"转变。

学生是学习的主体,没有学习主体对于教材的有意识的能动的学习活动,就没有教材存在的价值。因此,在教材使用过程中,教师作为教的主体应该注意调动学生自主学习的积极性和主动性,注重学生学习方法和学习习惯的培养,学好用好教材。同时,教师还需要帮助学生明确教材内容是学习的基础,但不是全部的学习内容,掌握教材内容也不是学生学习的唯一目标。通过对教材内容的学习,学生应该做到根据自己的兴趣、能力拓展学习,迁移运用,发展素养。

总之,教材作为最重要的课程资源,是教师开展教学的重要依据,是师生教学互动的载体与纽带。要充分发挥教材的最大价值,编好教材是前提,用好

---

① 乐进军:《中小学教师如何创造性使用教材》,《中国教师》2019年第11期,第59页。

教材是关键,"教师要增强用好教材的意识,自觉地把握思想政治教材的性质和要求,吃透教材的结构和内容,结合教学需要和教学实际,熟练而自如地用好教材"①。

---

①人民教育出版社、课程教材研究所、中学德育课程教材研究开发中心编著:《思想政治必修3〈政治与法治〉教师教学用书》,人民教育出版社2019年版,第7页。

第四章　中学思政课程教学准备

　　课堂教学是有目的、有计划的师生互动活动。为了保证课堂教学有条不紊地进行，取得良好的教学效果，教师必须在课前做好充分、有效的教学准备。教学准备有广义和狭义之分。广义的教学准备是指实施教学的一切准备活动，包括为胜任教学工作而进行的理论学习、教学内容研究、教学技能训练、教学资源查阅和整合等，吸纳各种教学所需"营养"的活动。狭义的教学准备就是通常所说的备课，是教师在上课前，研究课程标准和深入钻研、分析教材，在充分了解学生的基础上，根据教学内容和学生状况选择教学方法和手段，编制教学计划和教学设计的活动。本章所讨论的中学思政课程教学准备属于狭义上的教学准备，主要包括制订教学工作计划、课时备课和编写教学设计、说课等三项工作。

第一节　中学思政课程学期教学准备

　　思想政治课程教学作为学校工作的一部分，与其他学科教学一样，每学期开学时都应制订教学工作计划，合理安排教学工作，以保证教学工作的顺利进行。教学工作计划根据任务不同可分为学期教学工作计划和学年教学工作计划。实际工作中，教师通常做的就是学期教学工作计划。

一、中学思政课程学期教学准备的要求

为了使制订的工作计划既符合实际又切实可行,教师在制订教学计划工作之前要做好以下准备工作。

(一)学习党和国家的教育方针、政策,明确思想政治教育方向

思政课学期教学工作计划,必须坚持正确的方向和指导思想。一是坚持中国共产党的领导和社会主义道路,这是思政课丝毫不能偏移的方向;二是坚持立德树人的根本任务,围绕"培养什么人、怎样培养人、为谁培养人"的问题,以"立德"为基础,培养德智体美劳全面发展的社会主义事业建设者和接班人。为了贯彻立德树人这一根本任务,党的十八大以来,党和国家先后制定了一系列的教育方针、政策,这对学校思想政治教育教学工作具有指导作用,是从事思想政治教育教学工作的指南。思想政治学科教师只有认真学习党和国家有关的方针、政策,才能使自己的教学工作有明确的政治方向,在指导思想上同党和国家保持一致,全面贯彻党和国家的教育方针。

(二)钻研课程标准,通读教材,明确思想政治学科教学目标

思想政治课程标准是由国家统一颁布施行的纲领性文件。它明确了思想政治课程性质、地位、基本理念、设计思路、学科核心素养(课程目标)、学业水平(内容标准)、教学建议等方面的内容,融知识性、科学性、思想性于一体,对建立适应新时代和社会要求的中学思政课程体系具有重要的意义。依据课程标准编写的教材是思想政治课程标准内容的具体化,是开展教学活动的基本依据,是中学思政学科教学资源的核心部分。教师通过通读教材,准确把握教材的整体框架结构,弄清楚教材中的知识要点,理清教材内容的知识线索,抓住重点、难点,做到全面、系统地掌握教材的精髓。因此,教师只有在深入钻研课程标准,通读教材,才能不断明确教学目标,把握好学期教学内容,为整个学期教学工作作好指引。

（三）了解学生基本情况，做到有的放矢

教学过程是教师与学生交往互动的实践过程。在制订学期教学计划时教师需要了解所带班级学生的基本情况，做到因材施教。为此，可以从以下两个方面入手：一是了解学生所在学校的性质和地位。不同学校具有不同的性质和地位，这决定了其有不同的生源结构，教师需要深入了解本校学生特点。目前，我国中小学学校的性质和地位的划分有以下几种：城市中学与农村中学、一般中学与重点中学、公办中学与民办公助中学、私立中学等。二是了解班级的整体情况。这主要是了解班级的班风和学风。三是了解学生的个体情况。包括学生的知识与思想品德水平，学习思想政治课程的态度、习惯以及学习中存在的问题等。只有教师对学生基本情况有全面了解，才能在教学过程中做到有的放矢，游刃有余。

（四）熟悉学校工作计划

思想政治学科的教学工作是学校工作的一部分，教学工作计划必须同学校整体工作计划保持一致。只有学科教学工作计划同学校整体计划保持一致，才能避免教学工作与学校工作出现"撞车"现象。也只有学科教学工作同学校的行政、党、团、后勤等工作协调起来，才能更好地做到全员育人、全程育人、全程方位育人。

二、中学思政课程学期教学准备的内容

（一）课程标准、教材和学生情况分析

课程标准是教学的根本准则，新课程标准理念提倡"用教材教课程标准"。教学工作计划分析课程标准，主要是为了明确教学目标，落实教学目标。而教学目标的实现，必须借助于具体化的教材。分析教材，就是了解教材的知识结构、体系与框架，熟悉教材的内容特点和深浅程度，这是教师明确教学任务，确定教学原则，选择教学方法的根据。分析学生情况，主要是为了更好地因材施教，调动全体学生的学习积极性。

(二)说明

说明部分是教学工作计划的主要部分。"说明"主要围绕以下几方面展开：制订教学工作计划的目的、授课的班级、使用的教材、教学总课时数、教学措施、课外活动的安排等。

(三)制订教学进度表

教学进度计划一般以表格的形式来呈现。表格的项目有年份、周数、节数、教学主要内容、教学形式、备考等。

三、编制学期教学工作计划

制订学期教学工作计划侧重于解决以下三个方面的问题：一是明确一学期的教学目标，理清教材知识线索；二是针对学生基本情况的分析，选择合理措施提高学生学习兴趣；三是科学合理地安排教学进度计划和时间分配，协调处理好学生的学业负担和学科间的关系。思政课教师需要在解决这三个问题的基础上，制订可操作的具体的学期教学工作计划，在明确目标的基础上，系统地安排学期的教学内容、教学进度、教学方法和实践活动等，保证日常教学有计划、有步骤有条不紊地进行。

第二节 中学思政课程的备课

备课是教师上课前必须完成的一项工作，是教学活动的起点和基础，是做好全部教学工作的前提条件，是提高教学质量的保证。教师要上好课，必须在课前备好课。本节所称备课是指课时备课。

一、中学思政课程备课概述

对于备课的内涵，虽然没有统一的定论，但对于其蕴含的本质，学者和教师都有深刻的体会。著名教育家苏霍姆林斯基在《给教师的100条建议》一书中用"一辈子和15分钟"的故事深刻阐释了备课的内涵。毫无疑问,在每一个40—45分钟的课堂里,教师能否带给学生精彩,学生是否真正融入课堂之中,都取决于教师的教学准备程度。

备课就是教师在研究课程标准、熟悉教材的基础上,精心加工、处理教材,选择教学方法,设计教学环节的活动过程。备课是对教师职业的一项基本要求,是教师必须掌握的一项基本技能,精心的备课是搞好教学的关键,备课的情况也体现出教师理论水平与教学修养的高低。

(一)中学思政课程备课的意义

备好课是思想政治课程教师责任心和职业道德的具体体现。备课的深度、广度,课堂上能否调动学生的学习兴趣,很大程度上取决于教师在备课中的投入程度。教师备课时的投入程度是教师责任心的直接反映,教师对教学和学生的热爱程度,直接影响教师在备课时投入的时间和精力。责任心强、热爱教学工作的教师必然会让自己的课给学生留下美好的印象,让学生学有所获。反之,则会敷衍、应付,这是教师职业道德所不允许的。

备好课是教师专业成长的重要途径。思想政治课程教师在备课过程中,从熟悉课程标准到教学目标的确定,从教材的把握、教学资源的整合到教学环节的设计,都要进行精心设计、巧妙处理,合理安排。这一过程需要实现三个转化,进而促进教师专业化发展。一是要将教材知识转化为自己的知识。课堂教学需要教师将教材知识通过口头语言表达出来,教师只有将教材知识转化成自己的知识,才能在课堂上准确地表达出来。二是将课程标准与教材结合,明确教学任务和方向。三是在研究课程标准,熟悉教材的基础上,找到实现教学目标的途径并转化为自己的教学方法。

备好课是保证课堂教学效果的关键环节。思政课教师在教学中需要秉持"以学生为中心"的理念,传授马克思主义理论,培养学生辩证思维能力,帮助学生掌握正确的学习方法,促进学生学科核心素养的发展。鉴于此,教师在备课的过程中,要抓住学生的兴趣、爱好、特点及已有的知识水平和品德状况,选择最适合学生的教学方法,调动学生参与教学过程的积极性,从而完成教学任务,全面实现教学目标,保证课堂教学效果。

（二）中学思政课程备课的基本要求

一是鲜明的方向性。要求思政课教师在备课时必须坚持以马克思列宁主义、毛泽东思想、邓小平理论、"三个代表"重要思想、科学发展观和习近平新时代中国特色社会主义思想为指导，坚持社会主义方向。

二是严谨的科学性。在明确目标的前提下，正确处理教学内容，选择合理的教学方法，以完成教学任务，实现教学目标。

三是明确的目的性。为了取得最佳教学效果，围绕教学目标、教学内容、教学方法进行系统化准备。

四是独特的创造性。要求教师在备课时运用教育教学理论，充分发挥自己的特长和优势，恰当、合理处理教学内容，实现教学内容与资源的整合，以调动学生的兴趣和学习的主动性。

二、中学思政课程备课的基本形式

从备课的形式来看，思政课教师的备课主要分为"个人备课"和"集体备课"两种形式。随着互联网和信息技术的发展，目前也出现了基于网络开展线上备课的新形式。

（一）个人备课

个人备课是指教师个人完成课时教学准备。思政课教师个人备课要做到"五有"，即"脑中有纲""腹中有书""目中有人""心中有法""胸中有案"。

"脑中有纲"就是要钻研课程标准。中学思想政治课程标准确立了课程目标和学业质量水平标准，是教学的主要依据。思政课教师必须努力做到熟知课程标准，并将课程标准与教材有机统一起来，保证备课的思想性、科学性、全面性和准确性。

"腹中有书"就是要吃透教材，并能够对教材内容进行有机整合。教材是思想政治课程教与学的主要依据，离开了教材，教学只能是无源之水、无本之木。钻研教材、吃透教材是上好思政课的前提和基础。备课时，教师在吃透教材、领会教材编写意图、知识框架的基础上，要明确教学目标。同时，应结合地区、学校及学生的实际情况,对教材内容进行适当的调整、补充和整合,使教学内容更加切近学生,更好地实现教学目标。

"目中有人"就是进行学情分析,做好学法指导。学生是教学活动的主体,所有的教学活动都是为学生的学习服务的,备课不能脱离学生的实际。因此,教师在备课时,必须从教学班级学生实际情况出发,进行学情分析,即对学生的学习兴趣与动机、学生的思想道德状况、知识基础、思维特点和个性差异进行综合分析,发现在思想政治课程学习中存在的问题,在拟定教学目标、选择教学方法时探索解决的对策,有针对性地进行学法指导,以达到教学目标。

"心中有法"就是根据学情选择恰当的教学方法。教学方法是为教学内容服务的。要保证思想政治课程教学质量,提高教学效果,教师在备课时要在教学方法上下功夫,将教学方法作为备课的一项重要内容,不断提高教学水平。要根据学生的差异、教学目标、教学内容、教学时间、教学条件等情况来灵活多样选择,能充分调动学生积极性、激发学生学习兴趣、有效实现教学目标的教学方法。

"胸中有案"就是教师在备课时,要理清教学思路,设计教学方案。备课时教师钻研课程标准、吃透教材、深入分析学情、选择适合自己的教学方法等,最终要在教学中落实。如何落实这些方面,首先要形成完整的教学实施方案,这就要求教师理清教学思路,精心编制教学设计,进而形成一个完整的、系统的教学设计方案。

(二)集体备课

集体备课是充分发挥集体的智慧和力量,同学科教师间协作备课的一种备课形式。它需要同学科教师成立备课组,备课组教师共同研究课程标准和教材,在相互交流与碰撞中达成共识的基础上,共同探讨课程实施方案,以形成统一的教学目标和要求,并在此基础上完成教学设计,促进自身的专业成长。

1.集体备课的作用

(1)集体备课有助于落实新课程理念。思想政治课程的综合性与活动性的特点,使得教师单凭个人的力量无法全面解决备课中遇到的疑难和困惑问题。同时,因为教师的专业背景、个人能力的局限性,导致对教材的理解和认识也会存在一定的差异,为了突出新课程标准以学生为核心的基本理念,需要借助集体的力量和智慧完成备课。

(2)集体备课是教师专业成长的需要。新课程的实施,是一个充满机遇与挑战的过程,需要教师在教学实践中不断探索、总结、反思,教师之间需要相互学习,取长补短。对于老教师来说,他们具有丰富的人生阅历和教学经验,但容易受传统观念的束缚,缺少创新和改革的动力与激情;而新教师敢于接受新事物、新观念,但缺少对教材整体把握和处理的经验。因此,集体备课有利于发挥新、老教师的优势,取长补短,促进教师专业成长。

(3)集体备课有利于思想政治课程教师"减负"。新课程的综合性特点,要求教师在备课时善于开发、利用多种教学资源,并对教学资源进行有效的整合,运用于课堂教学。这无疑增加了教师的备课负担,还可能会存在对教学资源挖掘不足的现象。因此,为了提高教学效率,达到教学资源最优化运用,需要发挥备课组的作用,分工合作,实现资源交流与共享。

2.集体备课的形式

集体备课的组织形式丰富多样,可以通过说课、观课议课、讨论等教研活动形式开展。在此,针对思政课程集体备课,介绍几种常见的形式:

(1)拼盘式集体备课,就是备课组将备课任务和内容划分给每一个成员,由每个成员按照接受的任务独自准备,最后将成员各自准备的内容综合,形成一个完整的教学方案的备课形式。

(2)补充式集体备课,就是在备课组内先确定一个重点备课人,由该教师进行准备并完成教学设计,其他成员针对该教学设计提出意见建议,进行补充完善。

(3)讨论式集体备课,就是针对某一具体教学内容,备课组成员人人准备,在备课组讨论会上针对大家关注的问题展开讨论,自由发言,各抒己见,以达到解决问题为目的,不做统一教学设计的结论和要求。

(4)结论式集体备课,就是针对备课组成员普遍存在困惑的问题或社会热点问题,组织全体成员进行讨论,最后总结达成共识,以统一教学思想或保证知识的科学性。

随着现在信息技术的发展,人际交流已经突破了现实空间,教育教学活动也受到较为强烈的冲击,思政课教师还可借助网络上的"备课讨论区""备课问题集""网上备课组"等资源,开展网上集体备课,共同探讨问题,寻求解决问题的办法。

三、中学思政课程备课的内容

总体来说,备课主要围绕"为什么教""教什么""怎么教"三个问题展开。因此,备课的基本内容包括研究课程标准和教材、了解分析学生、搜集整理教学资料、选择教学方法、设计教学流程等。

(一)研究课程标准

"教什么""怎么教"都是以"为什么教"为前提的,都是服务于"为什么教"这一教学目标的。科学准确地制定课时教学目标,解决"为什么教"的问题,是思政课教学的基础和关键,而课程标准是教师探寻教学目标的源头。教师在备课时要研究课程标准,明确课程性质,理解课程理念,明晰课程设计思路和课程目标,更要依据学业质量水平去解读和构建每一节课的教学目标,解决"为什么教"的问题。

对课程标准的研究要讲究系统、全面、深入。为此,在研究课程标准时,既要把课程标准放到整个教学系统中进行宏观系统地把握,又要对课程标准本身进行中观和微观分析。

1.思想政治课程标准的宏观把握

所谓对课程标准的宏观把握,就是将课程标准看作教学系统中的一个变量,从课程标准与教材及社会发展的比较分析中,全面、系统、准确地把握课程标准。

(1)从课程标准与教材的关系来看,课程标准是教材编写与审查的依据,课程标准的原则和要求通过教材呈现,但教材并不是课程标准的"翻版",而是在课程标准基础上的再加工、再创造。两者不可相互替代。

(2)从课程标准与社会发展来看,思想政治课程标准必须反映时代要求、符合社会发展要求。具体来说就是要反映先进的教育思想和理念,关注信息化环境下的教学改革,关注学生个性化、多样化的学习和发展需求,促进人才培养模式的转变,着力发展学生的核心素养。根据经济社会发展新变化、科学技术进步新成果,及时更新教学内容和话语体系,反映新时代中国特色社会主义理论和建设成就。

2.思想政治课程标准的中观把握

课程标准的中观把握,就是对课程标准本身的结构、课程性质、课程理念、课程目标等进行深入细致的剖析,从整体上准确理解课程标准的内涵、性质,从而全面、深刻把握课程标准。

我国现行的《义务教育道德与法治课程标准(2022年版)》和《普通高中思想政治课程标准(2017年版2020年修订)》相比较原课程标准,都发生了明显的变化,其中比较突出的是增加了学科核心素养与学业质量。这一变化反映出思想政治课程改革将从原有的注重学生知识、能力、情感、态度与价值观的培养,转向注重学生核心素养发展,重视学生应具备的能够适应终身发展和社会发展需要的必备品格和关键能力。因此,要准确把握课程标准,必须对课程标准进行中观分析,弄清楚课程标准的"变"与"不变",理解课程标准变化所引起的教学行为变化,更准确、全面、深入地把握课程标准。

3.思想政治课程标准的微观把握

对课程标准的微观把握,就是对课程标准的课程目标、内容标准(课程内容)、学业质量、实施建议等内容进行细致入微的分析和理解,从而更深入、全面、透彻地把握课程标准,明确教学目标。只有依据课程目标,认真研究内容标准(课程内容),才能确定好每一节课的教学目标,把握教学的重难点,做好教学设计。

(二)教材分析

认真研究教材、准确分析教材、恰当处理教材,对于教学活动的组织、教学任务的完成和教学质量的提高,都具有十分重要的意义。

1.研究教材的视角和方法

教师研究、分析教材是备课的中心工作。教师必须在研究教材的基础上,抓住教材中的知识点,对照教学目标,了解学生已有知识水平、思想认识依据教材内容选择合适的教学方法,进行教学设计,编制教学方案。

(1)通读教材,统观全局,整体把握。阅读教材是研究教材的第一步,也是教师进行教学准备的最基本要求。教师在开学前阅读教材,要对整个教材进行通读,这样做主要是为了宏观了解教材的编写思路、逻辑体系、总体结构,从全局的角度统筹一学期教学内容的分配,合理安排教学进度,从整体上把握一学期的教学目标、教学内容,突出重点。

(2)精读教材,重点解读,吃透教材。要在通读教材的基础上,对教材内容进行细读、精读。对教材内容的每一段、每一句,都要细细品读,抓住其中的每一个概念、观点和原理,认真揣摩教材中设计的活动探究、知识链接、专家点评等内容,抓住教材的每一个细微之处,把教材内容挖深吃透,保证教学内容的科学性,引导学生深入理解教材。为此,教师可以从以下方面入手:第一,解读教材结构,明确教材的地位与作用。通过精读教材,分析教材每一单元、每一课、每一框的知识结构,明确教材的地位与作用,这有利于教师从宏观上考虑教学,能够帮助教师确定教学目标,把握重难点。第二,分析课时教学内容之间的关系,理清知识线索。思想政治课程教材的各框、目都包含着若干知识点,各知识点之间又存在着各种关系,如并列关系、包含关系、递进关系、辩证关系等。分析知识点之间的关系,有助于教师从具体教学内容的角度微观把握知识的内在联系,建立系统化的知识体系。第三,梳理核心知识点,确定教学重点、难点。"重点"是指教材中最基本、最重要的核心部分。依据知识点之间的关系,梳理核心知识点,比如教材中的基本概念、基本观点、基本原理,是学习思想政治课程的基础,因此是教学重点。同时,应当深入挖掘教材内容中蕴含的情感、态度与价值观教育因素,这样的思想观点或行为品质有利于学生形成正确的情感、态度与价值观也是思想教育的重点。"难点"是教材中学生难以理解或难以接受的部分。通过精读教材,教师应当深入研究知识点,从而准确确定教学难点。

在阅读教材的基础上,教师需要进一步理解教材,做到准、透、新。所谓"准",就是教师对教材的理解要准确。要对教材中的基本概念、基本观点、基本原理有正确的理解,对教材中蕴含的思想观点、科学思维要有正确认识,对教材内容结构、理论体系要有准确把握。所谓"透",就是教师对教材内容的理解要透彻,要对教材内容进行全方位、深层次的分析和挖掘。所谓"新",就是分析、处理教材内容的视角、方法要新,通过对教材内容拓展,运用新视角、新资源、新方法调动学生的学习兴趣。

(3)细节入手,加工重组,拓展延伸。在阅读、分析、理解教材的基础上,教师应依据教学目标、教学内容、学生实际,对教材进行加工和创造,合理、恰当地处理教材。一是妥善处理教材内容。教材为教学提供基本内容和素材,教学中哪些该讲,哪些可以不讲,哪些先讲,哪些后讲,在哪些知识点上需要拓展,哪些知识点可以舍弃等问题,需要教师根据教学目标和学生实际,进行重新整合,做到取舍有度、思路清晰、结构合理、详略得当、重点突出,形成一个崭新的、适宜的、完善的知识结构与体系。二是灵活运用教材所设辅助文,为师生活动留下思维空间和活动空间。这需要教师针对不同层次的学生,贴近学生生活实际灵活设计教学活动,为学生的发展提供空间。

(三)了解学生

落实"以学生为中心"的基本理念,需要教师在备课时充分了解学生,将学生作为学习的主体存在,发挥学生在思想政治课程学习中的自主性、主动性、能动性和创造性,让思想政治课程在学生的生活中"活"起来。

1.对学生作为学习主体的认识

学生作为学习活动的主体所应具有的一些内在特征。对学生学习主体的认识,可从以下几个方面入手。

(1)认识学生对思政课程具有自主选择性。学生的学习实质上是接受和选择的统一。学生对学习的内容并不是完全被动消极地接受,而是会把那些自己所期待的、与自己喜好一致的知识及各种教育资源接受并保留下来。因此,教师要善于针对学生的兴趣、爱好开展教学。

(2)认识学生在学习思政课程中具有主观能动性。人的任何活动都是一种自觉能动性的活动,人的学习活动也需要人的自觉能动性。因此,在教学中,教师应当将学生看作一个个鲜活的生命,只有让他们自觉地参与到教学过程中,才能真正成为自主学习的主体。

(3)认识学生是思政课程教学价值的主体。任何一种教学活动都具有培养人、教育人、塑造人的价值力量,思想政治课程是教学生学会做人,学会分析、解决问题,成为合格社会公民的课程。只有当这种价值力量能够满足学生或者被他们接受时,他们才会认同或者接受学习活动,产生学习的欲望、动机、兴趣,树立良好态度和形成坚强意志。

(4)认识学生是自我发展的主体。教育的目的是促进人的全面发展。学生作为发展中的人,既具有自我发展的需要,也具有自我发展的潜能,他们期望获取各种知识以得到自身发展和提高。因而,为了自我发展,学生必然会积极主动地投入到学习之中,自觉自愿地接受教师的指导与教育。

总的来说,认识学生的主体性,就需要对学生进行全面的了解,在备课中清楚地知道学生的内心需要,并针对教学目标与内容,选择恰当的教学方法和手段,让学生积极主动参与教学活动,自觉接受思想政治教育。

2. 了解学生

在教学活动中,学生是教学的主体,教师的教最终都是为了学生的学。因此,备课时了解学生是教师教学准备的一个重要方面。在整个教学活动中,无论是教学内容的处理、教学方法的选择、教学方案的制定、教学策略的实施,都要从学生的实际出发。教师只有充分地了解学生,才能保证教学在活动中有的放矢,保证教学活动沿着自己的预期顺利发展。

(1)了解班级基本情况。包括班级学生构成情况,如学生人数、男女生比例、生源状况、年龄结构;班级学习状况,如班级班风、学习水平、学习思想政治课程的态度;班级的特征,如学生的兴趣爱好、班级凝聚力及集体特长等。

(2)了解学生的身心特点。进入中学阶段的学生,在生理、心理上都会发生变化。教师需要了解他们的个性心理品质,如自尊心、自信心、自控力、求知欲、兴趣爱好等。这一时期学生的个性心理品质具有较强的波动性和可塑性,需要教师进行正确的引导和影响。对于思想政治学科来说,思想政治教育的任务就是引导学生追求真善美,形成健康的心理和健全的人格,成为合格的社会主义建设者和接班人。

(3)了解学生的学习基础。备课中,既要了解班级学生的整体基础,也要了解学生的个人学习基础,还要了解班级中学生学习方面的差异。要了解学生的智力状况、学习态度、学习习惯、学习方法、学习兴趣、学习能力、学业成绩等情况,特别是要了解学生对思想政治课程的学习态度、知识储备、学习兴趣点和关注点。教师了解了学生的学习基础,才能在教学准备中准确把握教学内容,进而选择恰当的方法,化解教学中出现的问题。

(4)了解学生的思想品德状况。学生的思想品德结构较为复杂,我们要了解学生的思想品德状况,需要从以下几个方面入手:首先,了解学生的思想品德认识水平,即学生品德认识水平和品德观念变化过程,如学生的道德认知、道德判断、道德评价的高低,以及对真善美等道德观念认知的发展和变化等;其次,了解学生的思想品德情感,即学生情感过程在品德上的表现,如爱国主义情感、集体荣誉感、责任感、正义感等道德情感在学生身上所反映出来的情绪体验;再次,了解学生的思想品德意志,即学生在道德认知的基础上,积极调节自己的行为,克服困难,能自觉地按照正确的道德行为要求活动的心理过程,主要是了解学生道德行为的自觉性、果断性、坚持性和自制力;最后,了解学生的思想品德行为,即学生在一定的思想品德认识、情感和意志的支配与调节下,采取的各种实际行动,主要是了解学生的品德行为方式和品德习惯等。

3.了解学生的主要方法

(1)课内外观察法。观察法是了解学生的基本方法,包括课堂观察和课后观察两种不同形式。课堂观察,主要是通过学生在课堂上的信息反馈,了解学生对教师所讲内容的接受程度。一般情况下,当学生在课堂上目光呆滞、神情恍惚时,说明学生出现了注意力不集中的情况;当学生在课堂上表现出焦躁不安、情绪波动时,说明学生对教师所讲内容不感兴趣,或者无法跟上教师的教学节奏,出现这样的情况,教师需要及时调整自己的教学方案。课后观察,主要是观察学生的日常表现,通过学生的言行,了解和掌握学生的心理品质和思想状况。

(2)调查法。调查法是指通过各种调查手段,广泛听取各方面的意见和看法来了解学生的一种方法,主要有问卷调查法和访谈法。问卷调查就是针对教学中的某些特殊问题,设计问卷让学生进行回答,进而了解学生的一种方法。主要是为了解决教学中存在的问题或征求学生对学习所学课程的意见和建议。访谈法主要是通过家访或与班主任、其他任课教师访谈了解学生的一种方法。通过访谈,主要了解学生在家里的学习和生活情况,学生学习其他课程的情况,以及学生的兴趣爱好、学习习惯、学习方法、思想动态等。

（3）谈话法。谈话法是指通过与学生谈话了解学生的一种方法。教师有目的地通过与个别学生、班干部谈话,可以深入了解学生的情况和思想动向。尤其是与个别学生的谈话,还可以增进师生的情感交流,促使教师能更好地、深层次地了解学生的思想认识。

（4）通过试卷、作业、笔记及其他相关资料了解学生。通过资料可以了解学生的基本情况、学习态度、学习习惯、品德表现等基本情况,也能发现学生对基础知识、基本技能的掌握情况和学习中存在的问题与不足。

（四）搜集教学资料

教师在备课中,不仅要备课标、备教材、备学生,还需要搜集教学资料。中学思政课程的基本概念、基本观点、基本原理都带有较强的理论性,相对比较抽象,学生不易理解。这就需要教师在备课时,善于抓住社会热点问题和敏感问题,搜集与教学内容相关的教学资料对其进行充实和解释说明,变抽象的理论为形象的事例,引发学生的学习兴趣,增强思想政治课程的吸引力。

1.教学资料的内容

教学资料,是指一切与思想政治(品德)教学内容有关的事实材料。包括与教学有关的音视频资料、文章、数据、故事、名人名言、历史典故、时政热点、社会焦点及试题等。教学资料形式多样,可以按照不同的标准进行分类。在此,主要以其在教学过程所起的作用进行划分,可以分为以下几类:

（1）教学类资料。是指作用于备课、上课、课堂辅导的资料,主要包括以下几类:一是教材分析和教学设计方面的资料,如课程标准解读、教师教学指导用书、重难点解析、优秀教学设计案例等;二是教学类辅助资料,主要用于辅助教学,来补充、解释说明课本上的理论性知识,如事例、案例、故事、名人名言、历史典故及与教学内容相关的音像资料;三是时事焦点、热点专题资料,主要用于体现思想政治课程的时代性,运用相关理论解决现实问题。思想政治课程的性质决定了其具有较强时代性,教师需要在教学中搜集时事焦点、热点专题资料。

（2）试题类资料。主要指用于练习、作业、复习、测试、考试等的资料,包括各类试题、试题分析、解题指导等。按照资料来源可将试题类资料分为三个层次：一是历年高（中）考政治试题和答案及相关分析评价文章，教师要善于从中掌握高（中）考命题的趋势和方向，这是高（中）考备考的一个重要环节；二是阶段性检测题和统考试题，包括以课为单元的测试题、巩固提高训练题和历次市县统考试题；三是兄弟学校和各地的模拟试题。

（3）综合类资料。主要指用于把握思想政治课程教学方向、调整教学内容、改进教学方法等方面的资料。如最新的政策法规、文件、通知、重要报告、国家领导人讲话等，能够帮助教师准确把握思想政治课程的教学方向；与思想政治课程教学相关的图书、报刊，如《思想政治课教学》《中学政治教学参考》《中学生时事政治报》等，能够帮助教师及时了解思想政治课程教学改革动态、调整、改进教学，开展思想政治课程教学研究。

2.搜集教学资料的途径与方法

（1）优秀教学资料的交流与共享。思政课程的时代性、综合性和实践性特点，决定了教师个人在教学资料的发现、收集、处理上会存在一定的局限性。因此，加强教师间教学资料的交流与共享，能够有效弥补教师个人在教学资料搜集方面的不足，是教师获取资料的良好途径。首先，可以订购课程标准解读、教师教学指导用书、思想政治教学类期刊，购买优秀教学设计案例，借鉴前人经验实现资料共享；其次，可以通过校本教研活动、校际交流及地区间教学交流活动实现教学资料交流与共享；最后，借助现代信息技术实现网上教学资料交流与共享。随着信息技术的发展和新课程改革的深入，教师之间、教师与媒体信息的资源交流与共享需要加强，这样能够帮助提升教师尤其是新任职教师的教学能力。但并不是所有的优秀教学资源都会对教学产生作用，只有将优秀的资料转化为自己的教学资源，才会产生预期的教学效果。

（2）社会实践中的体会和感悟。思政课程实践性特点及理论联系实际的基本方针，决定了思政课必须贴近社会、贴近生活、贴近学生。因此，社会生活中的事例、案例等是思想政治课教师的重要教学资料，思想政治教师应多参与、多观察社会生活，广泛搜集第一手资料，以服务于教学需要。

（3）音频视频的截取。随着现代教育技术的发展，多媒体教学设备在课堂中得以广泛运用，从之前的多媒体投影，到现在的交互式电子白板等现代教学手段大量运用于思想政治课程教学。与之相对应,音像资料也成为思想政治课程教学资料的重要组成部分,从广播、电影、电视、网络视频中截取音像资料成为思政课教学资料搜集的重要途径。音像资料的截取通常可以采用以下两种方式:第一,网络下载截取。现在的网络资源应有尽有,教师可以根据教学需要,直接从网络下载所需教学资料,并根据教学需要对其进行截取运用。第二,录制截取。教师可以根据教学需要,自行录制小视频、音频,或者对有教学参考价值的影视内容进行录制或转录、或截取其中的片段加以运用。

(4)书籍、报纸、期刊资料摘编。教师可以通过广泛阅读各种书籍、报纸、期刊,搜集和整理有价值的教学资料,并将其作为补充教学资源,运用于教学活动,增加课堂教学的新颖性和趣味性。从书籍、报纸、期刊中获取教学资料,一般可以采用以下方式:一是摘抄。这种方式是指教师在读书看报的过程中,对有价值的教学资料,根据自己的教学需要用卡片把内容摘抄下来,并把这些零散的资料进行归类整理。这种方式既能帮助教师加深对资料的理解和认识,也有利于教师在教学中分类使用资料。二是裁剪。教师在看报的过程中,对有价值的资料进行裁剪并分类保存,有利于保证资料的原始性和真实性。三是复印。即对书籍、报纸、期刊中有价值的教学资料进行复印保存。

3.搜集教学资料的基本要求

(1)保证科学性。教学是培养人的活动,教学内容追求的是真实性和科学性,因此教师搜集教学资料也必须保证其科学性。教学资料的科学性一是指要内容正确。教师要对搜集的资料进行鉴别,去伪存真,去粗存精,保证搜集的资料内容真实,数据准确。二是指要思想健康、导向正确。思政课较强的价值引领性决定了在搜集教学资料时要注意搜集有利于陶冶学生情操、促进学生健康成长的情趣高雅、格调高尚的资料。

(2)突出目的性。搜集资料就是为了服务教学,可以用来解释、说明基本概念、基本观点、基本原理,也可以用来引出话题、增加趣味、开阔眼界。因此,搜集教学资料要达到为教师教学服务,为学生学习服务的目的。为此,需要注意:一是要适应教学内容。搜集的资料要与教学内容相一致,能够真正服务于教学;资料要新颖,要能反映时代特征,以突出思想政治课程的时效性。二是要适应学生需求。学生获取资源的途径多种多样,教师在搜集资料时应尽量搜集贴近学生、贴近生活的资料,以增强教学的吸引力和说服力。

(3)坚持长期性和广泛性。教学资料的搜集需要教师日积月累,持之以恒,随时关注,随时搜集。搜集资料的广泛性,一是内容要广泛,中学思想政治课程是一门综合性课程,涉及政治学、哲学、法学、心理学、社会学、伦理学、经济学等多个学科的知识,这就要求教师从以上相关学科领域广泛搜集教学资料;二是资料来源广泛,教师需要多渠道、多层次收集教学资料,资料既可以是正面引导性的,也可以是反面教育性的;三是形式多样,所有与教学有关的事例、案例、数据、表格、故事、音像、漫画、试题等,均可成为教学资料。

第三节　中学思政课程的教学设计

思想政治课程教学活动是有目的、有计划、有组织的师生交往互动的实践过程。在这一过程中,教师是教学活动的组织者、引导者和参与者,是教学活动的主导。教师作为教学活动的主导者,需要思考确定什么样的教学目标,为了实现教学目标应该选择什么样的信息传播方式和方法,借助什么样的内容来完成教学任务,落实教学目标,如何协调教师和学生之间的行为,如何去评价、反思教学活动,如何改进教学等问题。要解决这些问题,就需要教师进行精心的设计。

一、教学设计概述

关于教学设计的起源和理论发展,普遍接受的一种观点是教学设计的思想萌芽和原始构想产生于20世纪初,先驱者是美国教育学家杜威和测量学家桑代克。杜威将心理学与教学实践结合起来研究如何设计教学。桑代克则运用测量学理论构建了包括任务分析、教学方法、教学评价与教学测量的教学设计体系。

关于教学设计的含义,中外学者从不同的角度给出过很多定义。比较有代表性观点如下:美国教育心理学家加涅认为,"教学系统设计是计划教学系统的系统化过程"。何克抗认为,"教学设计是运用系统方法,将学习理论与教学理论的原理转换成对教学目标(或教学目的)、教学条件、教学方法、教学评价等教学环节进行具体计划的系统化过程"①。从中我们不难看出其存在的共同特性,主要表现在:第一,教学设计是一个系统化的过程;第二,教学设计必须建立在一定的学习理论、教学理论等理论基础之上;第三,教学设计是对教学过程的各个要素、教学环节、教学方法、教学评价等方面进行的系统化设计;第四,教学设计是为了促进教学效果的最优化。

基于上述认识,我们可以这样认识教学设计。教学设计就是教师为达到教学效果的优化,运用一定的学习理论、教学理论等相关理论,对教学过程的各个要素(教师、学生、教学内容、教学方法与手段)、教学环节及其相互关系进行科学分析、描述和计划,制定具体可行、可灵活操作的教学活动程序或方案的过程。可见,教学设计并非一项简单的工作,需要教师运用科学的理论,对教学活动进行创造性的规划与设计,以促进师生活动的合理性和高效性,达到提高课堂教学质量的目的。

二、中学思政课程教学设计的内容及要求

思政课程教学设计包含了教学过程的各个方面,如制定教学目标、确定教学重难点、选择教学方法、设计教学过程、设计板书等。

(一)制定教学目标

教学目标是教学活动的行动指南,是教师期望学生通过学习过程所要实现的行为变化,是一定教学阶段终结时学生应达到的水平、程度或标准。教学目标是教学活动的出发点和归宿。教学目标会直接影响课堂教学的效果。制定合理、明确、具体可行的教学目标有助于教师选择有效的教学策略,推进教学进程,提高教学效果。

1.思政课程教学目标确定依据

思政课程的时代性、实践性特点,决定了其教学目标的确定受社会发展要

---

① 何克抗:《也论教学设计与教学论——与李秉德先生商榷》,《电化教育研究》2001年第4期,第8页。

求、课程标准、教材及学生实际等多种因素的影响和制约。因此,制定思政课程教学目标,应该从以下四个方面考虑。

(1)教学目标必须符合社会发展和时代要求。党的十八大报告提出要"把立德树人作为教育的根本任务"。思政课作为体现国家意志的课程,更应突出立德树人的根本属性,课程目标与教学目标要力求能够反映新时代加强和改进中学生思想道德建设的总体要求。

(2)依据课程标准确定教学目标。课程标准是教学的依据,也是确定教学目标的依据。在教学目标的确定上,教师必须要基于课程标准要求,落实课程标准要求。

(3)依据教材确定教学目标。教材是依据课程标准编写的,是课程标准的具体化,是教师和学生学习的核心材料。教材中的正文和辅助性课文分别从不同角度围绕课程标准的课程目标、内容进行系统化设定,能够引导、帮助学生快捷地实现课程目标。因此,教师在确定教学目标时,应当认真阅读、分析教材,准确理解教材内容,从中挖掘内容中蕴含的教学目标因素,准确确定教学目标。

(4)根据学生实际确定教学目标。思政课程教学目标指向的对象是学生,在教学目标的确定上,必须考虑学生身心发展规律、认知水平和个体的差异,体现教学目标的针对性和灵活性,针对教学目标的统一性和学生的差异性,教学目标要有一定的弹性,既要保证全体学生的发展,也要让学有余力的学生充分发挥学习潜能。

2.确定教学目标应注意的问题

根据基础教育课程和教学改革的发展趋势,结合教学目标自身的特点,在教学目标的确定上应该注意以下问题。

(1)教学目标指向的对象是学生,而不是教师。学生是学习的主体,也应当是教学目标的主体,教学目标是学生通过学习后所要达到的结果,并不是教师教学行为所产生的结果。判断教学目标是否实现的标准不是看教师做了什么,而是要看通过学习学生学会了什么、能做什么。因此,在教学目标的表述上学生是主体,要改变过去使用的祈使句表述,如"通过教学,使学生知道……使学生掌握……使学生树立……",因为这样的表述折射的是教师是教学目标的主体。

（2）教学目标的表述要具体明确，具有可观察性、可测量性。以往教学目标的表述多使用一些笼统的、难以观察和测量的行为术语，如了解、理解、掌握、领会等，造成了教学目标的空泛，难以检测教学效果的好坏。而新课程改革要求教学目标要成为教学评价的依据，要能够测量学生的学习结果。教学目标要能够明确体现教师教了什么、教到什么程度，学生学了什么、学到什么程度，因此，教学目标的表述应该使用能够直接观察和测量的外显性的行为动词，如说出、复述、描述、列举、识别、说明、应用、评述、辨析等。

（3）教学目标呈现的是学习结果，而不是学习过程。教学目标是学生通过教师教学所要达到的学习结果的体现。

（二）确定教学重难点

教学中确定重点和难点，是为了使教师明确教学任务，有效利用课堂教学时间更好地完成教学任务，避免教学中均衡用力，造成知识线索不清，学生学习盲目等问题。

1.教学重点及确定依据

所谓教学重点，就是指对学生当前和今后学习、生活具有现实意义的，教学内容中最关键、最核心的概念、观点、原理等知识和思想认识问题。教学重点对教学有重要的影响作用，重点知识是教材的主要部分，明确教学重点有助于帮助学生理清教材知识线索，有助于帮助学生形成正确的情感态度与价值观。我们可以依据以下两个方面来确定教学重点：

（1）教材中核心的知识点就是教学重点。一般是指课程标准中要求学生必须掌握的知识点，或者教材中知识的连接点。

（2）学生中普遍存在且带有一定倾向性的思想理论认识问题，也是思想政治学科的教学重点。从思政课的学科本质出发，应把对学生的思想政治教育放在首位，所以在学生中存在的倾向性的理论认识问题也应作为教学的重点。

2.教学难点及确定依据

教学难点，是指学生在学习中存在困难或者障碍的地方，即由于知识本身的抽象或者思想理论与学生的思想实际存在矛盾、冲突，导致多数学生难以理解和掌握的知识或思想理论问题。教学难点的确定应以学生的接受程度为依据。确定教学难点的依据是：

（1）比较抽象的概念、观点和原理等知识内容。

（2）在理论上学生能够理解，但在思想上较难接受的理论认识问题也可以作为教学难点。

（3）容易混淆的概念、观点和原理，也可以作为教学难点。

在教学过程中，教师要围绕重点和难点合理安排教学时间，将主要精力放在处理重点和解决难点问题上，这样能够避免因均衡用力而导致重点不突出、难点无法突破等问题，对于学生能够理解的一般问题应尽量让学生自主学习，不要过多占用教学时间。

（三）教学方法选择

教学过程是综合运用教学方法，顺利完成教学任务、实现教学目标的过程。常言道"教学有法、但无定法、贵在得法"，教学中选择合理的教学方法是顺利完成教学任务的关键。教学中，优秀的教师之所以能够得到学生的认可并取得良好的教学效果，是由于他们能够以综合的、辩证的眼光看待各种教学方法，并能灵活运用，而不是单一地运用一种教学方法或生搬硬套某种方法。教学方法选择时应考虑如下问题：

（1）从教学内容出发选择教学方法。教学方法的选择要适合教材特点和教学任务，对于学生容易理解和接受的知识，可以选择读书指导法或谈话法来进行教学；理论性比较强、比较抽象的内容可以选择讲解法或讨论法。

（2）根据学生的身心特点或接受能力选择教学方法。选择教学方法要充分考虑学生的接受能力、身心特点。如初中学生已经有了一定的抽象思维能力，思政课程的教学内容直观性较强，需要学生体验和感悟，可以选择情境教学法、案例教学法等参与式教学方法；高中的学生基本具备了理性思维能力，教学内容理论性相对更强，可以选择讲解法、讨论法、自主探究等教学方法。

（3）选择的教学方法要能体现学生的主体地位，充分发挥学生的主体作用。要让选择的教学方法有利于调动学生的学习积极性，让学生主动参与教学活动，达到提高学生素质的教学目的。

（4）根据教师自身条件选择教学方法。教师的自身条件影响其教学方法的选择，如教师语言表达能力较强的，可以选择以口头语言为主的讲授法；语言表达能力较弱的，可以多选择以学生探究为主的教学方法。

（四）设计教学环节

课堂教学是由各个教学环节构成的。教学环节就是教学的程序和步骤，传统教学的环节主要包括：组织教学、复习旧知、导入新课、新课讲授、新课小结、课堂练习与布置作业等。设计教学环节就是在每个环节把教什么内容，用什么方法教，提什么问题，板书什么内容，怎样处理重点或难点问题等进行合理安排，把各个教学环节合理、紧凑地衔接，使整个课堂形成一个整体。

（五）设计板书

板书是为教学服务的。教师在设计板书时，要保证板书条理清楚，能够反映教学内容的逻辑关系和层次结构；板书要简洁明了地概括教学内容，能够体现教学内容所包括的知识体系和知识要点；板书结构要合理，正板书和副板书要结合；板书的字要写得规范、工整、美观。

三、中学思政课程教学设计的编制

教学设计按详略程度可分为详案与简案两种，按形式可分为文字式和表格式。教师在编制教学设计时可根据实际情况选择，无论选择哪一种方式，都要能体现教师的教学风格和个性，也要符合所教学生的实际。教学设计一般包括：课题、教学目标、教学重难点、教学方法与手段、教学过程、板书、课后反思等。

附："严格执法"教学设计①

一、教材分析

本节课内容为统编高中思想政治教材必修3《政治与法治》第九课"全面推进依法治国的基本要求"第二框"严格执法"。《普通高中思想政治课程标准

①该教学设计由广西壮族自治区桂林市第十八中学伍荷秀老师撰写。

（2017年版2020年修订)》对本框内容提出了如下内容要求：搜集材料，阐述严格执法的基本要求；给出了以下教学提示：以"如何增强政府的公信力和执行力"为议题，探究建设职能科学、权责法定、执法严明、公开公正、廉洁高效、守法诚信的法治政府的意义；可识别政府执法标识，模拟政府执法活动，评估严格执法的效果。本设计以全州县城西中学学生较为熟悉的"交警对两轮电动车加装雨篷及乱停乱放进行整治"为情境素材开展教学。

　　"法律的生命力在于实施"是习近平法治思想的重要观点，也说明了本框内容的重要性。本框共有严格执法的内涵、推进严格执法两个目题。教材知识的逻辑联系为严格执法的要求和主体是什么？为什么要严格执法，即意义何在？怎样推进严格执法，即有哪些措施？严格执法这一内容上承科学立法，下启公正司法和全民守法，共同构成全面推进依法治国的要求。

　　二、学情分析

　　1.学生在初中《道德与法治》九年级上册第二单元第四课"建设法治中国"的学习中夯实了法治基础、凝聚了法治共识，了解了建设法治政府必须推进依法行政、防范行政权力的滥用、提高政府公信力，这为本课教学奠定了一定的知识基础。但是初中学生对知识的学习大多停留在"是什么"的水平上，本节课的教学应进一步从"为什么"和"怎么做"方面拓展深化。

　　2.学生通过电视、网络等途径对政府执法有一定了解，在生活中也会耳闻目睹一些政府执法新闻事件，所以，他们对这一内容有一定的生活经验，但是对新闻事件往往停留在感性层面，缺乏深度思考，需要教师创设情境，拉近学生与教材之间的距离。

　　3.高一学生思维活跃，但是思维方式偏向于直观、具象，理性思维和逻辑推理能力有待培养和提升。他们对身边的相关生活化素材感兴趣，教师可引入鲜活的素材，创设学习情境，设置契合教学内容的探究性问题，激发学生的学习兴趣，助推深度学习，提升思维能力。

　　三、教学目标

　　通过学习，明确严格执法的内涵（要求、主体和意义），理解严格执法的措施。在小组交流合作探究中培养获取和解读信息的能力和逻辑推理能力，以及运用"严格执法"的相关知识的能力。认识我国全面推进依法治国、建设法治国家和法治政府的意义,增强制度自信。

四、教学重难点

1.教学重点:探究严格执法的意义。

2.教学难点:阐述推进严格执法的要求。

五、教学方法

1.教法:情境教学、问题教学、探究式教学。

2.学法:自主学习法、小组合作探究法。

六、教学过程

课堂导入:图片展示、导入课堂。

教师提问:同学们,你们骑过两轮电动车吗? 你们的电动车加装雨篷了吗? 其实,法律严禁车主对电动车加装雨篷,知道这是为什么吗?

设计意图:通过师生间的简单对话,引出话题,即政府为什么要严禁两轮电动车加装雨篷,因为大数据显示电动车加装雨篷大大增加了交通事故的发生率。

展示全州县交警严格执法、保护人民安全和市民随意停车的图片。

设计意图:熟悉的场景能增强视觉冲击,激发学生的兴趣,激活学生的思维,使学生能够快速进入学习状态,自然而然进入新课的学习。

环节一:模拟情境 感悟执法

情境:周四傍晚,小宇爸爸到城西中学给他送东西,临时将电动车停在学校旁边的机动车道上。当他出来的时候,发现交警拆除了装在电动车上的雨篷,正准备把电动车装上满载着电动车的拖车,小宇爸爸气不打一处来,走上去想拽回自己的电动车,交警一把推开他,说"你违规停车,又干扰执法,我至少罚你500元"。最后,在小宇爸爸与交警交涉后,该执法人员未做处罚将电动车归还给了小宇爸爸。

任务:1.请你评价这名交警的执法行为,并谈谈其产生的影响。

2.面对上述情况,请你对交警的执法行为提出具体的建议。

分组要求:同学们4—6人一个小组,选出发言人。

讨论时间:5分钟。

学生通过完成任务1,生成如下课堂资源:这名交警尽管在履行职责,但是没有告知小宇爸爸,没有尊重小宇爸爸的知情权,不利于维护公民合法权益;一把推开小宇爸爸是执法不文明的表现,损害了政府形象;至少罚500元,执法很随意,没有严格按法律办事,不利于树立法律的权威;最后又未做处罚将电动车归还给小宇爸爸,执法不公正,没有严格依法行政。教师引导学生归纳总结:严格执法的要求、主体和意义,突破教学重点,学生联系生活实际理解政府为什么要严格执法,即有助于捍卫法律的权威和尊严,有助于实现社会公平正义,有助于推进法治政府建设。

设计意图:严格执法的意义是本框的教学重点,教师营造学生熟悉的情境,设置恰当的问题,有利于引导学生从具体到抽象,从现实到理论认识到不当执法行为产生的严重后果,从而推导出严格执法的意义,培养学生辨识能力和法治意识。

学生通过完成任务2,生成课堂资源:应该告知小宇爸爸电动车停放在机动车道、加装雨篷都属于违法行为,加装雨篷存在交通安全隐患,然后拍照取证,做好记录,最后依法罚款,执法应做到程序规范;不应该推开当事人,执法应文明礼貌,做到以法为据、以理服人、以情感人,实现执法效果最大化;执法应公平公正,应杜绝执法不公、随意执法。通过课堂生成的资源,教师引导学生感悟怎样推进严格执法:全面履行职能,坚持规范执法,坚持公正执法,坚持文明执法。

设计意图:怎样推进严格执法是本框的教学难点,这一任务安排有利于激发学生思考,激活学生思维,让学生想说话,有话说,在教学过程中将学生的回答总结升华到理论层面,从而自然而然得出推进严格执法的措施,水到渠成地突破教学难点,同时让学生对政府严格执法产生政治认同。

上述任务完成后,教师与学生共同阅读广西壮族自治区实施的《城市市容和环境卫生管理条例》办法和全州县对加装雨篷的处罚规定,教师引导学生进一步领悟,严格依法办事才能提高政府的执行力和公信力,进而认识我国全面推进依法治国、建设法治国家和法治政府的意义,增强制度自信。

设计意图:引导学生加深对政府执法有据和全面履行职能的认识,认同政府的执法是为了护佑人民康宁。

环节二：知识梳理　构建框架（自主完成）

某学生完成的知识结构体系如下：

主体：行政机关
意义：法律权威　内涵——严格执法——推进
　　　公平正义
　　　法治政府

全面履行政府职能
坚持规范执法
坚持公正执法
坚持文明执法

设计意图：引导学生自主建构知识体系，理清本课的逻辑结构。

后续教师再呈现一份包含错误的知识清单如下：

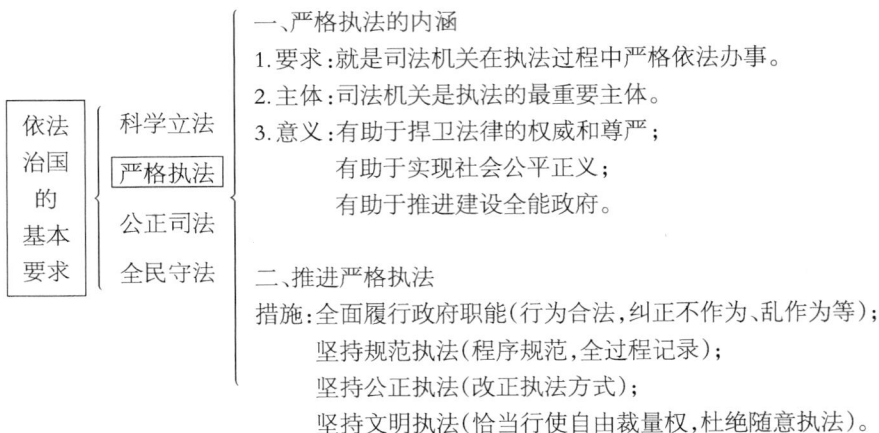

依法治国的基本要求
　科学立法
　严格执法
　公正司法
　全民守法

一、严格执法的内涵
1.要求：就是司法机关在执法过程中严格依法办事。
2.主体：司法机关是执法的最重要主体。
3.意义：有助于捍卫法律的权威和尊严；
　　　　有助于实现社会公平正义；
　　　　有助于推进建设全能政府。

二、推进严格执法
措施：全面履行政府职能（行为合法，纠正不作为、乱作为等）；
　　　坚持规范执法（程序规范，全过程记录）；
　　　坚持公正执法（改正执法方式）；
　　　坚持文明执法（恰当行使自由裁量权，杜绝随意执法）。

设计意图：让学生主动质疑，更正知识清单，进一步巩固所学知识。

环节三：随堂小练　检测效果

1.如果有了法而不严格执行，法律就成了"纸老虎"和"稻草人"。政府必须带头严格执法，只有这样，才能带动全社会尊崇和敬畏法律。这体现了严格执法有助于

　　A.捍卫法律的权威和尊严　　　　B.实现社会公平正义

　　C.全面履行政府职能　　　　　　D.推进立法民主化、公开化

2.小学生张某多次拨打119电话，消防部门经过细致调查找到张某，告知119电话关系到千家万户的防火安全，乱打这个电话会占用公共资源，虚构事实拨打火警电话是违法行为，并送来学习大礼包，勉励他勤奋学习做一个对社会有用的人。许多市民为消防员的暖心举措"点赞"。这表明执法人员坚持

　　A.严格执法，坚持宪法法律至上　　　B.规范执法，秉公司法便民利民

C.文明执法,融法、理、情于一体　　D.公正执法,规范国家权力的运行

设计意图:检测学生是否掌握主干知识,学生的理解能力、逻辑推理能力是否得以培养和提高。

环节四:学以致用　迁移内化

请你以交警的身份为家长和中小学生安全出行拟一份倡议书。

设计意图:感悟政府执法方式的改善,将安全教育与严格执法相结合,争取当事人的理解和支持,力求实现更好的执法效果。

环节五:承前启后　主动学习

课后作业:通过上网查找资料或参观当地人民法院,结合某一具体案件的审理过程,说明人民法院的职权和作用。

设计意图:为后续学习"公正司法"做好准备。

七、教学反思

从设计思路来看,本课设计依据课程标准以培养核心素养为目标导向,力求构建活动型课堂,将教学情境、活动任务、知识生成和素养培育融为一体。情境就地取材、贴近生活,精心设计两个活动任务,让学生在合作探究中锻炼逻辑思维能力、语言表达能力,在师生互动、生生互动中加深对教材知识的理解,在完成活动任务中培养了法治意识、公共参与意识、政治认同等学科核心素养。

从教学实效来看,学生参与课堂活动的积极性比较高,学生有话可说,有话敢说,学习的获得感很明显。通过对本课的学习,学生不仅加深了对严格执法的要求、主体、意义及如何推进严格执法等必备知识的理解和领悟,提升了识记与辨识、理解和运用、综合与评价等学科关键能力,更涵养了学科核心素养。

在议题的选取中,议题偏大,改为"如何避免法律成为稻草人"更能聚焦本节课内容。本节课加强了对学生必备知识和关键能力的培养,但综合性、开放性欠缺。在今后的教学中要进一步落实大单元教学意识,注重引导学生从本单元甚至全书的角度分析和解决问题,夯实关键能力,落实核心素养。

第四节　中学思政课程的说课

一、说课概述

（一）说课的特点

说课是授课教师在个人备课的基础上，以口头语言向同行或教学研究人员系统地讲述自己对某一具体教学内容的理解，阐述自己教学方案设计及其指导思想、理论依据，然后由听者评说，说者答辩，达到相互交流共同提高目的的一种教研活动。因此，说课分为解说和评说两个方面。说课具有以下特点：

1. 便捷的操作性

说课能够很好地帮助教师解决教学与研究、理论与实践脱节的矛盾，其不受人数、空间和时间的限制，又不需要学生参与。因此，具有便捷的操作性。

2. 理论的科学性

说课不仅要说明教什么、怎么教，还要说明为什么这样教。教师围绕自己教学设计的思路、教材内容的处理、教学方法的选择、教学过程与评价设计等内容说明这样做的理论依据。通过说课不仅可以避免教学中出现知识性错误，也可以使教学更加符合学生的认知发展规律，达到优化教学设计的目的，提升教学效果。

3. 交流性与示范性

说课作为一种教研活动，既有说课教师的解说，也有教研人员、同行之间的评说，既是说课者展示教学技艺的舞台，也是同行之间切磋教艺、交流教学经验的平台，尤其是对说课者有最直接、最真切的指导。

当然，说课也有局限性。一是说课无法看到教师在课堂中的随机应变能力，也看不到课堂上学生学习的实际效果。实践中有可能存在说得好但教得不好或教得好但说得不好现象。二是不能简单和孤立地看待教师说课的好与坏,而是要把说课评价与课堂教学评价结合起来,通过教学研究活动全面地对教学效果进行评价。

(二)说课的类型

1.交流型说课

交流型说课是教师在充分备课的基础上,完成教学设计或者课堂教学后,面对同行或专家就自己的教学设计或课堂教学过程进行解说,同行或专家有针对性地进行评说,以促进说课教师教学技能提升一种说课类型。这种说课类型有利于提升新教师的教学技能,是培养新教师的一种重要途径。

2.示范性说课

示范性说课是指教学经验丰富的教师在完成教学设计后,向同行解说教学设计的思路、教材的处理、教学过程的设计等问题,并进行现场课堂教学展示,同行观摩、学习的一种说课形式。这种说课形式有利于发挥示范引领作用,是培养骨干教师和学科带头人的一种重要途径。

3.评比性说课

评比性说课是指参赛者在规定的时间内,对自己教学设计的思路、教学内容的处理、教学方法的选择和教学过程的设计向评委、专家进行解说,由专家、评委评定成绩或等次的一种说课类型。这是教师遴选、评定教学能手或教师技能比赛的一种主要形式。

(三)说课与上课的关系

要准确理解说课的实质,就必须弄清楚说课与上课的关系。两者既有相同之处,又存在明显区别。

说课与上课的相同点:

说课与上课都是针对相同内容展开的,是教师在钻研课程标准、吃透教材、了解学生,选择恰当的教学方法,精心设计教学过程的基础上进行的。

说课与上课的不同点:

(1)概念内涵不同。说课是围绕教学设计解说设计思路和理论依据,属于教学研修活动,所解决的问题要比上课更深入。上课是教师按照课前预设的教学设计完成教学任务,上课属于教学活动。

(2)对象不同。说课的对象是同行、评委或者专家。上课的对象一般是学生,存在师生互动。

(3)目的不同。说课有利于帮助教师认识备课、教学的规律,提高备课和教学能力。而上课是通过教学设计的实施,完成教学任务,实现教学目标。

(4)活动形式不同。说课是教师与同行、专家之间进行的动态的教学研究活动。而上课是师生之间进行的教学活动。

(5)基本要求不同。说课教师围绕教学设计说出教什么、怎么教、为什么要这样教。而上课关注的是教学活动的安排,只需要明确教什么、怎么教就行了。

二、中学思政课程说课的基本内容

(一)说教材——阐述对教材的理解,明确教什么,教到什么程度

说教材就是说明自己对教材的理解。教师只有透彻理解教材,弄清知识点之间的关系,理清知识线索,才能准确把握教学重点、难点,理清教学思路。说教材主要要说清楚以下两个方面:一是理清知识线索,把握教学内容的范围与深度,明确"教"什么;二是揭示教学内容各知识点之间、知识点与技能的相互关系,合理安排教学顺序,理清教学思路,知道"如何教"。

说教材应围绕以下内容展开:

(1)教材的地位与作用:主要是说明说课课题在教材中所处位置,课题中主要的知识点有哪些,这些知识点与前后内容之间的关系,以此揭示出教材的地位;由教材的地位引申出说课内容在整个教材体系中的作用,同时,应该说明学习这些知识对学生今后学习、生活所产生的作用。

(2)说明本课时的具体教学目标及确定目标的依据。

(3)说明本课时的教学重点、难点及确定的依据。

(二)说学情——分析教学对象学习的基本情况

学生是学习的主体,教师只有准确了解了学生学习的基本情况,才能做到

有的放矢,顺利开展教学活动。准确的学情分析可以为教师选择合理的教学方法奠定基础。

说学情主要包括以下几个方面:

(1)学生学习的特点和兴趣点。说明学生年龄特点、兴趣与爱好,发现学生在学习上的一般特点。

(2)学生已有的知识经验和基础。学生已有的知识经验和基础是教学活动的起点。说课中,主要应说明学生已有的知识经验对学习新知识会产生的影响。

(3)学生起点能力分析。能力培养是思政课程教学的关键环节。说课中,应说明学生起点能力与学习新知识所应具备的能力之间是否存在差距,从而找到教学中学生能力培养的切入点。

(三)说教学方法——介绍选择的教学方法、手段与学法指导

教学过程是教师与学生互动的过程。教学方法是为了完成教学任务,实现教学目标而采取的教师与学生相互作用的活动形式,教师的教法在一定程度上影响着学生的学法。因此,说教学方法也就包含了教师教法的选择和对学生学法指导。说教学方法可以围绕以下内容展开。

(1)说出为体现以学生发展为中心的理念所采取的教学方式及采用这种教学方式的理论依据。

(2)说出为完成教学任务、实现教学目标而选择的教学方法、手段及依据,并分析这些方法在培养学生兴趣、提高教学效果中的作用。

(3)说出在教学过程中为了让学生从"学会"向"会学"转变,对学生学习方法的指导及依据。

(四)说教学过程——介绍教学过程设计

教学过程的设计反映着教师的教学思想、教学风格与艺术,通过教师的解说,同行、评委或专家才能理解教师独具匠心的教学安排。说教学过程是说课的重点部分,就是将前面所说的内容在教学过程中进行整合,以体现教学设计是否合理、科学、艺术。说教学过程是按教学活动推移的时间顺序,就教学活

动的发起、展开、结束进行说明。

通常,说教学过程要说清楚以下几个问题:

(1)说明教学设计思路与教学环节安排。

(2)简明扼要地说明每一个环节中教什么、怎么教、为什么这样教。

(3)说明突出重点与突破难点的方法,并分析采用这些方法的意图。

(4)说明采用哪些教学手段辅助教学。什么时候,什么地方用,这样做的理由是什么。

(5)说明板书设计,即说明板书类型和设计的意图。

三、中学思政课程说课需要注意的问题

(1)说课不是"背课",也不是"读课",不能按照教学设计背出来或者读出来,要围绕教学设计突出"说"字。

(2)说课不是上课,不能把听说课的同行、评委或专家视为学生,如正常上课那样进行互动。

(3)要把握好说课的时间,时间不宜太长,也不宜太短,通常控制在10—15分钟。

(4)注意避免脱离教师、学生、教材实际,空谈理论依据。

(5)要注意体现新课程改革精神,注重学生的主体地位和全面发展,将教师的"教"与学生的"学"有机结合起来,真正落实教育教学的目标要求。

附:"严格执法"说课稿①

各位同仁大家好,我今天说课的内容是普通高中统编教材必修3《政治与法治》第九课第二框"严格执法"。我将从说教材、说学情等七个方面进行阐述,请大家批评指正。

一、说教材

本节课内容为统编高中思想政治教材必修3《政治与法治》第九课"全面推进依法治国的基本要求"第二框"严格执法"。从课标要求来看,2020年新修订的课程标准对本框内容提出了如下内容要求:搜集材料,阐述严格执法的基本

---

① 该说课稿由广西壮族自治区桂林市第十八中学伍荷秀老师撰写。

要求；给出了以下教学提示：以"如何增强政府的公信力和执行力"为议题，探究建设职能科学、权责法定、执法严明、公开公正、廉洁高效、守法诚信的法治政府的意义；可识别政府执法标识，模拟政府执法活动，评估严格执法的效果。

从教材地位上看，"法律的生命力在于实施"是习近平法治思想的重要观点，也说明了本框内容的重要性。从教材结构上看，本框共有严格执法的内涵、推进严格执法两个目题。教材知识的逻辑联系为严格执法的要求和主体是什么？为什么要严格执法，即意义何在？怎样推进严格执法，即有哪些措施？严格执法这一内容上承科学立法，下启公正司法和全民守法，共同构成全面推进依法治国的要求。

二、说学情

1.学生在初中《道德与法治》九年级上册第二单元第四课"建设法治中国"的学习中夯实了法治基础、凝聚了法治共识的内容，了解了建设法治政府必须推进依法行政、防范行政权力的滥用、提高政府公信力等相关知识，这为本课教学奠定了一定知识基础。但是初中学生对知识的学习大多停留在"是什么"的水平上，本节课的教学应进一步从"为什么"和"怎么做"方面拓展深化。

2.学生通过电视、网络等途径对政府执法有一定了解，在生活中也会耳闻目睹一些政府执法新闻事件，所以，他们对这一内容有一定的生活经验，但是对新闻事件往往停留在感性层面，缺乏深度思考，需要教师创设情境，拉近学生与教材之间的距离。

3.高一学生思维活跃，但是思维方式偏向于直观、具象，理性思维和逻辑推理能力有待培养和提升。他们对身边的相关生活化素材感兴趣，教师可引入鲜活的素材，创设学习情境，设置契合教学内容的探究性问题，激发学生的兴趣，助推深度学习，提升思维能力。

三、说教学目标

根据教材内容和《普通高中思想政治课程标准（2017年版2020年修订）》对本课的内容要求，结合学生学情，制定了以下的教学目标：

1.通过学习，明确严格执法的内涵（要求、主体和意义），理解严格执法的措施。

2.在小组交流合作探究中培养学生获取和解读信息的能力、逻辑推理能力,以及学会运用"严格执法"的相关知识。

3.认同我国全面推进依法治国、建设法治国家和法治政府的意义,增强制度自信。

四、说教学重难点

依据课程标准的要求,以及"严格执法的意义"在知识结构中的关键性地位,本课教学重点是"探究严格执法的意义"。

依据课程标准的内容要求和学生的知识经验和实际能力情况,本课的教学难点是"阐述推进严格执法的要求"。

五、说教学方法

为了实现本课教学目标,突出教学重点、突破难点,根据教学内容,结合学生学情,灵活运用情境教学、问题教学、探究式教学等教学方法,引导学生开展自主学习、小组合作探究开展学习。

六、说教学过程

基于新课标的教学要求,结合学生的生活实际,以桂林市全州县城西中学学生较为熟悉的"交警对两轮电动车加装雨篷及乱停乱放进行整治"为情境素材,以"如何增强政府的公信力和执行力"为议题开展教学。

首先是课堂导入,通过展示加装雨篷的电动车图片并提出系列问题:同学们是否骑过两轮电动车? 你们的电动车加装雨篷了吗? 其次,法律严禁车主对电动车加装雨篷,向学生提问这是为什么,该设计意图是:通过师生间的简单对话,引出话题:政府为什么要严禁两轮电动车加装雨篷,因为大数据显示电动车加装雨篷大大增加了交通事故的发生率。以学生生活中常见的现象作为情境导入课堂。

其次,展示全州交警严格执法、保护人民安全和市民随意停车的图片。因为熟悉的场景能增强视觉冲击,激发学生的兴趣,激活学生的思维,使学生能够快速进入学习状态,自然而然进入新课的学习。

接着进入新课教学,突破教学重难点。根据教学目标,围绕议题"如何增强政府的公信力和执行力",将新课教学分为以下五个环节进行。

环节一:模拟情境 感悟执法

设置教学情境:周四傍晚,小宇爸爸到城西中学给他送东西,临时将电动车停在学校旁边的机动车道上。当他出来的时候，发现交警拆除了装在电动车上的雨篷，正准备把电动车装上满载着电动车的拖车，小宇爸爸气不打一处来，走上去想拽回自己的电动车，交警一把推开他，说"你违规停车，又干扰执法，我至少罚你500元"。最后，在小宇爸爸与交警交涉后，该执法人员未做处罚将电动车归还给小宇爸爸。

在该教学情境下，为学生设计了两项任务：(1)请你评价这名交警的执法行为，并谈谈其产生的影响。(2)面对上述情况，请你对交警的执法行为提出具体的建议。学生围绕以上任务以4—6人为一小组开展分组探究。

首先，学生通过完成任务1，生成如下课堂资源：这名交警尽管在履行职责，但是没有告知小宇爸爸，没有尊重小宇爸爸的知情权，不利于维护公民合法权益；一把推开小宇爸爸是执法不文明，损害了政府形象；至少罚500元，执法很随意，没有严格按法律办事，不利于树立法律的权威；最后又未做处罚将电动车归还给小宇爸爸，执法不公正，没有严格依法行政。

利用课堂生成资源引导学生归纳总结：严格执法的要求、主体和意义，突破教学重点，学生联系生活实际理解政府为什么要严格执法，即有助于捍卫法律的权威和尊严，有助于实现社会公平正义，有助于推进建设法治政府。

该部分设计的意图是：严格执法的意义是本框的教学重点，通过营造学生熟悉的情境，设置恰当的问题，开展小组合作探究，有利于引导学生从具体到抽象，从现实到理论认识到不当执法行为产生的严重后果，从而推导出严格执法的意义，培养学生辨识能力和法治意识。

其次，学生通过完成任务2，生成如下课堂资源：应该告知小宇爸爸电动车停放在机动车道、加装雨篷都属于违法行为，加装雨篷存在交通安全隐患，然后拍照取证，做好记录，最后依法罚款，执法应做到程序规范；不应该推开当事人，执法应文明礼貌，做到以法为据、以理服人、以情感人，实现执法效果最大化；执法应公平公正，应杜绝执法不公、随意执法。

通过课堂生成的资源，教师引导学生感悟怎样推进严格执法：全面履行职能，坚持规范执法，坚持公正执法，坚持文明执法。

该部分的设计意图是：怎样推进严格执法是本框的教学难点，这一任务安排有利于激发学生思考，激活学生思维，让学生想说话，有话说，在教学过程中将学生的回答总结升华到理论层面,从而得出推进严格执法的措施,水到渠成地突破教学难点,同时让学生对政府严格执法产生政治认同。

上述任务完成后,教师与学生共同阅读广西壮族自治区实施《城市市容和环境卫生管理条例》办法和全州县对加装雨篷的处罚规定,引导学生进一步领悟:严格依法办事才能提高政府的执行力和公信力,进而认同我国全面推进依法治国、建设法治国家和法治政府的意义,增强制度自信。该设计意图是:引导学生加深对政府执法有据和全面履行职能的认识,认同政府的执法是为了护佑人民康宁。

环节二:知识梳理 构建框架(自主完成)

学习完本框主要内容后,教师引导学生自主建构知识体系,理清本课的逻辑结构。后续教师再呈现一份有错误的知识清单,让学生主动质疑,进一步巩固所学知识。

主体:行政机关
意义:法律权威
　　　公平正义
　　　法治政府
　　　　　　　　内涵——严格执法——推进
全面履行政府职能
坚持规范执法
坚持公正执法
坚持文明执法

设计意图:引导学生自主建构知识体系,理清本课的逻辑结构。

后续教师再呈现一份包含错误的知识清单,让学生主动质疑,进一步巩固所学知识。

环节三:随堂小练 检测效果

通过设置两道选择题检测学生是否掌握了主干知识,确认学生的理解能力、逻辑推理能力是否得以培养和提高。

环节四:学以致用 迁移内化

为了让学生更好地将所学知识应用到生活实践中,教师设计一项教学活动:请你以交警的身份拟一份倡导家长和中小学生安全出行的倡议书。

该部分的设计意图是让学生感悟政府执法方式的改善,将安全教育与严格执法相结合,争取当事人的理解和支持,力求实现执法效果最大化。

环节五:承前启后 主动学习

最后,请学生在课后通过上网查找资料或参观当地人民法院,结合某一具体案件的审理过程,说明人民法院的职权和作用,为后续学习"公正司法"做好准备。

七、说教学特色

从设计思路来看,本课设计依据课程标准以培养核心素养为目标导向,力求构建活动型课堂,将教学情境、活动任务、知识生成和素养培育融为一体。情境就地取材、贴近生活,精心设计两个活动任务,让学生在合作探究中锻炼了逻辑思维能力、语言表达能力,在师生互动、生生互动中加深了对教材知识的理解,在完成活动任务中培养了法治意识、公共参与意识、政治认同等学科核心素养。

从设想效果来看,学生参与课堂活动的积极性会比较高,学生有话可说,有话敢说,学习的获得感应该很明显。通过对本课的学习,学生不仅加深了对严格执法的要求、主体、意义及如何推进严格执法等必备知识的理解和领悟,提升了识记与辨识、理解和运用、综合与评价等学科关键能力,更涵养了学科核心素养。

第五章　中学思政课程教学实施

中学思政课程的教学实施既是教师教学设计实现的过程，又是学生在一定教学条件作用下进行知识学习和主动创造的过程，也是培育和发展学生核心素养的关键环节。

第一节　中学思政课程教学组织形式

何为教学组织形式？《中国大百科全书·教育》中给出的定义：教学组织形式是"教学活动的结构。它决定于教学任务和内容，并为完成特定的教学任务和内容服务"[①]。具体而言，教学组织形式是根据一定的教学思想、教学目的和教学内容及教学主客观条件组织安排教学活动的方式。它包括教学实践中教师以怎样的方式组织学生，师生之间以怎样的方式进行有效的教学活动，教学活动以怎样的方式展开，教学时间如何进行分配和安排等具体内容。教学组织形式是教学活动有机运行的机制，在教学实践中起到促进教学有效运转的作用。

一、中学思政课程教学组织形式的类型

在教学实践过程中，我们通常是按照中学思政课程不同的课堂空间将教学组织形式分为中学思政课程课内教学组织形式和中学思政课程课外教学组织形式。

①《中国大百科全书·教育》，中国大百科全书出版社1985年版，第156页。

(一)中学思政课程课内教学组织形式

课内教学,就是把一定数量的学生,按知识程度编成固定的班级,教师根据一定的教学计划,规定教学内容和时间,在教室里对全班同学进行教学的组织形式,也称班级授课制。中学思政课程因其特殊的课程性质和教育教学任务,其课内教学一般分为如下几种常见的课型:

1.导言课

这种课型适合初次学习《道德与法治》或《思想政治》课程的学生。教师要向学生介绍课程的结构和课程内容,以及学习这门课程的重要性、学习方法和学习要求等。导言课的教学目的是让学生更好地了解这门课程,充分调动学生的学习积极性,让学生知道即将学习什么以及为何而学,为接下来的学习做好充足的准备。

2.新授课

这种课型教师往往会用一堂课的大部分时间向学生讲解新知,保障学生学科知识体系的完整与连贯。

3.活动课

这种课型主要包括辩论、实践、演说、研究性学习等基本形式,一般在一个专题或一个单元的学习完成后进行。开展活动课的主要目的是通过讨论、展示、探究等方式,让学生能够灵活运用所学知识,提升学生参与教学过程的热情,锻炼学生表达意愿、善于倾听、积极思考的能力,充分发挥学生在课堂教学过程中的主体作用。

4.复习课

这种课型应与新授课结束后的"复习巩固"环节相区别,复习课是教师在教授一个专题或一个单元后,引领学生对知识进行整理、融合以达到灵活运用目的的课型,其目的在于让学生形成较为完备的知识体系,对所学知识进行巩固并有一定的提高。常见的方法有习题复习法、列提纲法、绘制思维导图法、跨专题复习法等。

5.考查课

这种课型的组织方式并不仅仅是教师对学生进行纸笔或口头测验,考查的方式可以多样化,例如撰写调查报告、拟写议案提案、为有关部门建言献策等。考查课的目的在于了解学生对于有关知识的掌握程度,可以为接下来的教学指引方向,还可以让学生有针对性地查缺补漏,不断夯实基础。

6.讲评课

这种课型往往在考查课后进行,讲评的目的是让学生及时发现并弥补自己的知识漏洞,调整学习方法、端正学习态度。习题考查课后的讲评一般不"就题论题",教师应该"举一反三",在讲评过程中为学生构建知识体系,并引领学生温习旧知、提升能力。

7.综合课

这种课型在中学思政课程教学中最为常见,因为一堂课往往不只有一个教学任务。综合课是一种复合课,与前六种单一课相比,它的教学过程更为复杂,一般包括复习旧知、新课导入、新课讲授、课堂小结、课后作业等基本要素。

(二)中学思政课程课外教学组织形式

中学思政课程课外教学组织形式,是指在新课程标准指导下,教师在教室外运用实践教学法等构建第二课堂,组织学生参与的多种教学活动,它是中学思政课程课堂教学组织形式的辅助手段,是一种教育实践现象,包括现场教学、视频观看、专题讲座、报告会、研学旅行等。其目的是培养学生对于中学思政课程的学习兴趣;拓宽学生的知识领域,完善学生的知识结构,激发学生的创造潜力;促进学生全面而有个性的发展,为学生适应社会生活做准备,为学生的一生幸福发展奠定基础。

二、中学思政课程教学组织形式的特征

(一)政治性、思想性、理论性的内在统一

中学思政课程教学组织形式体现了政治性、思想性、理论性的内在统一,这是中学思政课程最显著的特征。其中,政治性是第一位的。中学思政课程是落实立德树人根本任务的关键课程,它要对学生进行马克思主义基本理论教育,用习近平新时代中国特色社会主义思想铸魂育人,培养德智体美劳全面

发展的社会主义建设者和接班人。政治性体现了中学思政课程鲜明的底色。思想性强调中学思政课程把中国特色社会主义理想信念教育作为核心内容，重视学生的世界观、人生观、价值观教育，重视学生的精神世界建设，通过教学使学生逐步树立共产主义远大理想和中国特色社会主义共同理想，坚定中国特色社会主义道路自信、理论自信、制度自信、文化自信。理论性要求中学思政课程必须坚持辩证唯物主义和历史唯物主义基本观点，领会习近平新时代中国特色社会主义思想，帮助学生发展历史的眼光、国情的眼光、辩证的眼光、文化的眼光和国际的眼光，用正确的理论武装头脑，用真理的力量启发思考，用科学的方法指导实践。

（二）教师主导与学生主体、学校教育与社会教育的内在统一

中学思政课程教学组织形式体现了教师主导与学生主体、学校教育与社会教育的内在统一。这一特征规定了中学思政课程课堂教学中教师教学和学生学习、学校教育与社会教育应遵循的基本原则。其一，教师的主导作用与学生的主体作用是辩证统一的。教师主导着课堂教学的组织实施，主导着课堂教学的正确方向，主导着学生的思想态度；学生是课堂教学的主体，应积极主动地接受教师的主导，积极主动地参与课堂教学、完成课堂教学任务。其二，学校教育与社会教育也是辩证统一的。随着社会信息化程度的提高，社会教育对于中学思政课程的影响不容忽视，其在内容和形式上都对学校教育起着强大的渗透作用；学校教育对于规范社会教育也具有重要意义。培养德智体美劳全面发展的社会主义建设者和接班人，不仅是中学思政课程的核心任务，也是社会教育必须担负的重要责任。

第二节　中学思政课程教学方法

教学方法是教师组织和引导学生参与学习活动，共同解决教学问题，达到教学目的而采用的方式、手段、程序等的综合。中学思政课程传统的教学方法包括讲授法、谈话法、讨论法等。随着基础教育课程改革的推进，中学思政课程教学的方法也得到不断丰富和发展。

一、议题式教学

议题式教学是引导学生围绕具有争议性或两难性的问题（简称"议题"）开展课堂教学活动，在这种民主、开放的教学活动之中解决问题或生成新的问题的教学方法。具体来说，这种围绕议题开展的教学活动设计贯穿于整个中学思政课程课堂教学过程之中，包括：再现学生产生两难抉择的社会生活情境、查阅相关资料支持自己的观点、生生及师生合作探究得出有关社会问题的解决策略等。不仅如此，采用议题式教学，还可以为学生在课堂上提供大量发表个人意见和诠释内心想法的机会，议题式教学逐渐成为承载学生核心素养培育的基本教学方法之一。在中学思政课程课堂上选用议题式教学应遵循如下教学处理步骤：

（一）选择议题

一般来说，在中学思政课程中设计的议题，大多是能够引导学生作出符合社会主义核心价值观的价值判断和价值选择的问题，议题要指向学科核心素养的培育，并为其服务。例如，以《思想政治》必修课程模块4第七课"继承发展中华优秀传统文化"第二框"正确认识中华传统文化"的内容为例，我们可以以"传统文化是包袱还是财富"为议题。教师在组织学生探究如何对待传统文化时，学生可以持有不同的意见和态度，甚至是争论。在与持有不同意见的同学辩论的过程中，学生可以认识到传承和弘扬中华优秀传统文化的正确态度，积极参与对非物质文化遗产的保护和文化创新的社会实践活动。

教师可以通过以下途径来进行议题的选择和设计:第一,可以充分利用新课程标准中"教学提示"或"实施建议"部分中给出的议题,例如以"面对价值冲突如何选择"为议题;第二,可以活用教材中"探究与分享"或"综合探究"的内容设计议题,例如以"'有序'与'无序'的代价与后果"为议题;第三,可以结合党和国家的方针政策,根据教学实际情况自主开发议题,例如以"新时代我国社会主要矛盾的转变"为议题;第四,可以利用公民、媒体和国家建构的公共议题,例如以"依法行政——我对总理有话说"为议题;第五,可以利用社会热点话题建构议题,例如以"社区公共空地应该如何使用"为议题。

总之,教师在选择议题时应遵循以下原则,即要具有中学思政课程德育特色、坚持社会主义核心价值观导向、有利于教学活动的开展和有利于学生学科核心素养培育的要求。

(二)围绕议题开展活动型教学

在围绕议题组织活动型教学活动之前,教师可以根据课堂活动的需要把学生分成若干小组。一般来说,组建合作学习小组通常采取"组内异质,组间同质"的原则,合作小组内应有明确的分工,每位学生都应有明确的职责。小组学生要根据教师给出的议题或是自行选择的议题自由交换意见或展开观点辩论,以期解决问题,或生成新的问题。各小组在组内研讨的成果要在全班进行展示,接受同学或教师的评价。在学生课堂活动的过程中,教师要根据创设的争议性情境进行巡回指导,及时给予学生答疑解惑、点拨引导和评价鼓励。

在围绕议题所创设的具有争议性的教学情境之中,教师要正确引导学生积极地参与课堂讨论,开展有效的课堂活动。一是要把握课堂活动过程与课堂讨论结果的关系。关注课堂活动过程,是相对于只重讨论结果而忽略活动过程的旧理念而言的,并不意味着教师要只注重活动过程、不问教学结果。在采用议题式教学来培育学生核心素养的中学思政课程课堂教学活动过程中,有的课堂活动重结果,有的课堂活动重过程,只是其侧重点不同而已,教师要根据教学目标与学生的现实情况在开展课堂活动的过程中灵活应变。二是要掌控导向性与开放性的关系。根据不同内容的议题,有的课堂讨论取向趋同,有的课堂讨论取向求异,但任何价值取向都需要围绕社会主义核心价值观展开。例如议题"社会主义为什么是近代中国历史发展的必然",通过基本事实的列举要明确只有社会主义才能救中国的价值取向;议题"哲学有什么用",通过寻找生活和学习中充满智慧、蕴含哲理的故事来探究哲学把握世界的独特方式。三是要处理好意义性与技能性的关系。在中学思政课程中利用议题式教学方法来培育学生的学科核心素养时要注重运用课堂讨论,但是教师注重的应是学生围绕议题展开讨论本身的意义,而不在于辩论的技巧。教师要遵循议题意义优先、兼顾课堂活动形式的原则,有效地在中学思政课程课堂上利用议题式教学方法来培育学生的学科核心素养。

(三)回归核心素养的教学评价

教师在进行课程教学评价活动的设计与实施环节时,要重点关注核心素养的培育问题。在中学思政课程教学评价中关注学生的素养水平有益于提高学生处理具有挑战性的复杂情境问题时的能力;有益于培养学生对话协商、沟通合作、表达诉求和解决问题的能力;有益于促进学生勇于担当社会责任,追求更高的道德境界。教师在对学生进行评价时要遵循指向核心素养、改善学生学习方式和注重证据支持这三项原则。教师可以根据学生在课堂教学活动中的表现制作评价表,既评价学生在课堂上的活动参与和学习情况,又引导课堂教学活动有序开展。

二、合作学习

合作学习是指以学习小组为基本组织形式,以团体成绩为评价标准,通过教学动态因素之间的互动,共同达成教学目标的一种教学方法。

合作学习有利于培养学生的合作精神,增强班级凝聚力。从社会依赖理论(dependence theory)的角度来看,在小组活动中,每一位成员都是为了完成共同的任务而努力,小组成员之间有着明确、科学的分工,这一教学方法有利于培养学生的合作精神和集体主义精神,增强班级同学之间的凝聚力,同时也为同学们积极融入这个强调合作共赢的社会打下坚实的基础。合作学习还有利于激发学生学习主动性,提升教学质量。认知心理学的相关研究表明,向小组成员阐述观点、解释材料是记忆的最有效方式之一,有利于信息保持在记忆中,并与记忆中已有的信息相联系,因此该教学方法的运用有利于学生学业成绩的提高和教学质量的提升。此外,合作学习还有利于学生核心素养的培育,从而促进学生的全面发展,但在具体运用时,要努力避免学习小组分组不够合理、合作环节混乱无序、学习主题选择不当、合作过程流于形式、学习评价方式单一、合作缺乏科学评价等问题。针对中学思政课程教学中运用合作学习教学方法出现的常见误区,结合新课程标准的相关要求,应从以下三个方面对合作学习教学方法在课堂上的运用进行优化。

一是科学组建小组,制定合作规则。组建合作学习小组通常采取"组内异质,组间同质"的原则,既使小组成员之间具有一定的互补性,又使小组成员之间水平大体相当。"组内异质"有利于合作学习小组内部成员互相帮助、取长补短、共同进步;"组间同质"有利于合作学习小组之间展开公平的竞争,促进合作学习的实施。小组的划分可以是4—6人一组,座位可以打破传统课堂中"秧田式"的排列方式,变成前后座位、马蹄形座位、扇形座位或圆形座位。传统的座位排列方式方便同桌之间的交流沟通,但圆形座位等座位排列方式会增强师生、生生之间的交流,体现课堂上平等的、民主的、教学相长的师生关系。此外,教师还应制定详细的合作规则,保证学生的组内合作学习是有序且高效的,科学合理的合作规则可以最大程度地使所有学生参与到小组的合作学习中来。

二是精选合作主题,体现合作过程。教师在设计合作学习活动时要注意以下几个方面:第一,教师要精心设计合作学习的主题和内容,应针对教学的重点、难点设计合作学习主题,太过简单或太过晦涩难懂的知识都不适合学生来进行合作学习;第二,在设计合作学习过程时要注意给学生预留充足的独立思考和合作探究的时间,独立思考是合作学习的基础,要与合作探究进行有机结合;第三,合作学习的问题设计要有思考价值,避免设计仅通过阅读教材就可解答的问题。在合作学习过程中,教师要注意引导,要有积极的态度、丰富的知识和必要的技能,给予学生及时的点拨和帮助,体现积极的合作过程。

三是科学合理评价,师生共同小结。科学合理的评价是保障合作学习顺利实施的关键。当学生汇报完所代表学习小组得出的观点后,教师进行的评价应遵循客观性、发展性、整体性和指导性的原则。客观性原则即评价的标准、方法和态度要客观;发展性原则指教师的评价应着眼于学生的学习进步和动态发展;整体性原则指教师的评价要全面且把握主次、区分轻重;指导性原则指教师要明确评价的指导思想是指导学生改进学习,同时注意对学生的指导要扬长避短、切合实际。课堂的最后,教师要引导学生结合小组合作学习的成果共同进行课堂小结,加深学生的印象,体现知识的生成性。

三、体验式教学

体验式教学是教育界由传统知性教育教学向人性教育教学转变而形成的一种教育思想,是对"以人为本"理念的深刻诠释。因这一教育理论突出了受教育者对知识的主动探索和建构,更深层地诠释了"以人为本"的教育目标,其已成为中国教育教学改革的重要手段和方法之一。不同学科对体验式教育教学有不同的解释:哲学从认识论角度界定,认为体验式教育教学是一种认识方式。这种认识方式是"发现真理之道",没有内心的体验就"不能形成一种主张,决不能得到最大多数之理解与信奉"[①]。心理学认为,体验教育常常与人的情感紧密相连,情绪心理学常常把体验和感受作为同一心理现象进行描述。组织行为学教授大卫·库伯(David Kolb)认为,体验式教育是从学习者的具体经历出发,引导学生对其进行观察思考,形成经验,即从"体验"上升到"经验"的循环过程[②]。教育学领域认为真正的教育应该充分展现生命体验,教师和学生应该是"体验关系""生活关系"。

就中学思政课程的体验式教学来说,它是结合学生的身心特征在特定的预设情境中根据特定的教学内容和教学目标,引导其参与实践,最终在态度、情感、价值观上逐步形成认识从而达到教育目的的一种教学方式。它突出了教育者和受教育者两者之间的良性互动,是与思想政治教育最吻合、最贴近的一种教学方式。

体验式教学在中学思政课程教学中有其独特优势。一是有利于学生知、情、意、行的统一。知行统一是德育实效性的关键。人的思想品德形成过程不

---

① 李后岑:《体验哲学浅论》,商务印书馆1938年版,第67页。

② 严奕峰:《体验学习圈:体验与学习发生的过程机制》,《上海教育科研》2009年第4期,第59页。

能只有知,也不能只有行,它需要知、情、意、行的相互协调。传统的认知教育往往把学生看成接受知识的容器,进行"填鸭式"的教育,认为"知"只是一种简单纯粹的知识堆积,而行为教育的"行"也只是无动于衷的机械活动。而体验式教学中的体验会超出认知,会产生直觉,具有催化剂、溶化剂、凝合剂的作用。只要有体验,一定会产生认知、情感和行为,因而在很大程度上可以克服传统教育教学的不足,符合德育的社会实践本质。它把学生的认知和行为有效地衔接起来,把学生作为有思维、有感情的主体,通过创设情境、学生参与活动充分发挥学生的主观能动性,发展和提高了社会角色应该遵守的社会规范要求,通过学生自身能动的内化吸收达到高层次的认知,在高层次的"知"的指导下投身社会实践,从而达到知行的统一。体验的心理机制是既有认知、情感,又有行为,是全感知、全通道、综合性的方式。它可以调动全感官、全通道,是内在思想道德品德结构的全新建构。可以这样说,一切品德的形成发展离不开体验。二是有利于提高中学思政课程教学的有效性和实效性。不少教师依旧采取智育的方式(或认知方式和理性教育)开展思政课教学,但体验式教学方法相对认知、行为、行为习惯而言,是最符合思政课教学要求的方式。它的一个显著的特点在于其是一种情境预设式教育,中学生的体验是在实际创设的环境中进行的。预设的情境不是随意的,是教育者按照教育内容和教育目标事先确定好的。也就是说教育者创设体验情境、组织学生体验、交流分享、自我感悟,都是围绕预定的目标进行的。这使得体验式教育教学的目标具有明确性、直接性的特点,这种特点也保证了中学思政课程教学的高实效性。这与传统的教育教学方式目标是不同的。传统教育中创设的情境,更多的是为了营造良好的教育环境,增加学生的学习兴趣,而体验式教育教学中体验情境的设置则是直接通过学生的用心体验、感悟,指向预先设置的中学思政课程的教育教学目标。这种情境的预设性、体验的直接性大大增强了中学思政课程教学的有效性和实效性。

四、故事教学法

用讲故事的方式开展教学,能丰富教学内容和创新教学形式,化抽象逻辑为生动情节,有效激发课堂活力,提高学生参与积极性,增强中学思政课程的亲和力、感染力和实效性,进而引导广大师生坚定政治立场、增强政治认同,提升政治参与的能力。

2013年8月19日,习近平总书记在全国宣传思想工作会议上提出要"讲好中国故事",希望通过这种方式,把中国悠久历史、灿烂文明,中国共产党的执政之路,现代国家文明发展水平等,用生动活泼的语言、严谨的逻辑,把事实用讲故事的艺术方法表达出来。因此,中学思政课教师要适应新时代的要求:讲好中国故事,增加思想政治教育温度;讲清事实道理,深化思想政治教育厚度;坚守信仰,提升思想政治教育高度。

(一)讲好中国故事的内容选择

中学思政课程讲好中国故事的内容选择来源主要有以下三个方面。

一是中华优秀传统文化中的中国故事。中华文化之所以源远流长、博大精深,一个重要原因在于它所特有的包容性,即求同存异和兼收并蓄。我们的中华文化中所蕴含的中国故事或是以历史人物、或是以历史事件为主要线索,展现出历史车轮不断推进社会向前发展、时代发生变革,这些中国故事是展现我们国家文化软实力、人民精神风貌和坚定文化自信的有力佐证,是中学思政课程讲好中国故事的重要内容。

二是革命文化和社会主义先进文化中的中国故事。中国共产党在领导人民革命、建设和改革的过程中,书写了令人热血沸腾、激昂向上的革命故事和生机勃勃、曲折前进的社会主义建设故事,其背后是中华优秀传统文化的凝结、升华和再现,是中国共产党人和中国人民伟大创造精神的生动体现,是中学思政课程讲好中国故事的主要内容。

三是中国特色社会主义伟大实践中的中国故事。中国特色社会主义的伟大实践是蕴含社会主义核心价值观的当代中国故事的主要内容来源。改革开放以来,中国共产党团结带领全国人民坚定不移走中国特色社会主义道路,推动我国经济实力、科技实力、国防实力、综合国力进入世界前列,这是中国共产党带领全国人民书写的当代中国故事。以这些内容作为中学思政课程的中国故事来源,可以使学生更深切地感受到身边的变化,增强"四个自信"。

（二）讲好中国故事的基本原则

在中学思政课程教学中讲好中国故事，应当遵循导向性、客观性和针对性等原则。

1.导向性原则

要求在中学思政课程教学中，所运用的中国故事必须要坚持正确的政治方向，体现马克思主义基本观点和方法，充分反映习近平新时代中国特色社会主义思想，在故事之中要有机融入发展中国特色社会主义和践行社会主义核心价值观教育，通过中国故事对学生进行必要的理想信念教育。在这个过程中要使学生能够继承和弘扬中华优秀传统文化、革命文化和社会主义先进文化，努力形成正确的世界观、人生观和价值观。

2.客观性原则

要求教师讲述中国故事时要做到实事求是，既不过分夸大我们的成就，也不对我们现阶段所存在的问题视而不见，而是应该能够展现真实、立体、全面的中国，同时要过滤掉不真实的故事，因为虚假、模糊、片面的故事会降低学生对于中国故事的信任程度。

3.针对性原则

要求教师不能为了讲故事而讲故事，而是应该紧紧围绕课程标准中的内容讲述中国故事，要让中国故事促进课堂教学，促进学生核心素养的培育。

（三）讲好中国故事的实施方式

中学思政课程讲好中国故事可分为课内和课外延伸两个场域，分别有不同的实施方式。

1.在课内讲好中国故事的实施方式

课内讲好中国故事，可以采用教师讲述、教师和学生合作讲述以及学生讲述三种方式。

（1）教师讲述中国故事。教师讲述是中学思政课程讲好中国故事的最主要方式。教师要切实担负起讲好中国故事的责任，在课前，教师要精选故事内容；课上，教师要采用"接地气"的方式讲述中国故事，即用平实的语言、令学生容易接受的方式讲述中国故事;课后,与学生就故事内容进行积极地讨论交流,延伸课堂学习。

(2)教师和学生合作讲述中国故事。为了使学生能从中国故事中汲取力量、人格得以塑造,应该采用多元灵活的教学活动来提升学生的兴趣和参与度,由教师和学生共同在课堂上合作完成中国故事的讲述。在课堂教学中,要遵循教师主导、学生主体的教育理念,教师在课前对学生进行合理分组,引导学生在小组合作的基础上,提升参与课堂学习的热情,作为未来中国故事的亲身谱写者、实践者,让学生尝试和教师共同将中国故事在课堂上"再现"出来。

(3)学生讲述中国故事。新课程标准倡导学生主动探索、自主学习、合作讨论,这也反映出中学思政课程不再仅是教师向学生传授知识的过程,而且能创造环境,鼓励学生自主创造、探索的过程。教学中教师可以发动学生,由学生自己去寻找并在中学思政课程教学中讲述有关新中国经济建设、民主法治建设、思想文化建设、生活水平提升、生态文明建设、维护祖国统一、特色大国外交等方面主题的故事。通过搜集素材、准备讲述,学生由听故事的旁观者变成讲故事的剧中人。

2.课外延伸讲好中国故事

在中学思政课的课外延伸中讲好中国故事的实施方式也是多种多样的,例如依托当地现有的历史文化资源在校外开展思政课实践教学,构建第二课堂,让学生走出校园,在课堂之外聆听中国好故事。

此外,还可以创新中学思政课程教学形式,例如将道德模范、优秀共产党员等请进校园,为同学们讲述自己的故事、讲述党的故事。这会使思想政治教育更具有说服力和感染力,因为他们的故事继承着过去、记录着现实、启迪着未来。

第三节　中学思政课程教学过程

一、中学思政课程教学过程的内涵与本质

（一）中学思政课程教学过程的内涵

简单来说，中学思政课程教学过程是以学生的社会交往为背景、社会实践为条件，发展学生思政学科核心素养和培养学生德智体美劳全面发展的特殊认识过程。其内涵体现为以下三个方面。

首先，中学思政课程教学过程是一个认识过程。中学思政课程教学过程是引导学生经历自主思考、合作探究，学习马克思主义基本原理，学习马克思主义中国化最新成果特别是习近平新时代中国特色社会主义思想的过程。学生在这个过程中循序渐进地学习和运用知识，逐渐确立正确的思想政治方向、培育学科核心素养、增强社会理解和参与能力。

其次，中学思政课程教学过程以社会交往为背景、社会实践为条件。著名教育家杜威曾指出："帽子的读音，如果不和许多人参与的行动联系起来发音，会和发音不清楚的呼噜声一样没有意义。"①中学思政课程的教学目的与教学内容要求教学过程的开展必须以社会交往为背景、社会实践为条件，并且通过社会交往、社会实践来评估学生解决情境化问题的过程和结果，反映学生所表现出来的学科核心素养发展水平。

最后，中学思政课程教学过程是发展学生思政学科核心素养与培养学生德智体美劳全面发展的过程。中学思政课程教学过程着眼于学生的真实生活和长远发展，是引导学生掌握知识、提高能力、升华情感，以促进学生学科核心素养的形成与发展，并追寻与培养学生德智体美劳全面发展的过程。

---

②[美]杜威:《民主主义与教育》,王承绪译,人民教育出版社2001年版,第21页。

(二)中学思政课程教学过程的本质

1.中学思政课程教学过程是师生的认识和实践活动

第一,中学思政课程教学过程是教师的认识和实践活动。

中学思政课程教学过程是教师对学科知识和教育对象再认识的活动。在实际教学过程中,面对中学思政课程所具有的多学科内容的交融性,教师需要钻研教材、教参,研究与中学思政课程相关的法学、哲学、社会学、政治学、伦理学等方面知识;面对一个个思维活跃、个性不同的教育对象,教师需要根据学情不断调整教学过程中运用到的教学组织形式与方法,尊重学生的身心发展规律;面对当前社会变革和实践创新中的新挑战和新问题,教师要充分发挥价值观引导作用,发挥积极性、主动性和创造性,不断提高自己的专业素养。

中学思政课程教学过程是教师向学生传授知识并促进学生全面发展的实践活动。教师的实践活动主要是指在中学思政课程教学过程中所进行的各种教育教学活动。教师在教学中以培育学生的社会主义核心价值观为目的,或是利用具有"两难性"的议题展开活动型教学,或是创设情境使理论化、抽象化的教学内容生活化,或是走出教室将教学与生动的社会实践相结合,这些教育教学活动都是实践活动。

第二,中学思政课程教学过程是学生认识和实践的活动。

学生在教学过程中的学习活动是一种教师指导下的认识活动。在中学思政课教学过程中,学生因知识能力有所欠缺、思维方式不够成熟,需要在教师的启发、引导与协助下,通过学习相关理论知识,学会用发展的、辩证的眼光看待问题,增强社会参与能力。教师对于知识的讲解和学法的指导,有助于学生突破重点知识、攻破难点知识;同时,教师在教学过程中还可以调动学生的学习兴趣,激发学生的学习自觉性,建构有意义的学习。

学生在教学过程中的实践活动是在教师的指导下,围绕一定主题,即教学内容和教学目标开展的实践活动。实践活动既包括课堂上的听讲、发言、自主思考、参与讨论,还包括课前的预习、查阅资料及课后的复习和完成相关学业任务,如进行走访调查、写调研报告、画思维导图、写倡议书、义务宣讲等。

2.中学思政课程教学过程是师生继承和创造的活动

第一,中学思政课程教学过程是教师继承和创造的活动。

教师在进行中学思政课程教学时,所教授的理论知识是从前人处继承来的经验成果,但是教师并不是"原样照搬"或"简单复制",而是结合自身经验和实际教学情况进行一定的创造,如我们所提倡的不是"教教材",而是"用教材教";教师在教学过程中使用的教学方法或教学策略,也继承了前人的经验,并融入自己的风格与特色,发挥了创造精神,进而提升了教学过程的艺术感、趣味性和学生的参与度。此外,教师在教学过程中的创造活动还体现在开发学生的创造潜力上。

第二,中学思政课程教学过程是学生继承和创造的活动。

在教学过程中,学生学习的理论知识是人类精神财富的高度概括,他们通过较短时间的学习掌握前人的经验。但是学生并不是消极、被动、无目的地继承,而是需要思考、分析、探究和整合,将知识进行真正的内化,是积极、主动、有目的地继承。无论是自主思考还是小组合作中的表达、质疑、辩论、探讨,无论是社会实践还是内化知识时的记忆、重组、加工、再现,都体现了学生在教学过程中所蕴含着的极强的创造潜力。因此,教师亟须转变教学方式,鼓励学生独立思考、理性批判和蓬勃创造,重视学生创新精神和探索精神的培育。

总之,中学思政课程教学过程是师生认识和实践、继承和创造的活动,认识和实践、继承和创造统一在教学过程之中,是同一个问题的两个方面,相伴而生、不可分割。这是中学思政课程教学过程的本质问题,揭示了中学思政课程教学过程教师教学活动和学生学习活动发生的真正内涵。

二、中学思政课程教学过程的基本要素与特征

(一)中学思政课程教学过程的基本要素

所谓要素,就是构成事物的必要因素。构成中学思政课程教学过程的要素很多。对于教学过程来说,这些要素都是非常必要的。中学思政课程教学过程的基本要素一般包括组织教学、导入新课、讲授新课、课堂小结和布置课后任务。

1.组织教学

组织教学有广义和狭义之分,广义的组织教学是指教师从上课到下课这一段时间内的全部教育教学活动;狭义的组织教学是指教师从走上讲台到正式授课前的这段时间内的教学组织活动,包括组织班级纪律、清点人数、提醒学生做好课前准备和组织课前练习等。及时、有效的组织教学可以创设一个良好的课堂氛围,使同学们尽快"收心",集中注意力。同时,组织教学在一定程度上也可以培养班级学生们的集体主义精神。

2.导入新课

教师在正式授课前应该用简洁生动且有针对性、指向性的语言对新课进行导入,对本节课所要学习的内容进行铺垫,或温故知新,或设疑导思,或引经据典,或开门见山。成功的新课导入一般需要创设贴近学生生活的教学情境,能够使教学内容更加生活化,这样做可以快速吸引学生的注意力,提升学生的学习兴趣。

3.讲授新课

讲授新课在中学思政课程教学过程中居于核心地位,具有统领其他要素的重要作用,其目的在于促进学生学科核心素养的发展。一节课质量的高低取决于教师对于教学过程中讲授新课这一要素的把握,要注意讲授过程的思想性与艺术性、内容的科学性、重难点的攻破效果、学生的课堂融入度等。

4.课堂小结

在讲授完新课后,教师可以引导学生梳理本节课的学习内容,其作用在于帮助学生对本堂课新授的知识进行复习巩固,建立知识体系,教师也可以借此检查教学效果和学生学习效果。教师可以用具有启发性和思辨性的语言对本课进行小结,升华主题,引发学生的进一步思考。教师要高度重视课堂小结,善于运用多种方式来进行小结。

5.布置课后任务

教师在下课前,要给学生布置相应的课后任务,其作用在于有利于及时巩固课堂所学,培养学生运用所学知识看待和理解有关社会现象、解决现实生活问题的能力。任务不宜过多,任务形式要多样化,不提倡布置单纯的考查理论知识的题目,任务应与学生能够参与的社会实践紧密相连,要有利于学生学科核心素养的发展。

以上几个要素,共同构成了中学思政课程的完整教学过程。每个要素既相互独立,又紧密联系。在具体的教学实施中,不同课型需要的要素各不相同,例如,新授课往往需要上述所有要素,而其他课型一般只需要其中的几个要素。所以我们不能认为这些教学过程要素是固定不变的公式,而应该根据具体的教学目标、教学内容、教学实际情况等灵活地掌握和运用。

(二)中学思政课程教学过程的特征

1.生活性

精选的富有生活性的中学思政课程内容与贴近学生生活的教学方式方法决定了中学思政课程教学过程具有生活性的特征。中学思政课程通过围绕议题或专题引领课堂教学的方式,使教学内容呈现生活化和情境化的特征,强调让学生"从现实生活中学习";同时,教学内容也努力呈现我国经济、政治、文化、社会、生态文明等领域发展的新成就,丰富和更新了培养学生的社会责任感和社会公共参与能力的相关教学内容。

2.实践性

中学思政课程作为活动型学科课程大力提倡教学过程与社会实践活动相结合,这也是中学思政课程教学区别于其他课程教学的重要特征之一。中学思政课程教学过程的实践性,让学生的课堂不再局限于教室,课外社会实践活动为学生学科核心素养的培育提供了更为丰富的课程资源和更为真实的教育教学环境,让学生们能够在亲身参与社会实践活动的过程中将理论观点与生活经验、劳动经历有机结合,在社会实践活动的历练中、在自主辨析的思考中感悟真理的力量,自觉践行社会主义核心价值观。

3.引领性

中学思政课程教学过程具有学校德育工作的引领性的特征,是现阶段对中学生进行思想政治教育的主要阵地之一。2017年,教育部印发《中小学德育工作指南》,明确规定了初高中学段学生德育工作的基本目标,这一基本目标与中学思政课程的总体设计与内容呈现有着十分密切的关系。例如,该指南中所指出的高中学段学生"增强公民意识、社会责任感……"等德育目标与高中思想政治课学生公共参与素养的培育目标相一致。在与其他学科教育、学校相关德育工作的配合之下,中学思政课程教学过程所渗透的对学生的德育教育,不仅有益于增强学生的社会公德意识、集体主义精神,鼓励学生追求更高的道德境界,也能为学生学科核心素养的培育提供坚实的情感基础。

三、中学思政课程教学过程的最优化理论

(一)教学过程要追求学科核心素养的落实

追求学科核心素养的落实是指教学过程在课程标准的指导下,明确内容要求,精选教学内容,促进学生的思想政治、道德素质和社会科学文化素质的全面发展,全面提升学生的生命质量,培养能够担当民族复兴大任的有信仰、有思想、有尊严、有担当的时代新人。它不仅仅是简单的理论知识传授,更是帮助学生确立正确政治方向、增强社会理解和参与能力。

(二)教学过程要实现趣味性与思想性的统一

中学思政课程教学过程趣味性与思想性的统一,要符合学生的认知发展规律,在激发学生学习兴趣的同时,进一步深化爱国主义、集体主义和科学的世界观、人生观、价值观教育,引导学生践行社会主义核心价值观。

加强中学思政课程教学过程的趣味性,教师要做到教学形式、教学活动多样化,提高学生的课堂参与度,帮助学生实现从"要我学"向"我要学"的态度转变。中学思政课程的教学内容主要是马克思主义基本原理、马克思主义中国化的理论成果特别是习近平新时代中国特色社会主义思想,它们都来源于社会生活和实践,而这些丰富多彩的社会生活和实践是充满趣味的。教师要具备将理论观点进行材料化、生活化、情境化处理的能力,不仅要注意挖掘中学思政课程教学内容本身所特有的趣味性,更要关注现实生活,利用其中具有教育价值的热点问题,加强教学与生活的联系,引导学生学以致用。

加强中学思政课程教学过程的思想性,不仅可以完善学生的知识体系、提高学生的认知能力,还会提高学生的思想、品德、心理健康水平等。加强中学思政课程教学过程的思想性要注意以下几点:一是在课堂教学过程坚持晓之

以理,动之以情,以德育人,以情化人;二是增强课堂教学过程的实践度,坚持教育与生产劳动和社会实践相结合,注重学生在学习、劳动和社会实践活动中的行为表现;三是因材施教,为学生提供展示自己的平台,鼓励学生依照自身的发展条件张扬个性。

(三)教学过程要体现教师主导性和学生主体性的统一

教师"教"和学生"学"的矛盾,是贯穿所有学科教学过程中的主要矛盾;教育者教师和受教育者学生之间关系,是贯穿所有学科教学过程中的主要关系。中学思政课教师作为教学过程的教育主体,在教学过程中居于主导地位,是教育教学活动的组织者、设计者、指导者、答疑者和协助者;中学生作为教学过程的学习主体,在教学过程居于主体地位,在教学过程中并不是消极地、被动地、单向地接受教育,而是积极地、主动地、双向地参与其中。教师主导和学生主体在教学过程中是辩证统一的关系。两者在教学过程中相互制约、相互促进、共同提高,不能相互替代或相互否定。

要对中学思政课程教学过程进行最优化处理,就必须充分调动教师和学生的积极性,使教师主导和学生主体实现最优化的统一和融合。这要求教师要调动一切有利因素,对学生进行组织、启发、引导、答疑,但是不能变成"教师中心论",因为教师的"教"要符合学生的身心发展规律,符合学生的实际情况;同样,教师在鼓励学生独立思考、理性批判、蓬勃创造时,也不能变成"学生中心论",因为脱离教师主导的教学过程,教学实效性会大大降低。

(四)教学过程要科学合理、和谐优美

中学思政课程教学过程应该科学合理,它要讲究逻辑顺序,也就是要遵循一定的教育教学活动步骤。教学过程必须符合教学内容的内在逻辑顺序和学生的认知发展规律,保证学生在学习思政课程相关知识时,其认知结构中有可以启发新知、同化新知、巩固新知、运用新知的先决知识或旧有概念。否则,"拔苗助长"就会造成学生无意义的学习,降低教学效果,打击学生的学习兴趣。同时,中学思政课程教学过程的各个要素的时间安排必须科学合理,这样才有利于在教学过程中突出重点、突破难点。

中学思政课程教学过程应该和谐优美,给人以欣赏艺术作品般的享受。为此,在教学过程中,应力求以下五对关系的和谐。

1.展和收

"展"即教学过程的展开时,"收"即教学过程的收尾时。和谐优美的教学过程应该有一个引人入胜的开头、高潮迭起的过程、余音绕梁的结尾,把启疑导思贯穿于教学全过程,使教学过程前后呼应,达成展和收的和谐。

2.断和续

"断"和"续"即每个教学篇章与前后的教学篇章既能断得开、又能续得上;每个教学篇章单独拿出来可以像一节"微型"的中学思政课,独立成篇,又可以前后贯一,达成断和续的和谐。

3.动与静

"动"即教学过程中师生互动、生生互动进行表达、辩论、分析、探究的环节,"静"即教学过程中学生安静自学或思考的环节。教师在课堂教学中应追求动与静的结合,使教学过程达成动与静的和谐。

4.张与弛

"张"可以理解为教学过程中氛围"紧张"、引人入胜的那些教学高潮时刻;"弛"可以理解为教学过程中氛围较为舒缓的时刻。和谐的教学过程应该有张有弛,张弛相间,给学生以思维和情感的合理调试。

5.师与生

"师"与"生"即教学过程中的教育者与受教育者。和谐的教学过程应该是平等且公开的,教师与学生向着教学目标共同努力、共同发展,没有任何一方能置身事外,都应积极地参与到课堂教学过程中去;师生关系民主且融洽,能够在教学过程中碰撞出情感与思想的火花。

(五)教学过程要营造积极合作、乐于探究的氛围

中学思政课程教学要求教师在教学过程中要营造积极合作、乐于探究的氛围,增强学生学习中学思政课程的主动感和积极性,培育学科核心素养。为此,教师需要从以下四个方面优化教学过程。

1.教师要进行角色定位调整

中学思政课程的变革对教师的角色定位提出了更高的要求,若想要营造积极合作、乐于探究的课堂氛围,教师在教学过程中便不能搞一言堂或"一手包办"。教师应该在教学过程中扮演好组织者、协助者、倾听者和答疑者的角色。

2.教师要树立教育民主思想

教师只有树立教育民主思想,在教学过程中将学生看作个性鲜明、思维活跃的个体,尊重学生的主体地位,鼓励学生发表自己的看法,甚至是与教师不同的见解,使学生的心情感到宽松、坦然,学生的创造性思维才会得到充分发挥,才会使学生在课堂上更加积极合作、乐于探究。

3.教师要提高自身素质和教育水平

讲好思政课关键在教师。要营造积极合作、乐于探究的教学氛围,就要求教师必须按照政治要强、情怀要深、思维要新、视野要广、自律要严、人格要正的要求提升自身素质和教育水平。此外,过硬的自身素质和教育水平还可以优化师生关系,增强中学思政课程的思想性、理论性和亲和力、针对性。

4.教师要创建一个教学共同体

教学过程没有一方可以唱"独角戏",教师要努力创建一个教学共同体,在这个共同体中,师生之间平等交流,教学相长;生生之间积极合作,乐于表达和探究,在合作与探究中共同发展。

第六章　中学思政课程教学技能与艺术

在教学中想要达成教学目标、获取良好的教学效果,要求教师除了要具备深厚的知识功底外,还必须掌握一定的教学技能与教学艺术。中学思政课程作为立德树人的关键课程,具有自身的教学特点和教学要求,因而其教学技能和教学艺术也具有独特性。

第一节　中学思政课程教学技能

一、中学思政课程教学技能概述

在教学中想要达成教学目标、获取良好的教学效果,要求教师除了要具备深厚的知识功底外,还必须掌握一定的教学技能。对于教学技能,中外学者有许多不同的理解与表述。克利夫(Cliff Turng,1991)认为:"基本教学技能是在课堂教学中教师的一系列教学行为。这些教学行为是影响教学质量、促进学生的学习兴趣和动机,引导学生掌握学科基础知识,形成技能和发展智力,为学生学习的主要方面。它们具有可观察性、可描述性和可培训性。每一种行为又具有被分解成不同构成要素的特点。"[1]莫里逊指出,教学技能是"为了达到教学上规定的某些目标所采取的一种极为常用的,一般认为是有效的教学

---

① 薛猛:《论复杂理论视域中的教学技能内涵》,《辽宁教育行政学院学报》2011年第28期,第13页。

活动方式"①。我国教育心理学家潘菽指出:"技能是顺利完成某种任务的一种活动方式或心智活动方式,它是通过练习获得的。"②

学者们对教学技能的表述各异,但都共同指向教学行为方式,因此笔者认为所谓课堂教学技能,就是教师在课堂教学中,为达成教学目标、促进学生身心全面发展而运用的相对稳定的教学行为方式。根据美国教育心理学家加涅的教学结果分类理论,教学技能应当包括智慧技能和动作技能两个方面,两者相互交融,不可分割。

(一)中学思政课程教学技能的含义

在学校教育中,中学思政课程一般是以班级群体形式组织开展的,因此其教学技能主要定位在班级课堂教学的层面上,包括课堂教学技能与教学技巧。中学思政课程教学技能,一般是指班级课堂教学过程中,为了实现教师的有效教学和学生的有效学习而研究和开发使用的各种符合教学职业基本要求的技能与技巧。

(二)中学思政课程教学技能的产生与发展

中学思想政治课教学技能是为了达成教学目标而研究和开发的,而教学目标与一定的课程目标相对应,因而教学技能也是服务于课程目标的实现的。由此可见,思政课程的目标、内容和评价等要素的变化影响和制约中学思政课程教学技能的变化。

中学思政课程教学技能是伴随着中学思想政治课程的形成、发展而不断变化发展的。中国共产党历来重视思想政治教育和思政课建设。中国共产党第二次全国代表大会宣言就提出,学校教育必须坚持政治教育,用马克思主义理论培育新民主主义公民和革命骨干。1933年4月,中华苏维埃共和国临时中央政府教育人民委员会颁布的第一号训令《目前的教育任务》指出,"要用教育与学习的方法,启发群众的阶级觉悟,提高群众的文化水平与政治水平",在

---

① 胡淑珍、胡清薇:《教学技能观的辨析与思考》,《课程.教材.教法》2002年第2期,第22页。
② 潘菽:《教育心理学》,人民教育出版社1980年版,第138页。

教学实践过程中总结出"冲击式、注入式、启发式、混合式"的教育方法①。延安整风时期，中国共产党领导下的中学教育系统普遍设立了抗日救国的政治课程。中共中央政治局于1941年12月17日通过的《中共中央关于延安干部学校的决定》中指出：必须强调学习马列主义的理论的目的是为了使学生能够正确的应用这种理论去解决中国革命的实际问题，而不是为了书本上各项原则的死记与背诵。②为此，确立了理论联系实际的教学基本原则，要求加强时事教育，促使课本实际化的方法，创造了适合政治课教学的实践锻炼法、自学辅导法、课堂讨论法、互帮互学法等教学方法，对教学技能要求逐渐多样化、复杂化。

新中国成立后，特别是党的十一届三中全会以来，中学思政课程逐步走上了规范化、科学化的发展轨道，思政课教学技能也随之规范并不断向前发展。国家教委于1992年9月颁发了《高等师范学校学生的教师职业技能训练基本要求》(试行稿)，首次用法规形式把讲普通话和口语表达技能、书写规范字和书面表达技能、教学工作技能、班主任工作技能等教师必备技能列为高等师范学校学生的培养目标和必修学业；1994年3月颁发了内容更为具体的《高等师范学校学生的教师职业技能训练大纲(试行)》，要求全国高等师范学校贯彻执行。这改变了以往师范院校学生教师职业技能水平低下、教学技能训练重视不够且无章可循的状况，也对中学一线教师的职业技能起到了规范作用。2012年教育部颁布了《幼儿园教师专业标准(试行)》《小学教师专业标准(试行)》和《中学教师专业标准(试行)》，构建了教师专业标准体系，对教师的专业技能提出了明确要求。由此，思政课程教学技能也走上了规范化、科学化、系统化、专业化的发展道路。

(三)中学思政课程教学技能的类型

中学思政课程教学技能按照不同的标准有多种类别划分方式，如按教学工作的基本环节分，可以分为备课技能、管课技能、上课技能、课外辅导技能、学习评价技能；按教学实施的不同视角划分：教师视角上分为讲解、示范演练、

---

① 赵振窦：《论中学思想政治课的形成及其启示》，《扬州大学学报》(人文社会科学版)1992年第A1期，第140页。

② 韩震、程光泉、冷洪恩：《思想品德与思想政治教学论》，高等教育出版社2008年版，第19页。

提问、体态语言等；从学生视角划分有模拟与游戏、作业布置与督导、家庭作业；从互动视角划分有讨论、小组教学、反馈、辅导等。

一般而言，依教学流程的展开划分，中学思政课程教学技能包括教学准备技能、课堂教学技能和课后延伸技能三大类，每个大类都包括若干具体技能。教学准备技能包含课程标准与教材分析技能、教学设计技能、学情分析技能、教学资源开发技能等，课堂教学技能具体包含教学导入技能、课堂讲解技能、教学提问技能、教学板书技能、教学小结技能、教学语言技能、教学组织技能等，课后延伸技能包含课后辅导技能、测试命题技能、试卷讲评技能、组织和指导课外活动技能等。此外，针对教师专业发展、教学研究、教学评价等多方面需要，还有评课技能、反思技能、教学研究技能等。

二、中学思政课程教学常用技能

课堂教学是一个由若干环节构成的完整过程，不同的教学环节往往有着不同的目标和内容，因此完整的课堂教学往往需要多种教学技能的恰当运用和共同使用才能完成。课堂教学的常用技能有教学导入技能、教学讲解技能、教学提问技能、板书技能、教学小结技能等。

（一）教学导入技能

教学导入是教师在讲解新的教学内容或进行新的教学活动时，引导学生进入学习状态的重要步骤。俗话说，好的开始是成功的一半。精彩的导入能迅速创造出一种教学情境，引起学生注意，激发学习兴趣，明确学习目标，产生学习需要，形成学习动机，使师生迅速进入到融洽、和谐的课堂气氛当中。

1.教学导入的作用

（1）集中注意。心理学认为，注意是人的心理活动对一定对象的指向和集中，各种学习认知活动总是和注意联系在一起的。注意是开展学习活动的前提。课前学生从事着各种不同的活动，其情绪状态、注意的方向等各不相同，上课时，教师需要引导学生从各种活动中把注意力转移到课堂学习活动中来，为取得良好的课堂学习效果奠定基础。导入的首要作用就是吸引和集中学生的注意力。

（2）激发兴趣。兴趣是力求认识某种事物或爱好某种活动的心理倾向。俗话说,兴趣是最好的老师,强调兴趣是对学生学习的一种自我驱动。孔子曰"知之者不如乐之者,乐之者不如好之者。"（《论语·雍也》）学生对有兴趣的活动就有浓厚情感,这种状态下的学习活动可以获得更高效能。精彩的教学导入,可以激发出学生浓厚的学习兴趣和强烈的学习动机,成为学生学习的一种内驱力,使其积极主动地投入学习活动中去。

（3）明确目标。明确的学习目标对教学起到定向、导向作用。教学导入时,教师可以提出本节课的学习目标,提示教学内容和基本任务,让学生自觉地把握学习方向,有意识地调控自己的学习活动,用目标来指引自己的行为,努力达成学习目标。

（4）联结知识。学习知识是形成能力、发展素养的前提条件,而结构性是知识的重要特征。学生学习需要把前后知识相互联结,现象与本质相互联系,理论与实践相结合。导入既是联系新课与旧课之间的"桥梁"和"纽带",也是提供社会现象、实践情境与学科知识相联结的重要环节,具有承上启下、延伸拓展的作用,有利于学生知识的系统化。

（5）融洽感情。师生之间的情感氛围是课堂教学活动的重要条件。良好的课堂教学导入可以有效渲染气氛,消除师生之间的心理紧张关系,沟通师生感情,使学生在和谐愉悦的气氛中与教师进行交流,达到情感相通、心理相融,共同探讨学习内容,进而获得良好的学习体验,提高学习效果。

2.教学导入的方法

教学导入的方法会因教学内容、教师特点、教学目标等因素的不同而不相同。以下是几种较为常用的教学导入方法。

（1）衔接导入。教学内容是一个结构紧密有机的整体,新旧教学内容之间往往存在着逻辑联系。衔接导入是教师找到新旧教学内容之间的联结点,通过引导学生复习与新内容有关的旧知识,并采用设问、演绎、追问、拓展等手段,使学生顺理成章地进入新内容学习的一种导入方法。这种导入方法,有利于学生巩固已学知识,将新旧内容联系起来,形成知识体系,也有利于教师循序渐进地开展教学。

运用衔接导入要注意:第一,必须选择与即将学习的新内容有内在联系的旧知识,找准知识之间的逻辑关系;第二,精心设计衔接方式。既要有针对性地复习旧知识进行铺垫,又通过巧妙设问、演绎、追问、拓展等方式设置难点和疑问,以激活学生的思维,从而顺利地引入新内容的学习。

(2)案例导入。案例导入就是通过引入与教学内容有关的典型案例,如社会热点、生活事例、历史故事等,激发学生学习兴趣,启迪学生思维,并从中引出新课,使学生顺利进入新知识学习的一种导入方法。学生的学习以书本知识为主,而书本知识对学生来说一般比较抽象和概括。因此,从生产、生活、社会热点、历史典故中选取一些生动形象的典型事例进行引入和佐证,使抽象的知识具体化,让深奥的道理通俗化,不仅能激发学生的学习兴趣,而且符合学生的认知规律,有助于学生从感性到理性,具体生动地理解知识。

运用案例导入要注意:第一,要精选案例。按照典型性、科学性、思想性、启发性、趣味性和时代性的原则要求,从生产经营、社会生活、时事热点、历史典故等方面精选符合教学内容的合适案例。第二,要根据案例精心设问。案例与设问要紧密相连,发人深省,引起学生兴趣,激活探究的思维,顺利导入新知。第三,要对案例进行合理开发。真实的案例往往包含着诸多与教学内容无关的信息,在教学运用中必须根据教学内容要求去粗存精,把无关的细枝末节去除掉,留下与教学内容逻辑结构紧密相关的部分。

(3)活动导入。活动导入是指教师通过组织学生开展与教学内容密切相关的活动,激发学生的学习兴趣,活跃课堂气氛,引导学生进入新课学习的一种导入方法。常用的活动形式有小品表演、角色扮演、运动类小游戏、智力类小游戏等。

活动导入要注意:第一,活动的选择与设计要符合学生的年龄、身心特征,导向要正确;第二,活动要与教学内容紧密联系,既要激发学生兴趣、活跃课堂气氛,又要激活学生思维,真正起到教学导入的作用。

(4)经验导入。经验导入就是以学生的生活经验为出发点,以对经验的阐述、反思、演绎、解释等方式,引导学生在重温经验的过程中,发现与之密切相关的教学内容,进而产生学习兴趣和学习需求的一种导入方式。

经验导入要注意:第一,要充分了解学情,知道学生的基本生活经验和体验感受,并能将之合理地与教学内容相联结;第二,最好选择师生共同的典型经验,激发共同的兴趣,以利于展开话题;第三,不涉及隐私、不影响尊严、不能侵权。

(5)诗词、名言、漫画等导入。这是将诗词、名言、漫画、典故、成语、谜语、对联等材料与教学内容之间建立逻辑联系来导入新课教学的方法。好的诗词、名言、漫画、典故、成语、谜语、对联等,除了具有生动形象的特点外,还蕴含着深刻的道理,因而能够吸引学生的注意,启发学生的思维,引导学生进入新知识的学习。

总之,教学导入的方式是多种多样的,无论采用哪种导入方式,只要能激发学生的学习兴趣,集中学生注意力,引导学生积极思维,恰当引入新课的学习,就是成功的导入。另外,在现实的教学活动中,各种教学导入方式常常是相互配合,相互渗透,综合使用的。

3.教学导入的基本要求

(1)要有针对性。教学导入的设计必须符合教学目标和教学内容的要求,直指教学主题,服务于教学全局,能够引导学生快速进入新知识学习。教学导入应该根据学生的年龄特征、知识基础、学习心理、兴趣爱好、生活经验等特征来设计。

(2)要有新颖性。教学导入要经常开发新资源,选取新视角,实行多种方法的交叉转换和综合运用,使学生耳目一新,才能有更好的学习引导效果。

(3)要有启发性。启发学生思维是导入的重要功能。教师在新课导入时必须利用多种手段启发学生思维,帮助学生顺利进入新内容的学习。

(4)要有趣味性。教学导入要让学生感到愉快,引起兴趣,才能更有效地引起和维持学生的注意,使课堂教学顺利开展。

(5)要简洁明快。教学导入不是课堂教学的主体过程,只是要让学生能够迅速进入学习状态,引入学习课题。因此,导入要力求简洁明快,争取用最少的话语、最短的时间,迅速而巧妙地转入正题,将学生的注意力集中到新课学习上来。

(二)课堂讲解技能

课堂讲解技能是指教师在课堂教学中利用语言解说或解释教学内容,以提升学生认知水平,完成教学任务,达成教学目标的教学方式。在课堂讲解中,语言成为促进学生认知发展的中介,而言语则是重要的技术手段,如果加上教具、视频、图像、音乐、实物等教学手段的密切配合,教学效果更佳。

1.课堂讲解的功能

课堂讲解是教学中采用的最普遍最经常的教学方式,具有传递信息密度大、效率高的特点。研究表明,讲解是学生学习过程中"明了"所学知识的一个组成部分,是学生经验学习的一个方面,对于接受性学习和创造性思考均有重要意义[①]。课堂讲解在发挥教师的主导作用,系统快捷地传授知识,开展思想教育,有效启发学生思维、促进认知发展等方面有重要作用。

2.课堂讲解的构成

(1)确立讲解结构。讲解结构是教师在分析学生情况、教学内容和教学目标的基础上,对讲解过程的安排。课堂讲解结构的确立应该归于教学准备环节,但它是整个课堂讲解成功的基本保证。只有对讲解结构安排合理,才能使课堂讲解有序进行,并取得预期的效果。

课堂讲解的结构没有固定的模式,一般而言,要根据教学目标和教学内容及学生实际,把讲授过程分解为若干阶段和步骤。在结构安排上,要考虑学生的新旧知识联系,根据知识的逻辑结构和学生的认知规律,由浅入深,由表及里,层层推进。

(2)组织讲解内容。课堂讲授应首先明确教学目标,然后根据学生的认识规律、情感与能力发展的规律,确定好讲解内容,编排好讲解程序,做到目的明确、重点突出、思路清晰、逻辑严密、难易适度,形成有利于学生掌握的内容结构。

(3)提炼讲解语言。课堂讲解以教学语言为中介,需要使用相应的言语表达技巧才能恰当地表达出来。教学语言包括教学口语、板书板画和体态语三个方面,课堂讲解需要三者的有机配合、综合运用才能取得良好的教学效果。因此,教师必须对教学内容进行加工、提炼及合理转化,把教材语言向教案语言转化,再由教案语言向实际讲解语言转化,最终形成具有规范性、逻辑性、启发性、流畅性和简洁性等特点的教学语言,实现有效的讲解。

---

① 黄甫全主编:《现代课程与教学论》(第三版),人民教育出版社2014年版,第420页。

3.课堂讲解的形式

课堂讲解的类型很多,分类差异较大,有的学者将讲解分为说明性的、描述性的和原因性的三种类型;有学者则将讲解分为因果的、规则的、过程的和目的的四种类型。不同的课堂教学,讲解的功能、类型和标准等都不同。

中学思政课程讲解的形式主要包括讲述、讲解、讲读和讲演。讲述是指教师用生动形象的语言对教学内容进行系统的叙述或描述,使学生理解和掌握知识的方式;讲解是以解释说明和分析论证的方法向学生传授知识的方式;讲读是将讲述、讲解与阅读教学材料结合起来,加深学生对阅读材料理解的方式;讲演是教师就某一专题进行有理有据、首尾连贯的阐释和论证的方式[①]。

4.课堂讲解的基本要求

课堂讲解是常用的重要教学方式,不仅反映着教师的专业素养和专业技能,而且影响着教学效果。教师课堂讲解技能应该力求达到以下两点:第一,熟练掌握思想政治理论学科的术语系统及知识体系,课堂讲解应该科学准确,逻辑严密,思路清晰,层次分明,结构合理,重点突出;第二,课堂讲解应当语言简洁、生动有趣,能激活思维,情理交融。

(三)教学提问技能

教学提问技能是教师在课堂教学中运用提出问题的形式来了解学生状态,启发学生思维,促进学生学习,达到使学生理解和掌握知识、发展能力的一种教学行为方式。

1.教学提问的功能

课堂的教学提问能够产生学习任务,引起学生注意,驱动学生学习。结合教学情境的提问能引起学生兴趣,激发学生的好奇心和探求欲望,产生学习需求。课堂教学提问,可以启发学生思维,引导学习发展,发展智力,提升学生能力。教师可以通过提问检查学生的学习情况,获取教学反馈,调控教学进程。此外,课堂教学提问可以提供交流机会,活跃课堂气氛,增进师生情感,产生思维碰撞,促进课堂生成。

[①] 胡田庚、赵海山:《新理念思想政治(品德)教学技能训练》(第二版),北京大学出版社2013年版,第60—61页。

2.教学提问的类型

教学提问的类型是多种多样的,可以按不同的标准进行分类。根据布鲁姆的教学目标分类理论,从认知发展的角度上,教学目标可以划分为记忆、理解、应用、分析、评价和创造六个层级。与此相应,课堂教学中的提问也可以分为六类。

(1)记忆水平的提问。记忆水平的提问主要用来确定学生是否记住学过的内容,如概念、定理、具体事实等。它主要是检查学生对已经学过的有关内容的再认再现情况。这是一类认知上低层次、低水平的提问,是一种简单的提问。对于这类提问,学生只需在记忆的基础上逐字逐句地复述学过的内容。记忆水平的提问使用的关键词有:谁、什么、哪里、什么地方、什么时间、哪些等,如"什么是社会意识"。

(2)理解水平的提问。理解水平的提问主要是要求学生对已学内容进行内化处理后,再运用自己的语言进行表述。理解是在识记的基础上对有关知识的转换和解释。转换就是要求学生能够用自己的语言叙述有关知识,或将知识从一种表达方式转换成另一种表达方式;解释是指分析阐明,就是能说明概念、观点、原理的含义和事物产生的原因及变化发展的理由,也包括用观点说明与解释事实。在理解性提问中,教师经常使用的关键词是:请你用自己的话叙述、阐述、比较、对照、解释等。如"请阐述公有制经济在我国基本经济制度中的地位"。

(3)应用水平的提问。应用水平的提问主要用来考察和了解学生把所学概念、方法、原理等用于解决情境问题的能力。应用就是指在识记与理解的基础上,把有关知识用于新情景、新材料、新问题之中,解决那些教师或教材没有讲解或没有帮助解决过的问题。在应用性提问中,教师经常使用的关键词是:应用、运用、分类、选择等,如"请运用国家宏观调控的知识解释我国当前依法严厉打击哄抬口罩价格的举措"。

(4)分析水平的提问。分析水平的提问主要用来考察和了解学生对有关知识的基本结构、有关概念或原理之间的基本关系、事物之间的前因后果等的把握情况。这类提问要求学生将材料分解为各组成部分或要素,并明确各部分之间的相互关系,以及各部分与整体之间的关系。在分析性提问中,教师经常使用的关键词是：为什么、什么原理、什么关系、论证、证明、分析等，如"请分析我国公有制为主体，多种所有制经济共同发展的经济体制中各种所有制经济的地位"。

（5）评价水平的提问。评价水平的提问主要考察和了解学生运用准则和标准对一定事物、现象、观念、方法等作出价值判断，或者进行比较和选择的能力和水平。这类提问需要学生综合运用所学的各方面知识和经验，并融合自己的思想感受和价值观念，进行独立思考，提出个人的见解，作出理性的判断和选择。

在评价性提问中，教师经常使用的关键词有：辨析、评价、如何看待、你对……有什么看法等，如"你如何看待最近口罩价格上涨这一现象"。

（6）创造水平的提问。创造水平的提问主要考察和了解学生将所学过的概念、方法、原理等相关知识用于解决新的复杂情境中的不确定问题的能力和水平。这类提问往往要求学生必须突破原有的思维定式，对所学过的概念、方法、原理等相关知识进行创新性的重组，以产生新的作用或功能以应对问题。在评价性提问中，教师经常使用的关键词有：假设、如果、可能、提出、计划、方案、设计等，如"如果个人所得税率是固定单一的而不是累进的，结果会怎样？"

教学提问除了按认知层次分类之外，还可以有多种分类方式，如根据教学提问的内容结构，可以划分为总分式提问、阶梯式提问、连环式提问、插入式提问；根据教学进程，可以划分为初始性提问、探索性提问和总结性提问；根据提问的交流形式，可以划分为特指式提问、泛指式提问、重复式提问、反诘式提问、自答式提问；根据提问的具体方式，可以分为直问、曲问、正问、逆问、单问、复问、快问、慢问等。

3.教学提问的基本要求

第一，设计问题要有科学性、目的性、选择性、针对性和层次性；第二，提出问题时要结合情境和气氛，抓住适当的时机，选取合理的方式，准确简洁地表达；第三，候答和导答时要注意等待和倾听，适时引导和启发，灵活变化和拓展；第四，结问阶段要准确评价、注意鼓励，并进行总结。

（四）教学板书技能

教学板书技能是指教师为帮助学生掌握教学内容,通过设计和书写在黑板或其他载体上的文字、线条、符号、图表、图画等,向学生传递教学信息的教学行为方式。

板书,既可以作为名词,也可以作为动词。作为动词时,它是指教师在上课时以在黑板或其他载体上书写文字、线条、符号、图表等传递教学信息的一种言语活动方式;作为名词时,它是指教师在教学过程中为帮助学生掌握教学内容而在黑板或其他载体上所呈现的文字符号、图表等教学信息的总称。

1.板书的基本类型

教师在课堂上的板书,有主板书和副板书之分。主板书是教师在钻研教材的基础上,根据教学目标和学生的实际情况,经过精心设计呈现在黑板上的文字、线条、符号、图表等,能体现教学内容的重点、难点、关键点和主体结构,通常写在黑板中部突出位置。副板书往往是根据课堂教学需要和学生反馈情况随机在黑板或其他载体上写下的文字、线条、符号等,其内容一般比较零散,通常随着教学进程而书写。主板书一般占据黑板的中央位置,占据大部分的空间,副板书在主板书的左侧或右侧,占较小空间。

2.教学板书的功能

教学板书是教师在课堂教学过程中提供教学信息的重要方式,是辅助学生掌握教学内容的重要手段,它具有以下重要功能:第一,激发兴趣,集中注意,提供示范;第二,化繁为简,提纲挈领,展现结构,突出重点难点,便于记忆;第三,启发思维,揭示本质,反映规律,升华教材。

3.教学板书的内容

板书是教学的主要辅助手段,教学中教师不可能也没必要把要讲的内容全搬到黑板上,板书的内容必须是经过教师精心选择的,有助于学生掌握教学内容的重要的教学信息,包括基本概念、重要方法、关键原理及其推导与论证的关键信息等,具体来说,教学板书的内容主要包括以下三个方面。

（1）教学内容的内在逻辑结构。教学内容往往是有内在逻辑结构的体系,通过板书将这种抽象的逻辑关系直观地呈现出来,有助于启发学生思维,促进学习掌握新知,便于学生知识的结构化、系统化。教学内容的逻辑结构一般有以下几种呈现方式:第一,以时间顺序为主线的教学内容,板书时要抓住时间顺序的特点来呈现,如使用时间轴、时序式提纲的板书等;第二,以空间关系为主线的教学内容,板书要抓住空间关系的特点来呈现,如使用图形、图示、线条等展示;第三,以因果关系为主线而展开的教学内容,其板书也应抓住引起与被引起的因果特点来呈现,如用线条、图示等形式来展现;第四,教学内容主要是以包含和被包含或整体与部分的关系展开的,板书结构可以考虑用图形、分层结构等形式呈现出总分关系的特点;第五,教学内容通过对比的方式展开的,板书时可以使用突出对比关系的形式呈现。

(2)教学的重点与难点。教学重点是整个知识体系或学科体系中居于关键地位的基本概念、原理、观点等,是学生必须理解和掌握的内容。教学难点是学生在认知过程中的疑难之处,是学生学习中的障碍。确定教学的重点和难点是教师在教学准备中必须考虑的内容,也是教学实施中要特别关注的对象。板书作为教学内容的精华,自然要体现重点难点内容,要把重点难点内容有机地融合在板书的结构中,帮助学生把握重点,突破难点。

(3)教学内容的补充说明。为了帮助学生更好地理解教学内容,教师有时会补充一些教材中没有的背景材料、最新信息、重要数据等,这些内容一般会在副板书中予以呈现。

4.教学板书的主要形式

(1)提纲式板书。提纲式板书运用简洁明了的语言把主要内容概括成提纲要目呈现出来的板书方式。

(2)线索式板书。线索式板书是教师为突出教学内容的脉络,用线条、符号等揭示知识之间内在联系和事物发展过程的板书形式。

(3)表格式板书。表格式板书是教师将教学内容以表格形式展现出来的板书形式。

(4)留白式板书。留白式板书是指教师故意留下一些空白让学生思考填充的板书。

(5)归纳式板书。归纳式板书是从众多的概念、分论点、要素中总结概括出一般结论的板书形式。

（6）演绎式板书。演绎式板书是从一个概念或原理派生出的几个层次的论点，按其知识的内在联系组成知识结构体系的板书形式。

（7）图文式板书。图文式板书是通过运用文字和各种符号组成简单图案，从而形象地展现教学内容的板书形式。

5.教学板书的基本要求

教学板书作为传递教学信息的重要方式，必须达到以下要求：第一，板书要科学准确、简练精要、条理清楚、重点突出；第二，板书必须书写规范，布局合理，灵活多样，整体美观；第三，板书必须与讲解相配合；第四，正确处理课堂讲解、电子板书和传统板书的关系。从传递教学信息的效率来看，由讲解到电子板书再到传统板书，传递效率逐渐降低；而从保留教学信息的时间来看，由传统板书到电子板书再到讲解，教学信息保留的时间逐渐降低。因此，教师应该恰当地将三者结合起来，互相补充，使课堂教学既能够有较高的效率，又有较长的教学信息保留时间。

（五）教学小结技能

教学小结技能是教师在一项教学内容结束或一节课的教学任务终了时，有目的、有计划地通过归纳总结、重复强调、指导学生实践活动等，将所学的知识和技能及时系统化，并促其转化、升华而采取的教学行为方式。教学小结技能并非只在一节课结尾时运用，事实上，课堂教学过程中任何相对独立的教学阶段的结束，都要应用到教学小结技能。

1.教学小结的作用

在教学中有效使用教学小结技能，可起到以下作用：第一，通过教学小结的归纳概括、系统整理，有利于学生形成结构化的知识体系，促进知识的转化与升华；第二，通过教学小结的承前启后、延续探讨、拓展深化，促进学生学科知识和思维能力的发展；第三，通过教学小结的画龙点睛，突出重点，有利于学生强化巩固，提升学习效果；第四，通过教学小结的及时反馈，查漏补缺，及时弥补教学过程中的失误与不足。

2.教学小结的主要方式

（1）归纳总结式。归纳总结式教学小结是教师或教师引导学生以准确精练的语言,对课堂教学内容进行归纳总结,形成比较系统的知识体系的教学小结方式。运用这种方式进行小结,首先,必须注意要提纲挈领、简明扼要、全面准确、系统完整;其次,要避免课堂教学内容的机械再现、简单重复;最后,要力求多维度、多形式、有深度、有创新地概括总结,注意强化教学重点,突出教学主题。

(2)首尾呼应式。首尾呼应式教学小结是指针对教师新课导入时提出的问题和假设、设置的悬念和学习任务等进行课堂小结,是问题则解决,是悬念则释消,是困难则克服,是假设则证实或证伪,以达到前后照应、首尾相连、浑然一体的教学境界的教学小结方式。运用这种方法小结,既可巩固本堂课所学知识,又可启发学生思前想后,检验学习成效,激发学习兴趣。

(3)比较区别式。比较区别式教学小结是将传授的新知识与有关的旧知识联系起来,通过比较分析,把握异同,区分优劣,使学生更深刻、更准确地理解知识的小结方式。思想政治理论课的许多内容具有可比性,如有的概念形式相似、意义相近,有的原理和观点存在异同等。在教学小结时,将这些具有可比性的内容联系起来进行比较分析,既总结了新学习的知识,也复习了旧知识,还可以使学生对所学知识理解更准确,把握更透彻。

(4)图表整理式。图表整理式教学小结是以图解、图示、表格的形式对课堂上所讲授的内容进行概括总结的教学小结方式。这种小结方式,可以使教学内容脉络更加清晰,更简明化、直观化,不仅有利于集中学生注意力,也有利于学生系统总结新知识,了解知识间的逻辑关系,培养分析、综合、比较、概括等方面的能力。

(5)练习检测式。练习检测式教学小结是教师通过设计并引导学生做一些课堂练习,帮助学生理解和巩固知识,形成技能技巧的教学小结方式。练习是整个教学过程中重要的一环。教学小结时,教师抓住重点、难点或关键点,根据教学实际,精心设计练习题,让学生动脑、动口、动手练习,既可巩固和运用所学基础知识、基本技能,培养和提高学生分析解决问题的能力,又可使课堂教学效果得到及时的反馈。

(6)激励鼓动式。激励鼓动式教学小结是将教学内容与学生实际相结合,或提出目标、使命,或结合榜样、信任,从而动之以情、导之以行的小结方式。

思想政治理论课是德育性质的课程,它对帮助学生确立正确的政治方向,培养学生社会主义的思想政治素质和道德素质起着奠基作用,因此教学小结可以捕捉教育时机,将教材理论与学生实际相结合,或提出目标、使命呼唤,或给予榜样、信任感召,在晓之以理的基础上,动之以情,导之以行。

3.教学小结的基本要求

(1)把握时间,控制节奏,自然贴切,水到渠成。教学小结是课堂教学的重要一环,是教学进程和教学内容发展到了该告一段落的阶段,需要进行相关知识的整理、运用、升华,这要求教师提前制订教学计划、把控好教学节奏、安排好教学进程,使课堂教学小结做到自然贴切,水到渠成。

(2)简洁精练,紧扣中心,巩固知识,延伸发展。在进行教学小结时教师要做到以简洁的语言梳理知识,紧扣中心突出重点,顺势构建知识网络结构,干净利落地结束全课以巩固知识,提升效果。此外,在进行教学小结时还要注意从课内延伸到课外,从理论延伸到现实,从知识、技能延伸到情感、态度、价值观,关注学生核心素养的发展。

(3)灵活多变,针对性强。教学小结的形式多种多样,教师在备课时要根据教师与学生的特点、课型与教学内容的区别等精心设计,或收于情,或结于理,或启于思,或煞于景等。此外,教师还应该根据课堂教学情况的变化,随时调整教学小结的策略,因势利导,有针对性地给课堂教学画上一个圆满的句号。

(六)教学语言技能

教学语言技能是指教师在教学信息交流过程中运用语言传播知识,指导学生学习的教学行为方式。教学语言有广义、狭义之分。广义的教学语言包括教学过程中教师使用的教学口语、书面语(如板书、作业批语等)、体态语(如示范性或示意性动作等)、音像语等;狭义的教学语言是指教学口语,它是教学语言的主要形式。教学语言主要包括口头言语、体态言语和板书言语等。

1.教学语言的概念及特征

(1)教学口语。口语是相对于书面语言而言的,教学口语是教师在教学中使用的工作用语。教学口语具有口语的一般特征,如说话时可以使用手势、表情等来帮助表达意思,用声音的变化来表达感情等,另外,教学口语受教学内容、教学任务、教学对象、场地、时间等多种因素的制约,它也具有教育性、规范性、科学性、针对性、启发性、审美性等不同于一般口语的特点。高水平的教师语言意高旨远,声情并茂,深入浅出,具有强大的吸引力、感染力和说服力。

(2)教学体态语。体态语是通过体态、眼神、表情、手势等来传情达意的一种语言辅助形式。教学体态语,是指教师在教学过程中,运用表情、手势等体态语言来传递教学信息、表达情感态度的一种无声教学语言。教学体态语具有辅助性、目的性和丰富性的特点,教师恰当地运用体态语,可以帮助学生准确、具体地理解教学内容,激发学习的兴趣,调节课堂气氛,增进师生感情。

2.教学口语的类型与要求

(1)教学口语的类型与基本要求。教学口语主要由语音、语速、音量、语气、节奏、语汇和语法等基本要素构成。语音,即语言的声音,是语言符号系统的载体;语速,是指讲话的平均速度;音量,是指人耳对所听到的声音大小强弱的主观感受,它由发声时的能量大小决定,包括音高、音强、音长和音色,教学语言必须有一个合理的音量;语气,是思想感情运动状态支配下语句的声音形式;节奏,指的是语音的强弱、快慢的变化;词汇,教学语言的基本单位,教师应具备较丰富的词汇量,并能正确熟练地运用于教学中;语法,是指遣词造句的规则。教学口语可以按不同的标准划分为不同的类型,思想政治理论课的教学口语一般有以下五种类型。

第一,叙述语。它是以平实自然的语言对某一特定的教学内容进行条理分明、清楚完整的表达而使用的教学语言。运用叙述语的基本要求是条理清楚,具体完整和自然朴实。

第二,描述语。它是以生动形象的语言对事物的形象、状态、形状、特征等进行具体细致描绘而使用的教学语言。运用描述语的基本要求是条理清楚,形象生动,语调、语速随内容变化,高低适度,快慢得当。

第三,评述语。它是以精辟准确的语言对某一教学内容、教学对象或教学中的各种现象和问题进行评价议论,表明自己的观点、态度和情感的教学语言。使用评述语的基本要求是针对性强,观点鲜明,条理清楚,思路清晰。

第四,解释语。它是教师对有关对象(如概念、原理、观点等)进行解释和正确说明时使用的教学语言。运用解释语要注意语言简洁,一针见血地道出问题的实质,并且要有较强的针对性。

第五,抒情语。它是指教师在教学中用以抒发感情的语言。教师借助感叹、呼吁、叙述、议论或描述的方式直接或间接地将自己的情感抒发出来,常能收到动之以情、以情感人的效果。

教学口语作为重要的教学方式,对教学效果、学生的能力发展、思维拓展都有重要影响,因此教师必须重视教学语言技能的修炼。教学口语的基本要求是:发音准确清晰,语言规范流畅、语速快慢适度,语调抑扬顿挫,术语科学准确,内容合理有序,语汇丰富生动,应变及时灵活。

(2)教学体态语的类型与基本要求。体态语多种多样,可以从不同的角度进行分类。动态的有形的体态语主要指头语、面语、眼语、手语和身姿语等;静态的无形的体态语主要指教师的仪表、风度等。以下介绍几种常用的教学体态语。

第一,表情语。教师通过眼、眉、唇等器官和面部肌肉的活动变化来传递信息、表达思想感情的一种体态语形式。在课堂教学中,教师一般应面带微笑、和蔼可亲,表情要自然而分明并富于变化。

第二,手势语。通过手指、手掌、手臂的动作变化来传递信息、表达情感的体态语言表达方式。手势语主要有形象手势、象征手势、情意手势、指示手势等,教师在教学中运用手势语,应当简练鲜明、自然适度、和谐协调。

第三,目光语。教师在教学中用目光、眼神来表达丰富的意义。教师在教学中运用目光语要合理,既要敢于正视学生,适当注视,又要合理分配目光,恰当把握注视的时间。

第四,身姿语。这是教师在课堂上通过自己的身体态势和动作来传递信息的一种体态语言。课堂上教师的姿态主要是指站姿与走姿。在课堂教学中,教师的站姿要面向学生,自然端庄,重心稳当。此外,教师在课堂上应适当走动,主要在讲台周围和学生中间适当走动,但是要控制走动的频率、把握走动的速度和注意走动的范围。

第二节 中学思政课程教学艺术

一、中学思政课程教学艺术概述

思政课程教学艺术是指在思想政治课教学过程中，教师和学生按照教学和美的规律、原则，富有艺术性和创造性地运用各种教学方法、教学媒体等教学要素，以获得最优教学效益的教学行为方式①。思政课程教学艺术是一个多维的复杂结构系统。从横向结构来看，它既包括"教"的艺术，又涵盖"学"的艺术；从纵向发展来看，它囊括课前准备艺术、课堂教学艺术和课后延伸艺术②。

（一）中学思政课程教学艺术的本质

所谓本质，是指事物的根本性质，是一事物区别于他事物的根本特征。教学艺术的本质，是指教学艺术本身所固有的、区别于其他艺术形式而独立存在的规定性和根本特点。对于教学艺术的本质，不同学者有不同的解说，并没有一个统一的理解，归纳起来有技巧说、创造说、审美说、规律说和特征说等。

无论对教学艺术持何种理解，人们在以下方面存在着共识：从效果上看，教学艺术的效果是最佳的；从方式上看，教学艺术所使用的方法与手段是灵活多样和形象生动的；从过程上看，教学艺术在遵循教学规律的基础上，蕴涵丰富的创造性和美感；从教师素养上看，追求教学艺术的教师，应当熟练地把握教学的方方面面，不断发展自己的教学技能，充分发挥自己的创造性，最终形成自己的教学艺术风格。

黄甫全认为，教学艺术至少有两层含义：一是指教师力求达到的审美化、艺术化的教学境界；二是指教师运用教学技能技巧，按照美的规律所创造的艺术化教学活动③。前者是一种高水平的、高层次的教学，是从事教学工作的人

---

① 胡兴松：《思想政治课教学艺术论》，广东教育出版社2000年版，第19页。
② 胡兴松：《思想政治课教学艺术论》，广东教育出版社2000年版，第10—11页。
③ 黄甫全主编：《现代课程与教学论》（第三版），人民教育出版社2014年版，第490页。

所追求的最高境界；而后者强调如同艺术家从事艺术创作一样，教师应当从艺术的角度来规划、实施与评估教学。

根据对教学艺术本质特征的一般性理解，结合思政课教学基本特征，高青兰认为：思想政治课教学艺术的本质就是在思想政治课教学中以学生的认知、心理、道德水平等为内在根据，以追求教学美和提高学生思想道德水平为目标，创造性地运用各种教学手段所进行的教学实践性活动。据此，思想政治课教学艺术的本质应包括以下三层含义：一是指在思想政治课教学过程中综合运用教学方法体系的技能技巧；二是指遵循美的规律，贯彻美的原则而进行的创造性教学活动；三是指在教学实践活动中体现教师个性而独具特色的创造性活动①。这三个方面有机统一，就是思想政治课教学艺术的本质。

（二）中学思政课程教学艺术的特征与功能

1.中学思政课程教学艺术的特征

思政课程教学艺术的基本特征是其教学艺术本质的外在表现形式，它是以其内在艺术本质特征为根据的。一般认为，中学思政课程在教学艺术上具有以下特征：

（1）实践性。思政课教学实践不仅是思政课程教学艺术产生发展的具体基础和前提，也是思政课教师不断提升教学艺术水平的基本条件，更是思政课教学艺术发挥作用的基本方式。因此，实践性是思政课教学艺术最首要的特点，也可以说是思政课教学艺术的存在方式。

（2）创造性。没有创造便没有艺术。思政课教学工作的高度复杂性决定了思政课教学艺术必须具有创造性，这种创造性贯穿于教学的全过程，表现在教学观念、教学思想、教学内容、教学方法、教学手段等方方面面。思政课教学的艺术性，必须通过思政课教学过程中各种技能的巧妙运用而产生。

（3）审美性。教学艺术是一种审美的教学境界。"艺术创造的目的，主要是实现它的审美价值，它要满足的是人们心灵的渴求和精神上的需要。"②因此，思政课教学艺术必须满足审美需要，要给人以审美享受。

---

① 高青兰：《思想政治课教学艺术导论》，电子科技大学出版社2008年版，第35页。
② 孙美兰：《艺术概论》，高等教育出版社1989年版，第3页。

（4）有效性。思政课教学艺术的有效性，指的是思政课教学艺术能够卓有成效地提高思政课的教学效果和教学质量，这也是人们追求不断提升思政课教学艺术的重要原因。

2. 中学思政课程教学艺术的功能

教学艺术，能够给师生带来极大的愉悦感，使学生在教学活动中获得各项心理能力的平衡发展，为个体身心的和谐成长奠定良好基础。中学思政课程教学艺术主要有以下功能：

（1）陶冶功能。思政课教学艺术的情理交织特点使其具有很强的教育感染力，具有不可忽视的全方位的潜在教育功能。思政课教学艺术总能创造出引人入胜的教学情境，有效地激励学生学习的动机、兴趣、情感、意志等动力系统，让学生在不知不觉中受到教育。

（2）引导功能。思政课教学艺术是影响人、教育人的艺术，这是由思政课的学科性质所决定的。思政课教师富有艺术性的教学，可以高效地完成知识的传授、技能的培养、智力的开发和品德的形成等教学任务，帮助学生确立正确的政治方向，树立科学的世界观、人生观和价值观。

（3）美育功能。思政课教学艺术的美育功能，是指思政课教师通过富有艺术性的教学，培养学生感受美、理解美、表现美和创造美的能力的功能。思政课教学艺术是一种审美化的教学，可以达至"悦耳悦目""悦心悦意"和"悦志悦神"这三重审美境界①。

（4）发展功能。思政课教学艺术的发展功能，是指思政课教师通过富有艺术性的教学，能有效地促成知识、技能、品格及正确价值观的整合提升，促使学生素养发展。

在思政课教学艺术的形成和发展上，胡兴松认为，教学艺术正是由教学基本功、教学方法和教学手段、教学技能、教学技巧、狭义教学艺术、教学风格等要素构成的一个"金字塔"式的结构体系②。教师只有以一定教学理论为指导，在教学实践中长期努力、不懈探索、总结教学经验、吸取失败教训，逐步形成自己稳定的教学思想、教学技巧和教学风度，才能提升教学艺术并形成独具特色的教学艺术风格，使教学艺术的功能得到充分发挥。

---

① 黄甫全主编：《现代课程与教学论》（第三版），人民教育出版社2014年版，第489页。
② 胡兴松：《思想政治课教学艺术论》，广东教育出版社2000年版，第21页。

（三）中学思政课程教学艺术的分类

借助于一般教学艺术分类方式对中学思政课程教学艺术进行分类，依据不同的分类标准，会划分出不同的类别。

从教学影响因素的角度，教学艺术可分为教学环境艺术、教学技术艺术和教学态度艺术。教学环境艺术，强调教师创设艺术的教学环境，使学生置身于其中，获得美的享受；教学技术艺术，强调教师灵活而巧妙地运用各种教学技术，进而实现教学目标；教学态度艺术，强调教师以艺术家的审美态度对待教学，运用自己的全部情感和智慧创造艺术性的教学。

从教学环节的角度，教学艺术可分为备课的艺术、教学过程艺术、教学组织与管理的艺术、课外辅导的艺术。从教学手段的角度，教学艺术可分为教学的语言艺术和教学的非语言艺术。从审美对象的角度，教学艺术可分为情境美、机智美和风格美。情境美，指设计教学情境、组织教学内容所产生的美；机智美，指面对个性不同、气质各异的学生，处理各种意外棘手问题的应变中所产生的美；风格美，指教师形成独特教学风格所产生的美。

此外，有学者按照六种标准维度对教学艺术进行分类，这些标准维度是：教学艺术的时间和空间、教学艺术的级别和类别、教学艺术的学科和对象、教学艺术的结构和功能、教学艺术的内容和手段、教学艺术的方式和方法[1]。

二、中学思政课程常用的教学艺术

教学艺术产生于教学实践，又必须回到教学实践。下面着重介绍三种常用的思政课教学艺术。

（一）中学思政课程教学方法组合艺术

1.教学方法及其组合的必要性

教学方法是为了完成教学任务而采用的办法，它包括教师的教法和学生的学法，是教师引导学生掌握知识技能，获得身心发展而共同活动的方法[2]。

---

① 李如密：《教学艺术论》，山东教育出版社1995年版，第103、107页。
② 王道俊：《教育学》，人民教育出版社1989版，第244—255页。

教学方法是教学活动必不可少的因素,它随着社会历史条件的变迁、教学实践的丰富和教学理论的发展而不断推陈出新、丰富发展。有学者统计归纳发现,现代教学方法可分为三大类二十四小类。由于教学方法种类繁多且层出不穷,因此有必要根据教学需要进行适当的选择和组合。

首先,任何教学方法的使用都要受到教学目标、教学内容、教师素质、学生特点、教学环境、时间和设备条件的制约,这要求教师要根据实际情况选用合适的教学方法。其次,任何一种教学方法都有其自身特定的使用范围和局限性,使用单一的教学方法难以完成复杂的课堂教学任务,这要求教师要选用多种教学方法去满足课堂教学的任务需要。最后,多种教学方法在课堂教学中的使用不是杂乱无章的,必须根据一定的目标、按照一定的规则进行合理组织,使各种教学方法之间取长补短,相得益彰。

2.中学思政课程教学方法组合的基本方式

教学过程中通过合理选择、科学搭配、优化组合的方式组织教学方法体系或创新教学的方法,是教师教学思想和教学技能技巧的突出表现,其间充满着精湛的教学艺术。

(1)合理选择教学方法。教学选用什么样的教学方法,应该根据实际情况综合分析:第一,要根据教学的目的、任务选择合适的教学方法;第二,要根据教学内容的特点选择教学方法;第三,要根据学生的心理特征和能力情况选择教学方法;第四,要根据教师本身的素质情况、个性特点选择教学方法;第五,要根据学校的教学设备条件选择教学方法;第六,要根据教学理论的指导、教学效益的要求选择教学方法。

(2)优化组合教学方法。教师要对选择出来的教学方法进行科学搭配、优化组合,使教学方法体系的整体功能得到充分发挥,甚至在整合多种教学方法中创造出有效的新方法,以满足思政课程复杂的教学任务需要,追求更佳的教学效果。

第一,要素组合式。任何一种教学方法都是多要素构成的整体系统。综观众多教学方法,虽然其名称和程序各异,但构成的基本要素却是共同的,这些基本要素大体为:读、问、讲、议、看、练、评。正像音乐家依靠七个音符,谱出风格各异、美妙动听的乐曲一样,思政课种类繁多的教学方法,也是依托于这七种基本要素的巧妙组合。它既可以是单一要素自成一体(如自读法、讲授法、问题法、练习法),又可以是双重要素的结合(如自读质疑法、问题讨论法),还可以是多重要素的组合(如"读读、议议、练练、讲讲"教学法)。不同要素的有机组合,会形成不同的教学方法,其中不可缺少的是教师的创造性劳动,它也正是教师教学艺术的表现形式①。

第二,方法组合式。各种教学方法层次有高有低,功能各有长短,运用条件和要求各不相同,但它们往往存在互补性和有机联系,由此教学方法本身也是教学方法整合创新的基本材料。方法组合式就是将两种或两种以上的教学方法根据教学需要,按一定规则有机整合起来,形成一种新的教学方法或教学方法体系。

第三,程序组合式。程序组合式是根据教学环节有序进行而依次选用相应的教学方法。课堂教学中的不同教学环节往往有着不同的需要,如"导入""讲解""提问""探讨""小结"等要求使用不同的教学方法,因此可以根据教学程序的展开为顺序,以教学环节的需要为依据,以教学效果的追求为目标,遵照一定的规则将不同教学方法有机整合起来。如:"观察—操作—概括"的组合方式,"自学—讲解—练习"的组合方式,"问题—研讨—发现"的组合方式等。

"教学有法,但无定法",教学方法的组合无固定的形式,不同教学方法的有机组合,其功效会大于各个教学方法自身,如杂乱无章的堆砌只会适得其反。思政课教师要提升教学方法组合艺术,就必须加强对各种教学方法的掌握和驾驭。每一位教师都应当成为教学方法的革新者和创造者,去发现和创造适合自己个性品质的教学方法。

(二)中学思政课程课堂气氛营造艺术

1.课堂气氛及其特征

课堂气氛就是师生在课堂教学过程中,通过情感的相互作用构成的心理环境,是影响思政课教学效果的一个不可忽视的重要心理因素。从某种意义上说,教学过程既是一种知识学习过程,又是一种情感体验过程,它直接影响

---

① 胡兴松:《思想政治课教学艺术论》,广东教育出版社2000年版,第176页。

着师生的教学行为、教学质量及学生的个性发展。

课堂氛围的营造是一门艺术，胜于技术。营造和谐、愉悦、充满求知激情的课堂教学氛围，使师生双方大脑皮层处于兴奋状态，教师精神振奋，思路开阔，动作潇洒自如，授课艺术能得到最大限度的发挥；学生情绪活跃，兴趣浓厚，注意力集中，接受能力显著增强。

课堂气氛有如下特征：

（1）感染性。中学的班级是由年龄大体相当、目的基本一致、经历大体相同的青少年组成，他们善于察言观色，对周围环境、气氛的变化特别敏感。在课堂教学中，当部分学生出现某种情绪时，会迅速地感染周围同学，一旦大部分学生都有这种共同的心理体验时，便形成了某种课堂气氛。

（2）整体性。课堂气氛是一种整体上的气氛与情绪。在课堂教学中，如果某种情绪只产生于个别个体，则不足以形成一种氛围；如果某种情绪使班级整体迅速地被感染，将会使学生群体产生情感上的共鸣。教师是这个群体中有独特地位的个体，是课堂气氛的创设者与经营者，在课堂教学中，教师应该发挥影响力，引导并创设良好的课堂气氛①。

（3）个体感受的差异性。情感是一种比较高级的复杂心理感受，它与人的学识、经历、素养、情操、爱好乃至个性有着千丝万缕的联系。即使在同样情境的刺激下，每个学生的感受也不可能都是一样的。教师应该针对不同的反馈信息，有针对性地开展引导、调整和补充。

2.影响课堂气氛的因素

影响课堂气氛的相关因素是多方面的，主要有以下几种：

（1）教学情境。课堂教学活动往往都是在一定的情境中开展。这里的"境"是指教学环境，它既可以是一个用实物或多媒体创设的具体环境，也可以指教学双方的关系，如在教学中所利用的具体的场所（教室环境）、景象（教学资源的组合）、境况（学生心境）等。"情"是指在"境"中教师和学生之间的情感交流和思维互动。教学中"情"和"境"的关系是境为情设，情因境生，目的是达到情境和谐统一，从而达成了某种境界或氛围，让学生满腔热情地投入到学习中。教学情境对课堂气氛有着直接而深刻的影响。

---

① 高青兰：《思想政治课教学艺术导论》，电子科技大学出版社2008年版，第152页。

（2）教学内容难度。课堂教学中,学生的认知过程总是与一定情绪体验相伴随的。如果课堂教学的内容难度过大,超出了学生的能力范围,他们就会产生挫折感和失败感;如果教学内容过于简单,学起来毫不费力,学生则会缺乏成就感,并感到厌倦;只有难度适中、学生经过努力能够理解和掌握的教学内容,才能使学生产生积极的内心体验,以高涨、激动的情绪从事学习活动,并在学习过程中体验到成功的欢乐。这些因教学难度而出现的情感体验会在课堂中传递、感染、激荡,会产生出不同的教学气氛。

（3）教师的教学作风。教师的教学作风一般有专制、民主、放任三种。每一种作风都会直接影响师生关系,影响课堂气氛的营造。教师的专制型作风会让学生在课堂学习中谨小慎微,容易出现沉闷、呆板的教学气氛;教师的放任型作风,会使教学失序,难有和谐良好的教学气氛;教师的民主型作风能使师生产生教学和谐共振,有利于创造积极、和谐、热烈的课堂气氛。

（4）教学语言。教学语言是教师重要的基本功之一,它对鼓动学生、渲染课堂气氛可起到立竿见影的作用。设计好语言的感情基调、语气变化,使教学内容和师生的情感合拍,有利于营造良好的教学气氛。教师的适宜的体态语在渲染课堂气氛、调动学生积极性方面,也会产生良好效果。

此外,班级风气、教师情感状态、师生的人际关系等也都从不同角度影响着教学气氛。

3.营造课堂气氛的策略

（1）建立良好的师生关系,是创设积极型的课堂心理气氛的基础。

师生关系融洽,相互信任、尊重、理解,可以为形成积极、健康、生动活泼的课堂心理气氛打造良好基础;不信任、不融洽、不默契的师生关系,必然为冷淡、消极、沉闷的课堂心理气氛埋下隐患。教师处理好与学生之间的关系,是形成良好课堂气氛的关键因素。这就要求教师在平常的教学过程中,摆正自己的位置,多体贴和关心学生,做到言语得体,平易近人,富有人情味,让学生感到被尊重、被关爱。

（2）精彩的教学导入,是创设良好的课堂心理气氛的直接前提。

良好的开端等于成功的一半,一堂成功的课必然要以成功的开头为前提。通过有趣故事、经典的案例、有吸引力的悬念、引人入胜的情境创设等手段精心设计精彩的教学导入,有利于引起学生注意、激发学生学习兴趣、使师生关系更加融洽,其也是创设良好的课堂心理气氛的直接前提。

(3)教学中的"情""理""趣"是创设良好课堂心理气氛的核心。

情——创设课堂心理气氛的兴奋剂。教学活动是否充满热烈的情感,这既决定着能否产生良好的课堂心理气氛,同时也是衡量和评价课堂心理气氛的重要标准。

理——创设课堂心理气氛的本味剂。在思政课教学工作中,教师应当充分认识到情感在教学过程中的独特作用。思政课是一门以理论性、说理性、哲理性见长的学科。教师要善于挖掘学科知识所蕴含的真理力量和逻辑力量,帮助学生提高认识,深刻思考,拓展思维,营造尊重科学的课堂心理气氛。

趣——创设课堂心理气氛的调味剂。兴趣是人们力求认识某种事物或参与某种活动的积极倾向。在教学过程中,教师要注意、研究学生的学习欲望、兴趣需要,运用各种行之有效的手段和方法,满足他们的好奇心、求知心,引起他们的学习兴趣,调动起他们积极的情感,从而形成良好的课堂心理气氛。

总之,"情理交融,趣味盎然"是思政课追求的良好状态,也是良好课堂心理气氛的表现。

(4)掌握一定的课堂气氛营造技巧是教师营造良好课堂心理气氛的必备手段。

热烈活泼的课堂气氛不会自然形成,教师应该运用多种行之有效的方式和手段来营造、调节和烘托,使课堂教学气氛达到理想状态。以下是几种课堂气氛的营造技巧:

情境描摹:教学情境的描摹,是将深奥、抽象的道理形象化,增强学生的感性认识,使其产生身临其境之感,触景生情,形成热烈、活跃的教学气氛。

重点渲染:抓住教学重点进行渲染,可以突出教学主题,活跃课堂气氛。

悬念激活:通过制造悬念,唤起学生注意,激活学生思维,创设活跃、积极的教学气氛。

案例衬托:在教学过程中,运用一个恰当的案例并结合理论讲解,可使枯燥、抽象的理论变得生动、形象,有利于学生饶有趣味、兴致勃勃地投入学习中去。

讨论强化：课堂讨论给学生创造了参与教学活动的机会。教师调动学生的学习兴趣，启发学生质疑，引导学生解疑和释疑，既能活跃教学气氛，又能强化重难点的学习。

（三）中学思政课程教学应变艺术

1.中学思政课程教学应变艺术及其作用

课堂教学不可能完全按照教师预设的教学轨迹运行，难免会发生各种意外事件，影响课堂教学的正常开展。教师处理这些意外事件的应变技巧，不仅关系到课堂教学的效果，同时也是教师自身教学水平的重要体现。

课堂应变艺术主要是指教师针对课堂上学生听课的情绪的变化及突然发生的不良行为或出乎事前预料的偶发事件等，在极为短暂的时间内，想出多种处理方案，迅速作出抉择并巧妙地解决问题，使讲课者与听课者在思想上、心理上和情感上始终保持一致的策略艺术。

课堂应变是思想政治课教师教学艺术的必要特征和重要标志之一，教师具备了这种教学艺术，就能根据教学实际情况，灵活地组织教学活动，进而使其教学充满艺术魅力。归纳起来，教师提升中学思政课程教学应变艺术，第一，能提高业务能力，树立教师威信；第二，能巧妙化解矛盾，融洽师生关系；第三，能维持教学秩序，提高教学效果。

2.中学思政课程教学应变艺术的特点

中学思政课程教学应变艺术有以下五个方面的特点：第一，突发性。即课堂事件出现是意料之外的，突然发生的，教师的应对策略也是应急产生的。第二，快速性。即当某一偶发事件突然出现时，教师必须以最快的速度予以处理，容不得慢慢思考与琢磨，快速性是应变艺术的灵魂。第三，准确性。课堂应变不仅要求快，还要求准，即要求教师能根据觉察到的信息，准确判断事件的性质和原因，采取正确的教学措施调控教学活动。第四，巧妙性。课堂应变艺术要求教师能灵巧应对突发状况，包括策略巧、方法巧、形式巧、手段巧、时机巧。第五，处理结果的优良性。判断处理的结果是否优良，主要看是否有利于课堂的正常教学活动的进行，并获得教育教学的良好效果。

3.中学思政课程教学应变艺术的基本要求

第一,要满怀爱心,教书育人。教育需要爱心,"爱是教师和学生心灵沟通的基础,是教师取得教育成就的奥秘所在"[①]。坚持以爱心为原则,并从中探求学生的思想动向,了解他们的基本看法,抓住时机,合理引导,达到教书育人的目的。第二,宽严相宜,掌握分寸。教师对课堂偶发事件的处理要宽严相宜,掌握分寸,公正合理,一视同仁,就事论事,把握好"度",不要带着偏见和情绪处理问题。第三,实事求是,谦虚坦诚。有些偶发事件是教师自身的失误造成的,谦虚坦诚地直面自己的失误、及时纠正失误,才不会损害教师的自身形象。

三、中学思政课程教学艺术风格

经过锻炼和升华,教学艺术就会与教师本人融为一体而逐渐个性化,从而形成具有鲜明特色的教学艺术风格。

(一)中学思政课程教学艺术风格的含义

如果说教学艺术特点表现出教学艺术的共性,那么教学艺术风格则彰显出教学艺术的个性。中学思政课程教学艺术风格,是指思政课教师个体在一定的理论指导下和在长期的教学实践中逐步形成的独具个性的教学思想、教学技能技巧和教学风度的稳定性表现。中学思政课程教学艺术风格是在一般教学艺术风格基础上融入学科特色,在中学思政课程教学中表现出来的。具体来说,这种教学艺术风格包括三层含义:

一是教学艺术风格是在一定的理论指导下和长期的教学实践中逐步形成的。不管教师本人是否意识到,他的教学艺术风格总是以一定的理论为基础的。

二是教学艺术风格是教师教学思想、教学技能技巧、教学风度三者的有机结合。教学思想决定着教师的教学观念,决定着教师教学艺术风格的形成和发展方向。教学技能技巧,是教学艺术风格的重要组成部分,也是教学艺术风格赖以形成的基础。教学风度,是教学艺术风格直感可观的外在表现,是对教师的知识、能力、性格、气质和品质等内在特征的折射。

---

① 彭隆辉、孙继儒:《中学思想政治课教学与改革新论》,武汉大学出版社2003年版,第306页。

三是当中学思政课教师的教学思想、教学技能技巧、教学风度三者和谐统一，并显示出某种稳定的个性特色与个性魅力的时候，教师就形成了自己的教学艺术风格。

(二)中学思政课程教学艺术风格的特点

中学思政课程教学艺术风格具有独特性、多样性、稳定性和发展性特点。

1.独特性

每位教师都有与众不同的个体经验、眼界学识、个性特点及审美情趣等，这种主体经历和素质的独特性，决定着教学艺术风格总是带有教师的独特印记。可以说，没有独特性，就没有教学艺术的个性化，也就没有形成教学艺术风格。教学艺术风格的独特性，表现为教师教学实践的新颖性、独创性及个性特长的发挥，如独特的教学思路、独特的教学方法、独特的表达方式等。

2.多样性

由于教师教学艺术风格的独特性，在整个思政课教学艺术平台上就展现出千姿百态、争奇斗艳和各领风骚的多样性。

3.稳定性

稳定性是教学艺术风格成熟的标志。教学艺术风格一旦形成，就会在一定时期内基本保持不变，具有相对稳定性。

4.发展性

任何事物都是变化发展的，教学艺术风格也不例外。教学艺术风格的发展主要表现在两个方面：第一，教学艺术风格的形成是一个不断发展的过程，待其成熟后，仍有继续发展提升的不同阶段，有着"精益求精"的发展追求；第二，教学艺术风格的另一种发展路径是风格转换。无论是"求精"还是"转换"，都需要教师对各家教学特色及风格进行潜心体验，只有广采博取和不断求索，才能与时代要求达到高度统一，才能使已形成的教学艺术风格沿着一条向上的曲线不断发展提升[①]。

---

① 黄甫全主编：《现代课程与教学论》(第三版)，人民教育出版社2014年版，第507—508页。

（三）中学思政课程教学艺术风格的形成

中学思政课程教学艺术风格的形成，受到许多因素的影响，要经历一个相当长的过程，因而需要教师在教学实践中不懈地自觉追求。

1.教学艺术风格形成的影响因素

教学艺术风格的形成既受客观因素的影响，也受主观因素的制约。

（1）客观因素。影响教学艺术风格形成的客观因素有很多，其中主要有时代要求、教学内容、学生状况和学习环境等。

（2）主观因素。制约教学艺术风格形成的主观因素，主要包括教师的品德修养、知识结构、思维特点、个性特征及主动追求等。教师对教学艺术风格的主动追求，是主观因素中最为活跃的因素，它影响着心理基础层面的其他因素，促使教师形成与创造自己的教学艺术风格。

2.教学艺术风格的形成阶段

教学艺术风格的形成过程，一般要经历模仿、独立、创造和个性化四个阶段。

（1）模仿阶段。教师在职前教育、入职培训及在职初期从事教学工作时，需要学习别人成功的教学经验和教学艺术，这种学习带有很强的模仿性。

（2）独立阶段。经过一段时间的模仿学习后，教师逐步摆脱模仿的束缚，将他人的经验和艺术消化吸收并运用到自己的教学之中，独立地完成教学工作的各个环节，这时教学艺术风格的形成开始进入独立阶段。

（3）创造阶段。在能够独立承担教学任务的基础上，教师的创造性开始显现出来。首先是有了明确而新颖的教学理念；然后是能根据实际情况创造性地处理教学内容，创用适合自己、适合学生的教学方法，积极主动地进行教学改革，提高教学效率。在这一阶段，教师也逐步成长为一个有个性的教学艺术的自觉追求者和创造者。

（4）个性化阶段。当教师的创造性逐步稳定下来，教学的各个方面都显示出独特的个性色彩，从理念到目标、从内容到形式、从方法到效果都日趋完善，这时个性化的教学艺术风格就形成了。

第七章　中学思政课程学习指导与学业评价

教学是学校的中心工作,包括教师的教和学生的学,是二者的有机结合与辩证统一,其最终目的是教会学生学习。因此,研究教师怎样教的同时,也应注重研究学生如何学,也就是如何开展学习指导和学业评价。通过开展有效的学习指导、实施科学的学业评价,使得教与学相辅相成,相得益彰。

第一节　中学思政课程的学习及其指导

一、中学思政课程学习概述

(一)学习的含义

关于学习概念的界定,学界有许多不同的观点,概括起来有"信息加工说""功能说""认识说""活动说""求知说""内化说"等。心理学家一般认为,学习是由于经验所引起的行为或思维的比较持久的变化,强调学习的发生是由于经验所引起的(经验是指个体与环境直接复杂的交互作用)较持久的思维或行为的变化[①]。一般而言,学习理论可以归纳为三种不同类型:行为主义将学习看成源自环境因素的一种可以测量的行为变化;认知主义则强调知识的内在心智组织,突出知识、心智结构的习得及信息处理过程;建构主义将学习看成

---

① 陈琦、刘儒德:《当代教育心理学》,北京师范大学出版社1997年版,第47页。

学习者基于已有知识和经验能动地建构新理念或新概念的过程。

(二)学习方式

进入20世纪后半期,随着信息社会的发展,认知心理学提出了建构主义学习观,催生了终身学习理念和学习型社会,教育教学的各方面的发展引领人们将目光聚焦到了"学习"上。联合国教科文组织在20世纪90年代初提出了"满足基本学习需要"的核心教育价值观。由此,教育领域兴起了学习方式的创新热潮。思政课也紧跟时代发展步伐,不断更新教学理念,强调要促进学习方式的转变。2003年《思想品德课程标准(实验稿)》提出,引导学生自主学习。2004年《普通高中思想政治课程标准(实验)》课标提出,关注学生的情感、态度和行为表现,倡导开放互动的教学方式与合作探究的学习方式;倡导研究性学习方式。2011年《初中思想品德课程标准(修订稿)》提出,充分发挥教师的主导作用,积极引导学生自主学习、合作学习和探究学习,通过调查、参观、讨论、访谈、项目研究、情景分析等方式,主动探索社会现实与自我成长的问题,在合作和分享中积累经验,在自主探究和切身体验的过程中增强道德学习的能力。《普通高中思想政治课程标准(2017年版2020年修订)》提出,引导学生自主学习、合作学习和探究学习,强调学生的活动体验是思想政治学科核心素养发展的重要途径。

1.学习方式的概念

关于学习方式的定义,学界有不同的看法。在教育学的意义上,"学习方式泛指各种学习为本的教与学组织实施方式,它使师生组成学习共同体,根据具体课目主题内容,使用各种可能的有效策略和方法,使学生积极主动地投入学习过程,从而习得知识、形成经验并建构知识经验的意义与价值。学习方式主要成分至少包括一定的教育理念,学习对象,学生学习与教师引导的互动关系,活动情境与条件,操作体系与程序,方法与策略,评价系统以及这些成分之间的组合与互动结构"[①]。学习方式的提出是对教学模式和教学策略的超越。在学习方式的研究与开发中,既有以往教学模式的知识习得追求,亦有新兴终身教育思潮的"学会学习"与建构主义的"知识及其意义建构"担当,更有信息

---

① 黄甫全主编:《现代课程与教学论》(第三版),人民教育出版社2014年版,第367页。

技术新生的"网络化学习"关照。①

2.学习方式的分类

学习方式可以分为内容定向型、主体定向型和整合型三类。

（1）内容定向型学习方式。围绕具体课目主题和学习目标来创新与建构有效策略，以具体内容的习得与理解目标为取向的学习方式，称为内容定向型学习方式。主要有意义学习、掌握学习、发现学习和问题式学习等。

意义学习，由美国认知心理学家奥苏伯尔（Ausubel, D. P.）等创立。意义学习指的是把新获得的信息与记忆中已有的知识相联系，从而习得观点、概念和原理的学习。只有当新材料与长时记忆中的相关概念形成有机联系时，学习才有意义。意义学习的特性和关键，是新知识与原有适当观念之间是否建立起了非人为的、实质性的联系。如果没有，就是机械学习。奥苏伯尔认为，影响学生学习的最重要因素是学生已知的内容和已有的认知结构。当学生把教学内容内化进已有的认知结构时，意义学习便发生了。知识的内化，是奥苏伯尔教学理论的一条核心原理，具体的意义学习方式都是据此进行设计和展开的。

掌握学习，主要是由美国当代著名的教育家布卢姆（Bloom, B. S.）创建，他的理念是使"大多数学生都高水平地学会所学科目"。掌握学习就是一种努力使每个学生都掌握一定课目内容获得成功学习经验的班课教学方式，它以一定课目内容的学习目标为依据，通过诊断性评价把握学生的个别差异，开发个性化的教学材料与手段促进学习，并应用形成性评价掌握学习进展，采取加深学习与矫正学习满足不同学生的学习需要，并应用同质异次的形成性评价对学习成功达标与否加以确认。

发现学习，是一类具体的教学方式，人们用以使学生整个身心投入到探究之中，并在教师与材料的引导下去发现预期学习内容。发现学习十分强调使学生从自己的兴趣出发，形成独立学习的倾向，并努力去获得学习成功的体验；同时格外凸显教师的指导作用，要求教师采取有效策略，使学生获得学习成功体验。发现学习是为了培养探究能力而创生的。探究能力的心理实质，就是形成可迁移的认知结构。因此，它十分重视创造态度的培养，强调独立思

---

① 黄甫全主编：《现代课程与教学论》（第三版），人民教育出版社2014年版，第367页。

维、直觉思维和洞察力的养成。

问题式学习指的是一类围绕具体问题组织学与教活动的情境化教学方式,它们格外强调理解或解决一个问题的作业过程,这个问题是在学习过程一开始就遭遇的,并且作为一个焦点或刺激,以促进问题解决或推理技能的应用,并激发人们进一步探寻或研究有关信息或知识,深入理解问题及其如何解决的机理。从教学过程来看,问题式学习既以建设学习小组为基础,强调学生自主、教师促进和师生合作,又以反思评价为归宿,突出灵活知识的掌握与高层次思维能力的发展。

(2)主体定向型学习方式。围绕师生主体关系来创新与建构有效策略,以师生主体及其关系为取向的学习方式,统称为主体定向型学习方式,主要有自主学习、合作学习和合作活动学习等方式。

自主学习大致可以区分为"导向型自主学习""调节型自主学习""自律型自主学习"及"管理型自主学习"等。其中,导向型自主学习影响较广。导向型自主学习,指的是学生独立自主或在教师指导下自己决定获取若干知识或技能之后所进行的各种学与教活动,在这些活动中,个体主动地对自己的学习负起责任,制订个人学习计划、使用有效学习策略、维持学习动机,同时还必须清楚地知道自己所负责完成的每项学习任务都是整个学习过程中不可或缺的环节。

合作学习,是在课堂上教师指导学生分组以合作方式开展学习的高度组织化和结构化的教学方式。它强调满足学生的学习需要,主张学生更主动和充分地学习,强调学生之间的相互促进和共同提高。合作学习的构成主要有"师生互动""同学互动""选定任务与材料"和"角色期待与责任"等。

合作活动学习至少包含着文化学习、合作学习和活动学习等核心内涵,它旨在通过合作式的活动和活动化的合作,使师生成为学习共同体,让学生积极主动地投入学习过程,在互动合作的学习活动中获得知识、形成经验并发现知识与经验的意义和价值。

(3)整合型学习方式。随着学习方式的多样化与具体化,一些具有整合型特征的学习方式出现了,主要有研究性学习、媒介学习等。

研究性学习,表征了教育领域中学习、教学与研究三种基本活动的特殊关系形态,是一类以学习为价值取向、以研究为基本途径的特殊教学方式。教师及其所带学生组成"小型学习者共同体",以满足其中所有人的不同学习需要。研究性学习具有目标能力化、内容问题化和形式多样化等显著特征。

媒介学习,是基于结构性认知塑造理论,通过他人营造的媒介作用开展学习,从而实现认知发展的特殊活动。媒介学习特别强调人的媒介作用,学习者通过"媒介人"的媒介而与环境刺激产生互动。高质量的媒介学习经验应具有"意向与互惠""意义的媒介"和"超越"三个必要成分。

3.中学思政课程提倡的学习方式

现行义务教育道德与法治课程标准和普通高中思想政治课程标准都从多个角度强调思政课教学要运用自主学习、合作学习和探究学习的学习方式。《普通高中思想政治课程标准(2017年版2020年修订)》提出,本课程的教学要运用多种方式、方法,引导学生自主学习、合作学习和探究学习;应立足于当今信息化环境下学习的新特点,直面社会思想文化的影响相互交织、相互渗透,学生接收信息的渠道明显增多的新态势;要着眼于学生思想活动的独立性、选择性、多变性、差异性和高中阶段成长的新特点,引导他们步入开放的、辨析式的学习路径,理性面对不同观点。只有使学生亲历自主辨识、分析的过程,并作出判断,才能真正实现有效的价值引领。《义务教育道德与法治课程标准(2022年版)》提出,要积极探索议题式、体验式、项目式等多种教学方法,引导学生参与体验,促进感悟与建构。要采取热点分析、角色扮演、情境体验、模拟活动等方式,引导学生开展自主探究与合作探究,让学生认识社会。

(1)自主学习。如果学生本人对学习的各个方面都能自觉地作出选择和控制,其学习就是充分自主的。具体说来,如果学生的学习动机是自我驱动的,学习内容是自己选择的,学习策略是自主调节的,学习时间是自我计划和管理的,学生能够主动营造有利于学习的物质和社会性条件,并能够对学习结果作出自我判断和评价,那么他的学习就是充分自主的。反之,如果学生在学习的上述方面完全依赖于他人指导和调节,其学习就是被动的、不自主的。[①]自主学习具有能动性、有效性和相对独立性的特征。学生的自主学习既需要自我意识、内在学习动机、学习策略、意志控制等内部条件,也需要教育指导

---

① 庞维国:《论学生的自主学习》,《华东师范大学学报》(教育科学版)2001年第2期,第78—83页。

等外部条件。

对学生自主学习的指导,在策略上强调激发学生的内在学习动机、丰富学生的认知策略、训练学生的元认知过程、教会学生营造有利于学习的物质和社会环境;在地位上,重视学生在学习中的主体地位,以学生自学为主,教师指导为辅;在教学程序上,提出学习目标,激发学习动机,引导学生自学,小组或集体讨论,教师重点讲解,学生练习巩固,最后再进行课堂小结。

(2)合作学习。合作学习作为一种学习方式,是指以异质学习小组为基本形式,系统利用教学动态因素之间的互动,促进学生的学习,以团体成绩为评价标准,共同达成教学目标的教学活动[①]。合作学习的基本特征是以合作精神为基本出发点,以社会互动为基本关系,以人际交往为基本方式。培养合作精神是学校德育的一项重要任务。合作学习,不仅有利于培养学生的团队合作精神,而且通过团队互助,能明显促进学生获得深层次信息和高水平思维能力。

指导学生有效地合作学习,可以从明确合作学习任务、把握合作学习时机、加强合作学习指导、实施合作学习监控、注重合作学习评价等方面入手。在中学思政课程的合作学习中,教师要充当管理者、促进者、咨询者、顾问和参与者等多种角色,旨在促进整个教学过程发展,使学生与新知之间的矛盾得到解决。

(3)探究学习。所谓探究学习即从学科领域或现实社会生活中选择和确定研究主题,在教学中创设一种类似于学术或科学研究的情境,通过学生自主、独立地发现问题、实验、操作、调查、信息搜集与处理、表达与交流等探索活动,获得知识、技能、情感与态度的发展,特别是探索精神和创新能力发展的学习方式和学习过程。探究学习的主要特征是问题性、批判性、过程性和开放性。探究学习的主要环节包括:提出或生成问题,围绕问题提出和形成假设,搜集证据形成解释及交流和评价等。教师要根据学生探究学习的需要有效介入,在不同的学习阶段有针对性地给予辅导,并留出发挥学生主体作用的时空,全面开发学生的潜力。

综上所述,自主学习实质上更强调发展学生的反思和学习能力,对应学习

---

① 王坦:《合作学习简论》,《中国教育学刊》2002年2月第1期,第32—35页。

的内容维度,强调学生的自主性;探究学习可以激发学生的兴趣,强化学习动机,反映了学习的动机维度;而合作学习满足了学习过程的互动维度,强调培养学生在竞争互动中进行合作的能力和意识。因此,尽管三种学习方式的本质存在差异,但其功能高度互补,共同反映了现代社会学习过程的三个重要维度①。自主学习、合作学习和探究学习是中学思政课程的课程标准提倡的学习方式,但也要明确,任何一种学习方式都有其局限性和发挥作用的前提,选用时必须根据学科性质、教材因素、知识特点和学生实际,适当选用,并注重与其他学习方式相互结合,做到扬长避短,相互配合,才能达到更好的学习效果。

二、中学思政课程的学习指导

一般而言,学习指导主要是解决学生"能学、愿学、会学"的问题,具体是:第一,学习能力的提升,包括观察力、记忆力、思维力、注意力等的培养,解决能不能学的问题;第二,学习动力的培养,包括对学习需要、动机、兴趣、毅力、情绪等非智力因素的指导,主要解决愿不愿学的问题;第三,对学习过程的各个环节及其方法的指导,包括预习、上课、作业、复习、总结等方法,解决会不会学的问题。

(一)中学思政课程学习指导的概念

学习指导是指教师在教学活动中,通过各种渠道向学生传授有关学习的知识,指导学生掌握正确的学习方法,调动学生学习的积极性,使学生形成正确的学习观点、较强的学习动力和学习能力。

中学思政课程的学习指导,就是在中学思政课程教学过程中,通过教师的帮助,激发学生学习思政课的兴趣,促进学生掌握学习思政课的方法,发展学生核心素养,进而实现学生的全面发展②。

(二)中学思政课程学习指导的原则

中学思政课程的学习指导要根据不同学生、不同课程内容及学习中的不

---

① 林众、冯瑞琴、罗良:自主学习合作学习探究学习的实质及其关系,《北京师范大学学报》(社会科学版)2011年第6期,第35页。

② 刘强:《思想政治学科教学新论》,高等教育出版社2009年版,第247页。

同环节确定学法指导的目标和措施,注重学法指导与学习内容、学生能力、学习环境等影响学习的因素的协调与配合,让学习获得更好的效果。

1.针对性原则

在进行学法指导时,教师应充分了解学生的学习状况,尤其是对学生的学习习惯和运用的学习方法有所了解,使学法指导能适应学生的不同需求。要根据不同学生的实际水平、不同的学习类型、不同的学习环境和条件、不同的学习内容及不同的学习环节等,采用不同的指导方式,有针对性地帮助学生提升学习的效果和水平。

2.整体性原则

教师应把握好中学思政课程中所包含的不同知识之间的联系,以及对不同年级层次的学习要求,指导学生循序渐进地开展学习,在学习过程中形成结构化的知识体系,以有效地提高学生分析问题和解决问题的能力,促进学生知识能力向素养的转化。这是一个有层次的、渐进的系统工程,需要保持各学习要素之间的有机统一。

3.主体性原则

学生是有能动性、独立性、独特性的主体。建构主义认为,人的认识本质是主体的"构造"过程,所有的知识都是主体自己的认识活动的结果,主体通过自己的经验来构造自己的理解。因而,在学习指导过程中,要尊重学生在学习中的主体地位,提升其学习信心,调动其学习兴趣,鼓励其积极思考,强化其学习体验,充分发挥其主观能动性开展学习。

4.实践性原则

学习指导的主要目的是让学生学会学习。要让学生学会学习内容、掌握学习方法,必须结合学习实践的需要进行指导和训练,这要求学习指导:第一,要贴紧教与学的活动,在开展学习过程中渗透学习方法的训练;第二,教给学与练的方法,"学""练"结合才能把知识和技能提升为能力,进而上升到素养,因而在指导学生"学"时,也应该强调"练"什么、"练"多少及如何"练";第三,引导理论与实践相联系的反思与批判。

(三)中学思政课程学习指导的形式

学习指导模式是指在实践中形成的,以一定理论观点为基础的学习指导结构模型及操作方式。学生的学习方式各异,这决定了学习指导模式的多样化。根据学生学会学习的途径和教师学习指导的方式的不同,可将学习指导模式大致分为以下四类。

第一类是教师通过提供一定的学习策略规范使学生学会学习的指导模式,如课程式、专题式(或称专题讲座式)、规程式、诊疗式等。课程式是指在学校设置专门的课程,向学生系统地传授基本的学习规律和科学的学习方法。专题式或专题讲座式,是指教师根据学生的学习需要,采取专题形式定期或不定期地对学生进行学习指导的模式。规程模式指教师把规定的学习程序、学习方法、学习要求等制作成"学习规程",要求学生严格按照既定的学习规程进行实践和练习。诊疗式是指教师根据学生在学习过程中所暴露出来的问题,有针对性地进行诊断、辅导,给出有针对性的对策。

第二类是教师通过自身的示范使学生学会学习的指导模式,如渗透式、示范式等。渗透式是指教师结合学科相关内容的教学过程渗透学习方法的指导方式。示范式是指教师给学生作出科学学习方法的示范,从而使学生在其示范中学会正确的学习方法。

第三类是教师通过引导学生反省自悟使之学会学习的指导模式,如省悟式。省悟式是指教师引导学生把自己的学习本身作为认识和思考的对象进行分析审视,从而达到在学习实践中"悟"出学法,创新学法的一种学习模式。

第四类是教师通过组织学生交流经验使之学会学习的指导模式,如交流式。交流式也称经验交流式,是指教师组织指导学生在同学之间就学习经验、学习方法进行介绍、交流和讨论的学习指导方式。

这些学习指导模式各有特点又相互补充。运用这些模式指导学生学习,需要充分发挥教师的主导作用,调动学生学习的积极性和主动性,以达到提高教学效率的目的。当然,各种学习指导模式都有自己特定的指向目标和适合自身的条件和范围,没有哪种模式在任何情况下都适用,必须根据各方面的具体情况选择合适的学习指导模式。

（四）中学思政课程学习指导的意义

第一，中学思政课程的学习指导可以有效地改进与提高学生的学习效果。学生的学习不是被动地吸收知识的过程，而是发生于学习者内部并受到学习者自身因素影响的一种积极的认知加工过程。学习结果既有赖于教师所呈现的信息，又依赖于学习者的加工过程。这一观念的转变有利于在解决学生学习中存在的问题同时，推动学生改进学习策略，提高教与学的效率，提升学生学习成绩。《普通高中思想政治课程标准（2017 年版 2020 年修订）》提出，针对高中学生思想活动和行为方式的多样性、可塑性，着力改进教学方式和学习方式；要通过问题情境的创设和社会实践活动的参与，促进学生转变学习方式，在合作学习和探究学习的过程中，培养创新精神，提高实践能力。

第二，中学思政课程的学习指导可以有效提升教师的教学。教师教学策略的一个重要组成部分就是要对学生进行学习指导。通过专门的或者是渗透式的学习指导，教师可以获取改进教学方式、完善教学过程、积累教学经验的反馈信息，可以有效地提升教学水平。《普通高中思想政治课程标准（2017 年版 2020 年修订）》提出，针对高中学生思想活动和行为方式的多样性、可塑性，着力改进教学方式；要通过议题的引入、引导和讨论，推动教师转变教学方式，使教学在师生互动、开放民主的氛围中进行。这对中学思政课教师的教学水平提出了新要求。

第三，中学思政课程的学习指导可以有效促进终身学习。知识经济和信息社会的来临要求人们学会认知、学会做事、学会共同生活和学会生存，因此培养人的学习能力，教学生学会学习成为一种国际性的教育主张。中学思政课程的学习指导有利于学生树立终身学习的理念，掌握一定的学习策略，提升学习能力和水平，为终身发展奠定基础。

第二节　中学思政课程的学业质量评价

一、中学思政课程的学业质量评价概述

综合各种观点,学业质量评价是指"评价者依据一定教育教学标准,使用科学、系统的方法收集学生在接受各学科教学和自我教育后在认知以及行为上的变化信息,并依据这些信息对学生的能力和发展水平进行判断的过程"[①]。

要理解中学思政课程学业质量评价必须先了解学业质量、学业质量标准和学业质量水平三个概念。根据《普通高中思想政治课程标准(2017年版2020年修订)》和《义务教育道德与法治课程标准(2022年版)》,学业质量是指学生在完成本学科课程学习后的学业成就表现。学业质量标准是以本学科核心素养及其表现水平为主要维度,结合课程内容,对学生学业成就表现的总体刻画,是对学业质量进行标准化处理的结果。依据不同水平学业成就表现的关键特征,学业质量标准明确将学业质量划分为不同水平,并描述了不同水平学习结果的具体表现。

总之,学业质量是衡量学生课程学习结果的重要内容,学业质量标准是刻画学生学习成果的基本维度,而学业质量水平则是学业质量标准的表现形式。中学思政课程的学业质量是阶段性评价、学业水平合格性考试和学业水平等级性考试命题的重要依据。

(一)中学思政课程学业质量评价的概念、结构与功能

1.中学思政课程学业质量评价的概念

根据学业评价的相关概念及中学思政课程的特征,中学思政课程学业质量评价是指以中学思政课程规定的学业质量水平为标准,运用系统、科学的方法全面地收集、整理、处理和分析学生信息,对中学思政课程学习过程中所引

---

① 袁振国:《当代教育学》,教育科学出版社1998年版,第249页。

起的学生发展质量进行评定。

2.中学思政课程学业质量评价的结构

中学思政课程学业质量评价由评价的目标、对象、方法技术和评价者等四个方面构成。

(1)中学思政课程学业质量评价的目标。一般说来,评价目标是比较抽象的,所以要把评价目标逐层分解,使之成为具体化、行为化、可操作化的目标,这就是所谓的评价指标体系。不同学段的思政课学业质量评价的目标可以根据课程标准的要求而确定。

学业质量标准是以本学科核心素养及其表现水平为主要维度,结合课程内容,对学生学业成就表现的总体刻画。依据不同水平学业成就表现的关键特征,学业质量标准明确将学业质量划分为不同水平,并描述了不同水平学习结果的具体表现。

(2)中学思政课程学业质量评价的对象。中学思政课程学业质量评价的对象即被评价者,一般是指课程学习后参加学业评价的学习者。当前,学业水平考试被看作是学业质量评价的一种重要方式。《教育部关于普通高中学业水平考试的实施意见》(2014)指出,普通高中在校学生均须参加学业水平考试。高中阶段其他学校在校生和社会人员也可报名参加。

应该注意两点:第一,现代教育评价对象已经扩大到了整个教育领域;第二,现代教育评价特别重视自我评价和过程评价。被评价对象不能处于被动地位,应该发挥被评价对象的主体作用,这是因为被评价对象在认识自己方面具有优先的地位,在改进工作、自我完善和素质提高方面具有他人不可代替的作用①。

(3)中学思政课程学业质量评价的方法技术。评价方法技术主要指设计评价方案的方法技术,主要有组织与实施评价的方法技术,评价中进行心理调控的方法技术,对评价进行再评价的方法技术。中学思政课程学业质量评价的方法技术主要包括搜集信息资料的观察法、调查法、测验法、文献法、个案法;设计评价量表、测量评价信息所使用的教育测量和心理测量方法;处理评价信息、分析评价结果所使用的系统分析法、统计推断法、聚类分析法、综合评

---

① 程书肖:《教育评价方法技术》,北京师范大学出版社2007年版,第16页。

判法、模糊数学法、计算机软件等。

（4）中学思政课程学业质量评价的评价者。评价者是中学思政课程学业质量评价的组织者、管理者、设计者,是评价的主体。评价者在评价中起着操纵控制的作用,直接关系到评价的成功与失败,是评价的灵魂。

中学思政课程学业评价的目标、对象、方法技术和评价者等四个方面并不是孤立的,它们之间相互作用、相互制约、相互影响、相互关联,构成相互协调、相互促进、和谐运行的统一体共同发挥作用。

3.中学思政课程学业质量评价的功能

在中学思政课程学业质量评价系统的各构成部分相互作用、相互配合、和谐运转过程中,与外界不断交流信息而发挥出来的功效,就是中学思政课程学业质量评价的功能。它包括以下五个方面。

（1）导向功能。导向功能主要来自评价目标的导向机制。通过评价目标的引导,可以为学校指明办学方向,为教师和学生指明教与学的奋斗目标,为管理者明确管理目标。中学思政课程学业质量评价的目标体系是其学业质量标准,这是对较为抽象和高度概括的课程目标的具体化,即中学思政课程学业质量评价服务于课程目标的落实,发挥素养导向作用。导向功能能否得到正确发挥,关键在于评价目标的选择是否正确,是否得当,评价指标体系的设计是否科学,评价标准的制定是否合理,指标权重的分配是否得当等。

（2）鉴定功能。鉴定功能主要是指中学思政课程学业质量评价可以对学业成就、教育结果进行价值判断,区分出优劣好坏,从而为确证、筛选、分等和管理服务。鉴定功能得到正确发挥的前提条件有以下三点:第一,有明确的评价目的、评价目标和正确的评价指导思想;第二,有完备的评价指标体系和合理的评价标准;第三,有科学合理的评价方法技术。

（3）激励功能。评价激励功能的发挥正是通过主客体互动和客体的主体作用而得到的,特别是自我评价和过程评价的方式发挥评价对象的主体作用,使其向理想目标奋勇前进。此外,正确运用鉴定功能,合理解释被评价对象的成绩和缺点、优势和劣势,使被评价对象看到自己的进步和光明前途,明确今后的努力方向和增强战胜困难的信心,也能激励被评对象努力前进。

（4）改进功能。改进功能主要体现在通过评价信息的反馈,及时强化被评对象的正确行为,调节和控制不良的行为,纠正错误的行为。改进功能的发挥来自主体与客体的密切合作,尤其是作为客体的被评对象参与评价工作的积极性,改进不良行为的愿望和要求改变现状的迫切性。

(5)预测功能。预测功能主要体现在对被评对象今后的努力方向及可能取得的成果方面进行预测。这是导向功能、鉴定功能、激励功能、改进功能四个功能的联合效应。

(二)中学思政课程学业质量评价的原则

中学思政课程学业质量评价活动的设计与实施,要着眼于核心素养的培育,有利于彰显学生学习的主动性和创造性,培养发散性思维、批判性思维和想象力;有利于提高学生面对复杂、不确定的现实问题时解决问题的能力,确立终身学习理念;有利于促进学生相互沟通和交流,提高团队合作的能力;有利于促进学生知情意行的统一,力求使学生言行一致、表里如一。

1.指向核心素养

基于核心素养的评价旨在引导学生把握正确的思想政治方向、融通社会科学综合性知识、改进社会实践行为,获得相关的基础知识和能力、情感、态度与价值观。因此,基于核心素养的评价注重评价的过程性、主体性、协商研讨性和多元化,评价的根本目的是激励与促进学生核心素养的发展。基于核心素养的评价还要重视评价目标的适切性,任务的情境化、生活化,评价方式的多样化与开放性。作为学校德育体系的有机组成部分,思想政治课程的评价也应该和学生平时的综合素质评价相结合。例如,每学期的品德评定、教师对学生的品德评语等都可以作为思政课程评价的参考内容。评价的最终目的是使学生在知识、情感、行为上都有所进步,使学生的核心素养在思想政治学科的评价结果中都有所反映。

2.改善学习方式

学生的学习是一个接纳、建构、生成与反思的过程。评价具有导向、鉴定、激励和改进的功能。通过科学合理的鼓励性评价,让学生获得鉴定反馈、改进导向和激励鼓舞,从而能有效地调整和改善自己的学习方式。如《普通高中思想政治课程标准(2017年版2020年修订)》就明确指出,本课程的教学要运用多种方式、方法,引导学生自主学习、合作学习和探究学习,强调学生的活动体验是其思想政治学科核心素养发展的重要途径;评价要将过程性评价与终结性评价相结合,着重评估学生解决情境化问题的过程和结果,反映学生所表现出来的思想政治学科核心素养发展水平。因此,评价围绕着学生发展核心素养的培育,贴近学生生活,紧密联系社会实际,采用任务情境及多样化的评价方式,为他们提供表现自己才能的机会,增强学生的自我反思的能力,持续改进自主学习、合作学习和探究学习的能力。

3.注重证据支撑

在评价过程中,除了采用传统的纸笔测验之外,还要通过大量的写实性记录,充分反映学生的学习活动与实践经验形成的真实性数据与证据。作业可以作为学生评价的一个重要环节,作业不仅包括书面作业,也包括学生的课前演讲、时事分析等。通过作业的完成质量,教师可以检测学生的课堂知识水平及课后的复习、预习情况,从而也起到引导、督促学生的作用。在课堂讲授过程中,教师要鼓励学生积极参与,并将参与的数量和质量作为考核的重要指标,还可以通过讨论、提问、发言等途径评价学生的学习过程。这些评价结果应及时反馈给学生本人。

(三)学科任务导向型思想政治学科核心素养评价体系

培养和发展学生核心素养是教育界的共识,在此以普通高中思想政治学科核心素养的评价方式为例,介绍学科任务导向型的素养评价体系。

思想政治学科核心素养,是指个体在面对复杂的、不确定的现实生活情境时综合运用本课程的学科知识与技能、学科思维与观念,在分析情境、发现问题、确认问题、解决问题的过程中,表现出来的正确的价值观念,参与社会生活的关键能力和必备品格与价值观念。它包括政治认同、科学精神、法治意识、公共参与四个构成要素。

根据学科任务导向型评价体系,任何学科核心素养的评价框架都由四个关键要素构成:关键行为表现、学科任务、评价情境、学科内容。在这个框架中,通过"学科任务、评价情境、学科内容"的有机整合,在学科任务的完成中,借助于任务的完成质量来观察、推断学生的学科核心素养发展水平。

思想政治学科针对每个学科核心素养的维度均精心构建了它们的子维度,再围绕每个子维度描述其关键的行为表现:"政治认同"从"道路、理论、制度、价值观"四个子维度描述其关键行为表现;"科学精神"从"能否理性地解释事物、能否进行理性的价值判断、能否进行理性的行为选择"三个子维度描述其关键行为表现;"法治意识"从"规则、程序、权利义务"三个子维度刻画其关键行为表现;"公共参与"从"公德、公益、社会责任"三个子维度刻画其关键行为表现。

基于学科任务完成质量的学科核心素养评价策略提出:以学科任务为引领,构建融"学科任务、评价情境、学科内容"于一体,指向关键行为表现的评价框架①,见图7-1。

以基于具体情境的学科任务作为学科核心素养测试的最重要工具、用学科任务完成质量来整体推断核心素养发展水平,是学科任务导向型评价框架的最大特色。它将学科核心素养发展水平转化为学业质量水平,构建了基于学科核心素养的学业质量标准,再将学业质量转化为学科任务完成质量。这种学科任务导向的评价框架能够更好地体现学科核心素养水平分层的性质特征。学科核心素养水平及基于它进行的学业质量的不同水平层级之间是质性的差异,反映着广度和深度的不同,而以学科任务完成质量来区分学业质量的不同发展水平就为学科核心素养水平层级的性质划分找到了一种可行的、可操作的实现方式②。

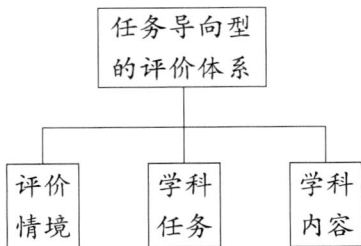

图7-1 任务导向型的评价体系

---

① 韩震、朱明光:《普通高中思想政治课程标准(2017年版)解读》,高等教育出版社2018年版,第171页。

② 韩震、朱明光:《普通高中思想政治课程标准(2017年版)解读》,高等教育出版社2018年版,第171页。

学科核心素养要素是评价的起点与依归,学科内容是验证学科核心素养水平的工具,评价情境是展现核心素养水平的"舞台",学科任务是将内在的核心素养水平外显为可观测行为表现特征的"桥梁"。简而言之,学科核心素养的评价,就是要实现关键行为表现、学科任务、情境、学科内容之间的融洽与契合[①]。

二、中学思政课程学业水平考试

学业水平考试是学业质量评价的一种重要方式。为了使中学的学业水平考试更加科学和规范,教育部发布了《教育部关于普通高中学业水平考试的实施意见》(2014)、《教育部关于加强普通高中学业水平考试考务管理的意见》(2016)和《教育部关于加强初中学业水平考试命题工作的意见》(2019)等文件,这些文件是我们研究和学习中学思政课程学业水平考试的重要参考。

(一)中学思政课程学业水平考试概述

1.中学思政课程学业水平考试的目的和意义

《教育部关于普通高中学业水平考试的实施意见》(以下简称《实施意见》)指出,学业水平考试是根据国家普通高中课程标准和教育考试规定,由省级教育行政部门组织实施的考试,主要衡量学生达到国家规定学习要求的程度,是保障教育教学质量的一项重要制度。考试成绩是学生毕业和升学的重要依据。实施学业水平考试,有利于促进学生认真学习每门课程,避免严重偏科;有利于学校准确把握学生的学习状况,改进教学管理;有利于高校科学选拔适合学校特色和专业要求的学生,促进高中、高校人才培养的有效衔接。普通高中在校学生均须参加学业水平考试。高中阶段其他学校在校生和社会人员也可报名参加。

根据《实施意见》的精神,普通高中学业水平考试分为合格性考试和等级性考试。学业水平合格性考试是确定课程学习效果的重要方式。只有通过学业水平合格性考试的基础性要求,学生才达到了课程学习的"底线要求"。学

[①] 韩震、朱明光:《普通高中思想政治课程标准(2017年版)解读》,高等教育出版社2018年版,第172—173页。

业水平等级性考试是高校选拔学生的重要方式,是学生在完成高中学科学习之后的成果表现。

2.中学思政课程学业水平考试命题的原则

（1）导向性原则。反映素质教育要求,体现课程教育培养目标对课程的要求,引导思想政治课程改革,充分发挥学业水平考试对思想政治课程教学的正确导向作用,促进学生全面、自主、和谐发展。

（2）科学性原则。符合学业水平考试的性质、特点和要求,符合学生认知水平、认知规律和发展要求;注重考查内容的基础性与发展性;选用素材必须紧密联系学生的生活实际,试题内容科学、严谨,语言表述规范、准确,试题答案准确、合理。

（3）客观性原则。试题内容有一定的代表性和较广的覆盖面,反映思想政治课程核心内容和基本要求,有利于学生发挥创造性思维。试题的题型结构合理,难度适当,效度高,能够客观评价学生的学习效果。

（4）基础性原则。以思想政治课程学习能力为命题立意方向,全面而灵活地考查学生核心素养发展状况。试题中杜绝偏题、怪题。试卷结构中主观性试题和客观性试题比例适当。

（5）公平性原则。充分考虑各地思想政治课程教学的实际,面向全体学生,避免经济、历史、文化、地域、民族、性别等背景差异对考生正常答题的影响。符合学生的生活实际,保证测试的公平。

（6）人文性原则。充分体现为考生服务的宗旨,充分考虑考生答题的心理需求,努力创设宽松的环境,在试卷中合理设置相关提示,帮助考生正常发挥,给予考生人文关怀。

（二）中学思政课程学业水平考试命题的基本程序

1.确立中学思政课程学业水平考试的考查目标

考查目标是考试编制者通过测验所要实现的某种具体目的,它明确规定考试所要达到的预期结果或标准。考试是对教育效果或过程情况进行测量的工具。因此,考查目标首先应该与教育目标一致,并且要促进教育目标的达成。

学业水平考试应当坚持以学生的核心素养发展水平为考查对象,考查学生能否综合运用相关学科内容,参与社会实际生活,在真实情境中提出问题、分析问题和解决问题;重点关注能否坚持正确的思想政治方向,形成正确的世界观、人生观、价值观,是否展现出了适应当代社会发展和终身发展所需要的、必备的核心素养。思想政治学科针对每个核心素养的维度均精心构建了它们的子维度,再围绕每个子维度描述其关键的行为,并对这些关键行为划分为不同的学业质量水平,这也构成了学业水平考试的考查目标体系。

考查目标的确立,一般以目标分类理论为指导,在众多的分类理论中,布卢姆(B.S.Bloom)等人的教育目标分类理论、加涅(R.M.Gagne)的学习结果分类理论等影响较大,是测验编制者确立测验目标的主要理论基础。因此,结合相关的分类理论去理解学业质量水平,再将学业质量水平转换为学业水平考试的考查目标体系,这是开展中学思政课程学业水平考试命题的重要环节。

2.中学思政课程学业水平考试的试卷结构设计

试卷应该有一个科学合理的布局以便能较全面地测量出课程学习效果。一般而言,中学思想政治学业水平考试的试卷应该有科学合理的知识内容结构、题型结构、难度结构、素养结构及学科任务结构。

知识内容结构是指试卷中各知识模块所占的分值比例。我国的学业水平考试实际上是采用抽样考查的方式,必须采用科学合理的方法选取考查内容,使试卷的知识内容结构能较好地反映出学生所学过的所有知识内容的概貌。

题型结构是指试卷中的各种题型所占的分值比例。题型通常分为客观题和主观题。主、客观题的划分依据是在评分时是否受评分者主观因素的影响,二者皆是具有某种共同特征的题目类型的总称。一般而言,客观题包括选择题、是非题、匹配题、排列题、填空题、简答题等,主观题包括论述题、证明题、作文题、操作题等。客观题答案明确,回答简便,因而在测验时限内能够达到更高的对测验内容的覆盖率,评分简单可靠,易于使用现代化、信息化的统计手段;但是编制较高目标层次或综合性较强的客观题的难度较大,且难以排除考试者的推断猜测。主观题答案开放,易于全面、真实地收集测验对象的思维过程等信息,可以用来测量较高层次的考查目标;但是主观题回答耗时相对较长,评分易受无关因素的影响。两类题型各有优缺点,因此试卷编制者应根据测验内容及相应的目标层次,结合各种题型的特点,遵循有关题型的命题原则来选择和确定具体题型。

难度是指考试的难易程度。一般用难度系数(也称为难度值,即P值)来定量刻画被试者所遇到的困难程度的量数。通常以全体被试者在某一题目上的通过率为难度系数,此时P值表征为容易度。题目通过率越大,题目越容易,P值越高。难度结构即要求试卷中各种难度的题目要有合理的分值比例,以符合被试者群体学业质量水平特征,使考试结果能达到所期望的目的和功能。

素养结构是指思想政治学科所要发展的学生核心素养的各个维度及其子维度在试卷中占有合理的比例。以高中为例,高中思想政治学科核心素养在学业质量水平中被划分为4个维度、13个子维度,这些被分解开来的素养要素在试卷中必须有一个合理的整合结构,以便把考生的核心素养的发展状况科学合理地反映出来。

学科任务结构是指在试卷中不同类型的学科任务也要有合理的比例结构。核心素养作为人的内在品质和能力,不可直接观测和度量,但它会通过各种具体任务的执行,外显为行为表现特征,从而借助这些行为表现评价学生思想政治学科核心素养发展水平。为了在测试中获得预期的关键行为表现,应该基于思想政治学科性质和育人价值,界定基本的学科任务类别,如描述与分类、解释与论证、预测与选择、辨析与评价等,并逐一分析影响其任务难度的基本因素,作为设计不同类型试题的参考。因此,在学业水平考试的试卷中,这几类的学科任务也必须有一个合理的分值比重才能更好地测量出学生的学科核心素养水平。

试卷中的这些结构是相互关联、互相渗透、交织共存的,需要试卷编制者全面考虑、综合处理、精心编制,而命题蓝图是行之有效的工具之一。命题蓝图是一个由测验的内容维度、目标水平、题型、设计难度、素养维度、学科任务及情境类型等要素构成的表格,它能够帮助试卷编制者决定各种要素的选择和所占的比例。此外,在编制学业水平考试的试卷时,还应该考虑测验的区分度、容量和考试时间等因素。

3.中学思政课程学业水平考试的试题编制与编排

试题的编制是对命题蓝图的具体落实,它将把每一个维度的内容材料,按照不同测验目标水平的要求,用不同的题型呈现出来。测验编制者在编制项目之前,应该充分搜集尽可能齐全丰富的资料,为试题的科学编制打下良好基础。

试题编制是一个群策群力、反复论证的过程。在这个过程中,测验编制者要遵循一定的原则,使用科学的技术对试题进行编写和反复修改,直至题目完全符合测验要求。在编制试题的过程中,编制者往往需要考虑这些问题:考什么内容,考什么任务类型,用什么情境考,用什么题型考,怎么设问,怎么给分,给多少分,难度值是多少,等等。

试题编制完成以后,就需要根据考试的目标和性质,以及测验对象的特点,尤其是作答时的心理反应,对试题加以合理编排,形成一份科学的试卷。试题编排的基本原则包括:按照题型,同属一类的项目集中编排;按照试题内容,从易到难排列,或从一般到特殊,从具体到抽象;按照试题的形式,把反应方式相似的集中编排;按照敏感性和开放性,将此类项目尽可能靠后编排,避免测验对象的反感和畏难情绪。

4.中学思政课程学业水平考试的试题编制技术

试题是构成测验的基本元素,试题编制的恰当与否直接关系到整个测验的质量高低。因此,试题编制者应充分了解各种类型项目的特点,严格遵循各类题型的编制原则,正确采用科学的试题编制技术。

第一,试题编制时应当根据课程的相关要求落实好考查核心素养的基本思想。如《普通高中思想政治课程标准(2017年版2020年修订)》提出"学科任务导向型命题框架",要求有机整合"学科任务、评价情境和学科内容",通过观察被测试者学科任务的完成质量来观察、推断其学科核心素养发展水平。这要求试题编制者要熟练掌握"关键行为表现、学科任务、评价情境和学科内容"四方面要素的内在关系及编制技巧,使所编制的试题能触发相关的评价机制的顺利展开,有效测试思想政治学科核心素养发展水平。

第二,无论是何种题型的编写,都要讲求科学性,必须遵循一些基本的原则,这些原则包括:语言表达正确规范、简洁通顺、意义完整,避免产生歧义或晦涩难懂;试题的内容、材料、题型等要素都应能从命题蓝图中找到依据,且要符合基本的学术逻辑;题目的内容要正确、无异议,不宜涉及低俗、消极或与被试者的发展水平不相适应的材料;尽量选用新材料、创设新情境,以免被试者凭记忆机械作答;题目的正确答案应是没有争议的,答案的复杂程度应与被试者的发展水平相符;各题之间必须彼此独立,不出现相同或近似的题目,不要有相互暗示或相互启发的现象等。

第三,要遵守题型的编制规范,避免违背不同题型的相关要求。如编制选择题的基本要求是题干应避免滥用否定结构,尤其是双重否定;题干或选项不能对正确答案有任何暗示;选项之间应该相互独立,避免实质意义相同或相互包含、相互重叠;同一个测验中,同类型选择题的选项个数最好一致;正确答案必须是唯一的选项或者选择组合,无任何争议;避免正确答案的位置呈现某种规律,以防增加被试者猜测机会。又如编制论述题的基本要求是要尽量测量高层次的教育目标;要明确题意,避免题目笼统、空洞,也可以将一个大题目转化成几个小题目;明确被试者的作答任务和条件,避免对作答无要求、无限制,作答范围太宽太广;通常情况下,不应允许学生随意选择题目作答,避免评分失去可比性。根据思想政治学科核心素养评价的特点,学业水平考试应该有相当数量的开放性试题。制定这种试题的评分标准,要兼顾共同性与差异性。透过这种有差异的解题过程与思维过程,划分评价等级,判断学生在特定情境中学科任务完成的质量高低,推断其学科核心素养发展水平。

5.对试卷进行技术分析与鉴定

试卷的编制工作初步完成以后,一般要通过预测和项目分析来鉴定其科学性和适应性。

预测是指从将来的正式被测试者中选取有代表性的样本进行先行测验,以获取修改完善试卷的各种信息。预测是为了获得测验对象在各个测验试题上形成的反馈信息,它既能提供哪些题目表述不清、不易理解或容易误解等质的信息,又能提供测验题目优劣等量的指标。

项目分析就是依据预测所得的数据资料,运用科学统计技术,对测验试题的难度、区分度及测验的信度、效度等所做的客观分析,依据分析的结果,试题编制者对达不到测验要求的题目进行修订或者淘汰,对考试题目的呈现形式和顺序、测验容量和时限等要素进行调整，以提高测验的科学性和适应性。技术分析与鉴定是测验标准化中一个必不可少的程序。

6.测验的标准化

一个测验的质量，还取决于该测验的标准化水平。具体地说，测验标准化包括测验内容、施测过程、测验评分和测验分数解释的标准化。测验的标准化，是为了提高测验的科学性，保证科研对测验目的的有效性及测验结果的可靠性[①]。标准化测验通常具有权威性、稳定性、社会性、广泛性、科学性、建有常模和系统性等特征。思想政治学科学业水平考试也应该参照标准化的要求进行编制。

标准化测验是指经过标准化程序，具备以下条件的测验：第一，具有常模，为测验分数的比较提供参照点；第二，具有代表性的相同的一组测验，为被试者的作业提供可直接比较的基础；第三，具有测验实施的详细规定，包括测验指导语、时间、情境的规定等，以保证所有被试者有相同的受测条件；第四，有评分方法的详细规定，以减少评分误差[②]。

思想政治学科学业水平考试要根据划分思想政治学科核心素养水平的基本原则，建立评价不同学科任务完成质量的具体指标体系，在此基础上针对不同类型的学科任务制定试题评分标准，以提高评价的科学性、公正性和可操作性。

（三）中学思政课程学业水平考试质量分析

考试结束以后，要对考试质量进行分析和评价。一般而言，考试质量的分析包括两个方面：一是要对试卷和试题的质量进行分析和评价，二是要对学生学业质量进行分析和评价。

1.对试卷和试题的质量进行分析和评价

学业水平考试能够衡量学生的课程学习是否达到国家要求的程度，是保障教育教学质量的重要手段，关系到每位考生的切身利益。如果试题和试卷质量存在问题，会直接影响评价和诊断结果的准确性和有效性。因此，考试结

---

① 朱德全：《教育测量学》，中国人民大学出版社2016年版，第58页。
② 朱德全：《教育测量学》，中国人民大学出版社2016年版，第72页。

束后必须对命题质量进行分析和鉴定,对试题和试卷质量作出客观评价,有利于借鉴试卷的优点,发现命题的缺点和不足,为今后命题提供参考依据,促进命题质量的不断提高。

对试卷的分析应该包括:第一,是否能体现课程的基本理念,是如何体现出来的;第二,是否符合导向性、科学性、客观性、基础性、公平性和人文性命题的基本原则;第三,是否有科学合理的知识内容结构、题型结构、难度结构、素养结构及学科任务结构;第四,分数的集中量、分数的离散量和分数的分布是否科学合理;第五,是否有合理的难度、信度和效度;第六,是否符合教育考试的规范性要求等。

对试题的分析应该包括:第一,试题是否能体现命题框架的基本理念,达到对学科核心素养的推测要求;第二,试题是否符合命题技术的一般规范;第三,试题难度、区分度、鉴别指数等指标是否符合考试功能的要求;第四,试题所体现的测量目标是否与课程标准的相关描述具有一致性;第五,试题编制突显何种特色等。

一般而言,学业水平合格性考试旨在检测学生的学业水平是否达到毕业要求,属于标准参照性测试;学业水平等级性考试重在区分考生的个别差异和相对水平,属于常模参照考试。两类考试功能不同,应用范畴不同,要求也不同,在进行质量分析时应该有所区别。

2.对学生学业质量进行分析和评价

统计学业水平考试的有关数据,对考试结果进行定性和定量分析,对考生的学业水平进行鉴定。第一,统计包括平均分、最高分、最低分、及格率、优秀率、低分率、中位数、众数、标准差、偏度值、峰度值等数据,通过分析这些数据把握学生的学业水平基本表现。第二,要统计每道试题的得分率、各知识模块的得分率、各学科任务类型的得分率、学科核心素养各维度的得分率及各种题型的得分率,从多个方面去分析学生课程学习的基本概况。第三,要收集和统计学生答题中的典型表现,分析学生答题的典型情况,评估学生的整体水平、突出优势和明显薄弱的环节,对整个考试评价过程进行总结分析,吸取经验教训,为今后的改进提供指导。

第八章 中学思政课程教学反思与教学评价

　　教学反思与教学评价具有极为密切的关系。在世界各国的教师教育研究和实践领域，关于"反思"与"评价"的话语已成为教师教育理论研究和实践诉求的焦点问题。美国学者波斯纳曾对教师专业发展提出了一个极为明确的公式：教师成长＝经验＋反思；我国学者林崇德指出：优秀教师＝教学过程＋反思；叶澜认为，一个教师写一辈子教案不一定成为名师，如果一个教师写三年的教学反思，有可能成为名师。可以说，教学反思是教师专业发展的重要基础。

第一节　中学思政课程的教学反思

一、教学反思概述

（一）教学反思的概念

　　研究表明，如果教师富有专业知识、拥有高学历且对教育教学问题和事件具有反思性决策能力，教师的专业特性便会提高。杜威认为反思就是"识别我们所尝试的事和所发生的结果之间的关系"，换而言之，"就是有意识地努力去发现我们所做的事和所造成的结果之间特定的连接，使两者联系起来"[1]，没有反思就不能产生有意义的经验。基于这个概念，笔者认为所谓教学反思，是指

---

[1]［美］杜威：《民主主义与教育》，王承绪译，人民教育出版社2017年版，第158页。

教师在教学实践中,对自己的教学行为和教学结果之间的关系进行批判性考察,通过回顾、诊断、自我监控等方式,对教学行为给予肯定或否定、支持或修正的价值判断和行为选择,从而不断提高教学效能的过程。

(二)教学反思的特点

1.实践性

教师反思与教师教学实践密不可分,是直接关系教师课堂行为的一种研究。首先,教师反思的内容具有实践性,比如教学目标设置是否合理、教学过程设计是否清晰、教学议题选择是否得当、教学活动的实施是否有效、对课堂突发事件的反应是否适切等,这些都是在具体的实践操作中获得证据的基础上进行,没有实践,反思就是无本之木。其次,教师反思的目的具有实践性。反思源于问题,教师的教学反思不是为了形成特定的知识,而是为了解决实践中出现的问题,是通过对来自实践问题的反思,深化已有的关于课堂教学的知识,或者形成一种新的解释的过程。比如,《普通高中思想政治课程标准(2017年版2020年修订)》指出思想政治课的课程性质是"综合性、活动型课程",那到底什么是活动型课程呢? 一名教师在进行了一次对话教学后发出了疑问:"对话是不是活动",如果是,那么思维领域的活动是不是"活动型"领域的"活动"? 到底什么是活动? 又为何活动? 顺着他对自己课堂问题的反思,激起了他对"活动"这一概念的重新思考,并对"活动"形成了一种新的理解。再次,教师反思的结果具有实践性。当教师对课堂教学的行为获得一种新的解释后,反思并没有结束,而是借助反思获得的深化了的知识或者新的解释进行新的实践,即开始新一轮的教学的时候,教师的教学生态已经发生了变化,这个过程具有螺旋式上升的特点,因而显示出强烈的"行动研究"的色彩。

2.针对性

教学反思具有针对性体现在两个方面:一是教学反思针对的是教师"自我"现行的行为和观念。教师教学活动的实践性特征,决定了推动教师反思的力量是教师通过对自己的实践进行批判性思考,解决自己在教学过程中遇到的实际问题。二是教学反思的内容是教师教学过程中出现的问题,它是针对教学中的问题进行的,没有问题的反思或脱离教育教学的反思都是不可行的。

3.连续性

杜威给予反思高度的评价,认为反思是最好的思维,因为反思是对某个问题进行反复的、严肃的、持续不断的思考过程,反思能够促进彻底的探究①。教学是一个持续不断的过程,问题的出现也是一个持续不断甚至是循环往复的过程,这就需要教师从自身实践情境和经验出发,立足于自我以外做多视角、多层次、持续不断的思考,这既是解决问题的需要也是教师自觉意识和能力的体现。

4.过程性

教学反思具有过程性,一方面指具体的反思是一个过程,从问题出现到问题解决,要经过意识期、思索期和修正期,这是一个循环往复的过程;另一方面,反思是指对"当下"存在的行为及时觉察、纠偏、矫正和完善,随着教师职业成熟度的提升,教师每一个阶段遇到的问题都不一样,即使是同一问题在教师职业发展的不同阶段教师有不同的认识和解决策略,教师的整个职业成长要经过长期不懈的自我修炼,自我反思,才能成为一个专家型教师。

(三)教学反思的价值和意义

1.教学反思有利于搭建教师穿行于教育理论与实践之间的桥梁

世界教育改革的大量实践证明:教师是教育改革成功与否的关键,教师在教育改革中发挥积极主动作用的改革才能成功。反思性实践是教师自主发展的关键。教育实践中的很多问题具有不可预测性和情境性,只有身临其境,教师面对复杂多变的教育实践才能作出相应的决策和行动,在真实的教育实践中理解、领悟、反思、修正完善教育理论工作者提出的教育理论。教育理论工作者的研究要直面教育实践,而不能只是从书本到书本。

在这个过程中,教师是教育理论与实践的中介桥梁。教师的反思需要教育理论者的点播,教育理论者能帮助教师正确认识个人理论与实践之间的关系,以及化解新的理论与教师个人理论之间的矛盾,将内在理论显性化,然后逐步进行有意识的自我诊断、自我反思和自我校正。

---

① [美]杜威:《我们怎样思维·经验与教育》,姜文闵译,人民教育出版社2016年版,第11页。

2.教学反思开拓了研究方法的新视野

自上而下的研究方法和技术路线不能解决教育实践中的现实问题,理论研究成果只能被束之高阁;同样,教育理论的拿来主义,对外国教育理论进行拆分、重组的文献梳理面临同样的实践困境。反思性实践可以使以宏大叙事理想的研究方式转变为重视学校实践和以教师、学生为本的另一类研究方式。反思性实践以教师的经验为基础,并以叙事、口述、生活史等形式来描述教师的经验、行为和生活方式,故事叙事就赋予了故事参与者和研究者以教育的意义,所以反思性实践让理论叙述与实践叙述平等对话成为可能,它拓宽了研究方法的新视野。

3.教学反思有效促进了教师的专业发展

教师反思的意义在于它着眼于教师知识结构中的实践性知识的获得、拥有和改善,反对和批判传统教师培养模式中只注重对教师一般性知识的传授(如公共知识、专业知识、教育学、心理学方面的知识)。"反思"被看作是教师专业发展的决定性因素。波斯纳认为,如果一个教师仅仅满足于获得经验而不对经验进行深入的思考,那么即使有20年的教学经验,也只是一年工作的20次重复;除非从经验反思中吸取教益,否则就不可能有什么改进。

二、中学思政课程教学反思的内容

教学反思是教师提高业务水平、促进专业发展的重要路径,它具体是指从事这门课程教学的教师在教学实践中,对自己的教学行为和教学结果之间的关系进行批判性考察,从而不断提高教学效能的过程。中学思政课程的教学反思贯穿于教学前、教学中和教学后三个不同阶段,反思的内容各不相同。

(一)教学前的反思

教学前的反思主要体现在教学设计过程中,在准备新课教学或者做新的教学设计时要思考以下问题。

1.关于基础知识的反思

作为一个名中学思政课教师,应该经常反思自己的知识结构和教育理论的长处和短处是什么,需要以什么方式弥补这些方面的不足。无论是初中道德与法治还是高中思想政治都具有综合性，其融合了政治、法律、哲学、经济、社会、心理、教育等各个学科的知识。教师有丰富的知识储备及能运用以往的教学经验是上好这门课的关键。教师在备课前或备课中要对自己的职前职后教育进行反思，以便查漏补缺，完善知识结构。

2.关于教育理念的反思

教学既是一个传授知识的过程，也是一个育人的过程。理念是行动的先导，在教学过程中教师行为是在教育教学理念的指导下进行的，因此教师要经常反思自己有什么知识观、学生观和学习观，原有的教育教学观能否跟上课改的需要。对教学理念的反思要在精读研究课程标准的基础上进行，比如《普通高中思想政治课程标准（2017年版2020年修订）》在前言中指出："进一步精选了学科内容，重视以学科大概念为核心，使课程内容结构化，以主题为引领，使课程内容情境化，促进学科核心素养的落实。"短短一句话出现了4个重要概念，如"学科大概念""学科核心素养""课程内容结构化""课程内容情境化"，如何理解这些概念？如何在教学的过程中呈现或者实践这些概念？新课标中提到这些概念意味着什么？教师在备课的时候应该进行深刻的思考，并在与过往的教学相比较中深入反思。

3.关于教学资源的反思

教学资源是指维持教学活动的开展与解决教学问题所必需的诸多条件的总和，教学资源是否被充分合理地利用，会直接影响思政课程的教学效果。中学思政课程的教学目标是立德树人，培养学生正确的价值观念、必备品格和关键能力，教学过程强调学生生活经验和学科知识的整合，教学方法突出议题式教学、主题活动教学和社会实践，所有这些都离不开真实的情境设置。情境的要素比如人物、事件、时间、地点、问题的提出等都需要教师合理设计和架构，教师拥有的教学资源或者拟使用的教学素材是不是能够准确地指向教学目标、有效解决教学的重难点，是教师需要反复斟酌反思的。

（二）教学中的反思

教学中的反思并不意味着边教学边反思，更强调的是下课后对教学过程的反思，教学中的反思也即对教学过程的反思。

1.对教学目标的反思

教学目标决定了教学内容、教学方法的选择,也直接影响教学评价,是教学评价的依据之一。教学目标的设计主要有三方面依据:课标、教材和学情,对教学目标的反思可以从课程标准的解读是否正确、教材分析是否全面、学情分析是否合理这三方面进行。

2.对教学语言的反思

教学过程尤其是讲授过程是一个依赖语言向学生传授知识、开发智力、培养能力、塑造价值观念的过程,这是一个从教材语言向教案语言再向课堂语言的转化过程。不同于高度概括化、抽象化、学术化的教材语言和结构化、系统化、层次化、浅显化的教案语言,教师课堂语言要口语化、形象化、生动化和个性化,要有利于学生理解、接受教学内容和建构和谐民主的课堂氛围。教师在教学反思的过程中不能忽视对课堂语言的反思。

3.对教学方法的反思

教学方法是为教学目标服务的,教师在上完课后要围绕教学方法在教学过程中的运用进行反思:使用该方法是否完成了教学目标、教学方法的操作步骤是否合适、教学中有哪些生成、是否可以促进学生的深度学习能力的形成和高级思维的发展等。

4.对教学效果的反思

教学效果是教学目标的达成度,一堂课教学目标的达成度如何可以通过教师对学生的课堂表现的评价或者课堂检测的结果获得,比如学生参与课堂的积极性如何、回答问题的正确率怎么样、是否掌握了有效的学习方法、是否获得了知识发展的能力、是否有积极的情感体验。经过评价以后,进一步追问取得积极效果的原因或没有达成预期效果的原因是什么,以及该如何更好地提升或改善。

(三)教学后的反思

教学后的反思其实是关于反思的反思,这种反思可以更有效地提升反思的效果,促进教师成为一个反思性实践家。教师可以针对如下问题进行反思:对于今天的教学我有没有反思?我反思的主题或方向是什么?这个反思对我的教学效果或者专业成长有没有帮助？

三、中学思政课程教学反思的路径与方法

教师教学反思的路径与方法有很多，比较常见的和易于操作的有教育教学日记、教师听评课和课例研究等。

（一）教育教学日记

教师每天都在从事教学活动，这种有意识有目标的教学行为或是在一定的教育理论指导下从事的教育教学改革等行为都可以被称为教育教学活动。在教育教学活动中发生的各种有意义的事情、遇到的困难、克服困难所采取的措施及在教学过程中所使用的方法技巧、师生之间的互动、教师难忘的教学场面等都可以成为日记记录的内容。通过日记的方式，帮助自己进行教育教学的反思，形成自己的教育理念，找到解决问题的方法和策略，必然会促进教师专业成长和专业发展。

（二）教师听评课

教师听评课是教师日常教学活动的重要组成部分，是一项经常开展的教学交流和教学研讨活动，是提高教师从教能力、促进教师教学反思，提高课堂教学质量的有效途径。听评课是教师与同事及他人就课堂教学活动展开的对话，在对话中生成的自我的反思性理解。教师听评课主要有三种形式。

1.与自己水平相当的教师互相听评课

这类听评课主要发生在教师所在的学校内部，是学科组或教研室组织的活动，比如工作坊或者学科组的老师一起围绕目前的工作背景、使用的教材、秉持的教育理念、教育教学中的经验教训等主题写出自我描述性文字，然后进行批判性的评论。

2.专家和优秀教师听自己的课并作点评

这类听评课通常发生在教育主管部门组织的教学检查和各级各类教学比赛、教学示范、推优活动中。开展这类听评课一方面是为了教育检查评估的需要，一方面是为了选拔优秀的教师和教学能手使其在学科教学方面起到示范

作用,达到提升本区域和本学科教学质量的效果。专家和优秀教师的点评能够引导执教者提升反思的深度和广度。

专家、优秀教师和自己合作备课,然后再进行听课、评课,研究改进课堂教学。这类听评课具有学术研究的倾向,是理论打通实践、实践上升为理论的一条非常重要的通道,在这个过程中,专家的理论指导、优秀教师的实践示范有助于执教者在实践中解读、审视、反思理论和实践的结合从而形成实践性知识。

3.观摩优秀教师的课并听专家点评

这类听评课主要存在于各级各类的公开课、示范课、评优课及省培国培活动中。观摩优秀教师的课并听专家讲评,听课教师是一个旁观者的身份,能够全身心观察和思考整个教学活动并结合自己的经验对教学效果进行评估。反思以经验为基础,观课者原有的经验在授课者的教学活动、专家和优秀教师点评的刺激下作出反应,在旧有经验的基础上作出新的假定,从而获得关于教学的新知识。

听评课为教师研讨教学活动提供了一个具体真实的情境,在这个情境中产生了具体的问题,这个问题不管是授课者遇到的还是专家们提出的都会引发相应的思考和探究,引导教师将所见所闻与自己课堂上使用的教学材料、教学方法、教学理念、师生关系等直接经验之间建立联系并在内心世界进行复杂的思考活动即反思。教学听评课引发的反思起到了在教学现场建构教师特有的见解和专业知识的作用,是教师成为反思性实践者的重要路径。

(三)课例研究

课例研究是以一堂课为研究对象,揭示这堂课的特征或寻找教学的不足和成功之处,然后加以改进或发扬,从而达到深化对这堂课认识和提高教师水平目的的研究。课例研究通常有三种实践模式。

1."自我反思式"的实践模式

这种模式是指教师在不加修饰或不经反复排演的"自然状态"下对自己上课过程进行摄像录制,然后通过观看录像分析自己的教学过程,并由教学过程延伸到对课前准备的反思和对课堂改进措施的思考。这种模式是教师自己对自己的课堂进行"反观性"思考,目的是通过教师研究自己的课,审视和评估自我、反思自我,达到修正和完善自我的目的。

2."多人同课"的课例研究

这种模式是在一个教师群体(备课组、教研室、活动组)中,围绕同一个教学内容,由不同教师在不同班级面对不同的学生进行课堂教学,教师集体观课,课后开展自我反思即群体间集体评课。由于每位教师都有其独特的经历经验、教学理念和知识储备,即使面对同一教学内容也会有不同的教材解读视角、不同的教学方法和选择不同素材案例,因而教学设计、教学过程也就不一样。同课异构的方式可以在充分彰显教师个性的基础上寻找共性和差异性特征,通过比较分析有助于改进教师教学的一些细节和教学理念。"多人同课"的课例研究在实践中可以多人同课同构也可以多人同课异构。

3."名课研习"或"名课解析"的课例研究

通过观看示范课、公开课课堂教学实录,分析探讨优秀教师的名课特点、要素、内涵及其彰显的教学理念、教师的素养,从而获得积极的借鉴并据此反思自己的课堂,制定个人教学改进措施。这种课例研究可以多人一起参与也可以教师单独进行,参与的方式通常是写观后感,或者群体一起交流心得体会,重在通过研究别人的课获得借鉴从而实现自我提升。

课例研究的主体通常是一个群体,它的最突出的特点就是合作和反思。为了实现课堂改进的目的,课堂研究通常需要若干循环,在这个过程中教师们需要倾力合作,从制订计划、分配任务,上课—观课—修正—再次上课的系列活动中,教师间的合作十分重要。教师之间的合作和交流,将最大限度地激发学习潜能,克服了教师孤立发展模式的弊端。课例改进的过程也是一个不断反思的过程,在这个过程中教师不仅需要接受别人的思想和经验,而且需要进行反思并将其转化产生新的想法。只有把新的想法应用到教学实践中,才能提高教学水平。因此,在课例研究中,每位教师都必须进行批判性反思,这样才能产生教学的新内容、新思路和新方法,从而形成新的专业自我。

总之,教师的反思是一个动态发展的过程,即经过自发性反思—理性反思—批判性反思—发展性反思,这个动态过程是教师专业发展的内在轨迹,教师应该自觉地沿着这个轨迹追求专业成长。

第二节　中学思政课程的教学评价

一、教学评价概述

教学评价是教育理论的重要组成部分,国际教育评价协会称之为教育发展的生命共同体,教学评价的主要特点是用一定的标准去衡量教学结果是否达到了预期教学目标,并对此作出"价值判断"。教学评价是为了促使教学中的相关主体对自己的教学行为更加自觉地进行反思,是教学行为主体对自己行为反思的体现。

(一)教学评价的概念

什么是教学评价? 由于对教学和评价的不同理解,对教学评价概念的界定也不一样。英语中评价"evaluate"由前缀"e"和词干"value"组成,词头"e-"为"引出或阐发"的意思,"value"意为"价值",它体现了评价最本质的意义即价值判断。美国学者格朗·兰德曾用公式对评价作了形象的说明:评价=测量(量的记述)或非测量(质的记述)+价值判断,这个公式体现了价值判断是依据一定的标准(可测量或可描述)进行的。对于"教学"的不同理解,出现了以"教"为中心的评价观和以"学"为中心的评价观。以"学"为中心的评价观认为,教学评价是教学中对学生知识、技能、情感、价值观等方面学习与发展水平的评估和价值判断。以"教"为中心的评价观认为教学评价是对教师教学工作,特别是课堂教学的评价,包括教学理念、教学目标、教学内容、教学方法等方面的评价。在基础教育领域新课改实施以来,课堂教学一直都是教学评价的核心。教学是教师和学生的双向互动过程,既离不开学生的学,也离不开教师的教,因此我们认为教学评价就是在一定的教育思想的指导下,根据教学目标及课程标准,在系统地搜集和解释证据的基础上,利用科学的、可行的方法和技术,对师生双方在教学过程和教学效果上的行为表现给予价值上的判断和评估。

（二）教学评价的对象

1.对教师的评价

新西兰学者约翰·哈蒂用15年的时间分析了影响学生学业成绩的138种因素，指出对学生学业成绩影响最大的因素是教师，"学生上什么学校并不重要，遇到什么教师才是最重要的"[①]，"教师是什么样的"是评价教师的出发点。评价教师是"什么样的"需要综合教师各方面的信息。2002年，美国国家研究理事会（Council of Regional Accrediting Commissions）针对教学评价出台了一份报告，该报告从教师对本学科领域的知识与热情、具有一系列适当的教学技巧、经验与创造力、对合适的考试与测评形式的理解和使用、课堂内外与学生的专业性互动、积极参与并努力奉献于教学工作这六个维度提出了教师教学评价的内容，并在每一个维度下提出若干可供参考的具体评价标准[②]。目前，我国对教师的评价主要从以下四个维度进行：教师的科学文化素质、教师的智能素质、教师的教育能力素质、教师的思想品德素质[③]。对教师的评价要同教学活动结合在一起，所以对教师的评价又重点放在了教师的课堂教学上。

2.对学生的评价

随着教育改革的不断深入，教学目标和对学生评价的方向都发生了变化。我国基础教育教学领域的教学目标大致调整了三次，对学生的评价的重点也经历了三个阶段。一是传统的以"双基"即基础知识、基本技能为教学目标的阶段，对学生的评价维度主要着重于知识的识记、理解和运用，评价是为了甄别和选拔人才，这个阶段的评价凸显选拔性评价的特点；二是新课程改革以来，教学目标由"二维"变"三维"（知识与技能、过程与方法、情感态度价值观）的阶段，教学评价突出学生的主体地位，尊重学生的个体差异性，关注学生的情感发展，突出评价的过程性，充分体现了教育性评价的特点。三是当前以核心素养为目标导向的教学改革，教学目标指向学生在解决具体情境中解决复

---

① ［新西兰］约翰·哈蒂：《可见的学习与学习科学》，彭正梅、邓莉、伍绍杨译，教育科学出版社2018年版，第9页。

② ［美］国家研究理事会等编：《大学科学、技术、工程和数学教学的评估与改进》，张红霞、王玮译，科学普及出版社2006年版，第122页。

③ 刘强：《思想政治学科教学论》，高等教育出版社2009年版，第285页。

杂问题所必备的正确价值观念、必备品格和关键能力,教学评价更加关注学生的学习经历和学习体验,鼓励学生合作学习、探究学习,重视对学生创新能力、深度学习能力的培养,采取多样化的评价方法,充分体现了发展性评价的特点。对学生的评价主要包括对学业成绩评定、思想品德鉴定、个性评价等;评价的方式主要有课程考试、综合学业评定、学生问卷调查、档案袋、自我评价等。

(三)教学评价的功能

教学评价的功能是指教学评价活动本身所具有的能引起评价对象变化的功用和能力。教学实践是由教和学两种活动所构成,二者密不可分。教学评价既包括对教的评价也包括对学的评价。教学评价的功能就体现在通过评价对教师和学生产生的变化上。通常认为教学评价有导向和激励功能、诊断和改进功能、证明和凭据功能。

1.教学评价的导向和激励功能

教学评价的导向功能是指评价具有引导并激励教师和学生向着理想的目标前进的功效与能力。评价必须依据一定的标准或指标体系,具有明确的基本要求方可进行。确定了教学活动中师生双方的基本标准,事实上为教学活动树立了一个标杆,指明了方向,激励师生双方达成教学目标。对于教师而言,教学评价有利于教师明确教学目标、选择合适的教学资源和教学方法,更好的因材施教,强化了教师的角色和责任。对于学生而言,有利于帮他们了解学习目标,提升学习动力,合理的规划与学习。

2.教学评价的诊断和改进功能

教学评价是教育管理部门了解学校教学和学习情感的重要措施之一,通过评价可以了解教学目标的设置是否合理、判断教学方法运用是否得当、评估教学资源利用是否充分、诊断学习效果是否理想。评价最重要的意图不是为了证明,而是为了改进,是在诊断结果的基础上提出解决问题的方法和策略。换句话说,教学评价能够帮助教师清楚把握实践教学中存在的问题并以此调整教学策略,从而起到提升教学质量的作用,是教学不可或缺的重要组成部分,是不断改进、完善教学的基础保障。

3.教学评价的证明和凭据功能

教学评价也是教学管理的一种策略和手段。通过教学评价可以对教师的教和学生的学进行检查和考核,可以作为对教师和学生的教与学的态度、教与学的能力、教与学的水平衡量手段,是教育主管部门、学校进行区分优劣、制订规划或计划、给予奖励和提升、整改或隐性惩罚的依据和凭证。需要注意的是,教学评价虽然具有证明和凭据功能,但是评价的主要目的不在于给教师和学生下好坏优劣的结论,更不能因此妨碍教师学生的发展,不能放大这种功能。

二、中学思政课程教学评价的基本原则

中学思政课程教学评价的基本原则是进行思政课评价活动的基本要求。这些基本要求是根据中学思政课程的性质、理念、目标、任务、教学内容及青少年身心发展规律提出来的,既是长期以来思政课程实践经验的总结,也是新课程标准要求的反映。遵循中学思政课程教学评价的基本原则可以提升思政教学评价的自觉性和科学性。

(一)立德树人与知识建构相结合的原则

坚持立德树人与知识建构相结合的评价原则是由中学思政课程的性质决定的。中学思政课程是实现立德树人根本任务的关键课程。立德树人是指教育不仅要传授知识、培养能力,更重要的是引导学生树立正确的世界观、人生观、价值观和荣辱观。中学阶段是人生的拔节育穗期,"给学生心灵埋下真善美的种子,引导学生扣好人生第一粒扣子"既是中学思政课程的任务,也是每个从事这门学科教学的教师不可推卸的神圣使命。思政课程有自己特有的学科内容、学科知识,一方面它是进行马克思主义观点教育的课程,另一方面要立足于中国特色社会主义新时代的实践,不断丰富这门课程的内容和教学方法。只有掌握了课程的基本概念、内容和观点,形成结构化、系统化的知识,才能增强学生理解和参与社会的能力。所以教学评价不能只看授课教师讲授或者学生掌握了多少学科知识,还要关注教学过程是否有助于学生成长为一个有理想、有本领、有担当的社会主义合格的建设者和接班人。

(二)促进学生发展和教师发展相结合的原则

开展教学评价不是为了给教师的教学能力和水平高低下结论、贴标签,而是为了总结教学成功的经验和失败的教训,探索教学规律和教学方法,促进教师进一步发展和提高教学质量。在教学评价中,要坚持促进教师专业发展的原则,充分肯定教师课堂教学的闪光点,对教学中出现的问题要帮助其分析原因,并提出改进建议,使教师被评价后获得更好的发展动力。评价是为了对教师和学生的发展进行价值判断,是师生双方不断的认识自我、发展自我、完善自我,不断实现预定发展目标的过程。因此,教学评价应该坚持促进学生发展和教师发展相结合的原则。

(三)课堂讲授和活动教学相结合的原则

传统的课堂教学以讲授为主,重在知识的讲解和传授。思政课要想对学生的成长实际产生积极作用和影响,就不能简单机械地要求学生死记硬背,而是要采取有效手段,激发学生学习的积极性和主动性。为了满足学生成长发展的需要,新课标强化以学习者为中心的活动设计,把理论观点和阐述寓于社会活动和学生活动的主题之中,通过议题研讨、角色扮演、案例分析、走访调研、社会实践、辩论、撰写小论文等活动,引导学生在体验社会生活及自身的思维活动中理解理论的真谛。新课标强调辨析式教学过程的价值引领,通过设置复杂的情境,让学生在比较、辨析、探究中掌握深度学习的能力。

对活动和辨析式学习过程的强调并不意味着忽视教师的讲授能力。讲授最大的特点是传递知识量大、效率高。适合用来系统地传授学科知识,并在传授知识的同时传授科学的认识方法,影响学生的价值情感。教学评价的内容除了关注有无议题设置、活动的展开、观点的辨析、合作探究等新的教学方式方法外还应该关注教师的语言讲授能力,如教师是否具有个性化的语言风格、讲授内容是否重难点突出、讲授结构是否清晰明确、讲授方式能否启发诱导激活思维等。

三、中学思政课程教学评价的依据和内容

（一）中学思政课程教学评价的依据

教学评价必须有一定的依据,否则难以达到改进教学的目的。教学评价的依据主要有课程标准、教学内容、教学效果等,其中课程标准是最重要的依据。

（二）中学思政课程教学评价的内容

中学思政课程的教学评价内容可以从教师的教和学生的学两方面进行把握。

1. 对教师的评价

就教师的教而言,我们可以从以下五个方面进行评价。

（1）教学目标。教学目标是根据课程标准、教材和学生实际情况制定的。在教学评价中应该关注通过课堂教学,既定的教学目标是否达成,达成了多少。

（2）教学内容。教学内容体现了教师解读教材的能力,教学不只是教教材已经成为教学领域的共识,如何解读取舍教材,如何确立重难点并突出重点突破难点,如何开发教学资源,如何经由学生的生活体验将教材知识结构化、系统化成为新的知识,如何沟通课堂内外、学科内外,解决这些问题既依赖于教师的教学能力,又充分体现了教师的教学智慧。

（3）教学过程。教学过程体现了教师运用教学策略组织教学的能力,它包括教学结构是否完整、教学思路是否清晰、教学线索是否明确、教学环节是否合理、教学环节之间的过渡是否顺畅、教学讲解能否突出重点突破难点、课堂氛围是否宽松民主、师生关系是否和谐融洽、教学语言能否调动学生学习的主动性各项技能使用是否得当、时间分配是否合理等。

（4）教学方法和手段。教学方法和教学手段体现了教师的知识观、学习观和教学观,有什么样的知识观、学习观和教学观就有什么样的教学方法和教学手段。当教师认为教学就是知识的传授过程,知识就是教材上的观点、概念、

理论原则和方法的时候,就会用一种填鸭式的教学方式。当教师认为课程是学习的经历和经验,教学是引导学生由生活体验出发通过合作探究形成结构化、系统化的知识体系的时候,教师就会根据教学目标创设灵活而有助于学生学习的情境、议题、活动,营造民主、平等、互助、开放的氛围,引导学生自主合作学习。

(5)教师素质。教师是教学活动的设计者、组织者、承担者、引导者、表演者,一人扮演多种角色,教学过程是教师综合素质的体现。教师是否有先进的教学理念,是否采用先进的教学方法;教师的专业知识是否扎实,文化底蕴是否丰厚;教师的教学基本功是否过硬,比如教学语言是否简洁准确生动、板书是否工整美观、教态是否自然大方;教师是否有足够的教学机智和对突发事件的应变能力等都能够在教学过程中体现出来。

2.对学生的评价

对学生的课堂表现评价可以作为考察教师教学效果的重要方式。在教师课堂教学评价中,对学生的评价可以围绕以下三个方面展开:一是学生的学习态度,比如课前是否准备充分,上课是否认真听讲、能否积极主动地回答问题、精神是否饱满、精力是否充沛等。二是学生的活动表现,比如课堂中是否积极参与讨论,是否善于合作,是否能够积极参加各种活动体验,是否敢于质疑、敢于表达等。三是学生的学习效果,比如学生通过学习是否掌握了知识、丰富了情感、发展了能力等。

四、基于课堂观察的中学思政课程教学评价

发展性教学评价旨在谋求学生课堂学习的改善、促进教师专业的发展,而不是为了评价教师和学生的好与不好,为了实现这一目的,教学评价必须建立在证据的基础上,针对具体问题进行。如何针对问题获得证据呢?这离不开专业的听评课方式即课堂观察。

(一)课堂观察的含义

课堂观察,就是观察者或者研究者带着明确的目的,凭借自身感官及有关辅助工具(观察表、录音录像设备)对课堂的运行状况进行记录、分析和研究,

并在此基础上谋求学生课堂学习的改善、促进教师发展的专业活动。课堂观察能研究课堂、诊断问题、评价教学、提高质量、借鉴经验,为教学研究提供准确的数据和案例,是教师日常教研必不可少的组成部分,是教师专业学习的重要内容。

作为一种研究课堂的方法,课堂观察是西方的科学理性发展的产物,产生于 20 世纪五六十年代。1950 年,美国社会心理学家贝尔思(R.F.Bales)提出了"互动过程分析"理论,开发了人际互动的 12 类行为编码,并以此作为课堂中小组讨论的人际互动过程的研究框架,由此拉开了比较系统的课堂量化研究的序幕。1960 年,美国课堂研究专家弗兰德斯(N.A.Flanders)提出了"互动分类系统",即运用一套编码系统(coding system)记录课堂中的师生语言互动,分析改进教学行为,这标志着现代意义的课堂观察的开始。科学研究方法尤其是教育科学研究方法的不断完善,编码表、项目清单等科学、量化研究工具的引入,录音机、录像机等媒体技术的发展,丰富了课堂观察手段与技术,使课堂观察更具可操作性。但是,纯量化的课堂研究无法掩饰其纯技术的缺陷。随着质性研究的兴起,从 20 世纪 70 年代开始,原本被剥离出来的课堂事件、课堂行为回归课堂、回归情境本身,人们发现以文字描述为特征的质性研究更有利于理解、诠释课堂。至此,课堂观察努力追求质性研究与量性研究的融合,两种取向的相互结合、相互补充已经成为课堂观察发展的主流趋势。课堂观察具有如下特征:

第一,课堂观察是一种行为系统。它由明确观察目的、选择观察对象、确定观察行为、记录观察情况、处理观察数据、呈现观察结果等一系列不同阶段的不同行为构成。

第二,课堂观察是一种研究方法。它将研究问题具体化为观察点,将课堂中连续性事件拆解为一个个时间单元,将课堂中复杂性情境拆解为一个个空间单元,透过观察点对一个个单元进行定格、扫描,搜集、描述与记录相关的详细信息,再对观察结果进行反思、分析、推论,以此改善教师的教学、促进学生的学习。

第三,课堂观察是一种工作流程。它包括课前会议、课中观察与课后会议三个阶段。从课前会议的讨论与确定,课堂中的观察与记录,到课后会议的分析与反思,构成了确定问题—收集信息—解决问题的工作流程。基于课堂观察,教师认识、理解、把握课堂教学事件,澄清教学实践的焦点问题,并在数据分析的基础上反思教学行为,寻求新的教学改进策略与方式。

第四,课堂观察是一种团队合作。它由彼此分工又相互合作的团队进行。在课堂观察的整个过程中,每一个阶段都是教师之间多向互动的过程。教师借助于课堂观察共同体,探究、应对具体的课程、教学、学习、管理上的问题,开展自我反思和专业对话,改进课堂教学的同时,促使该合作体的每一位成员都能得到应有的发展。①

(二)课堂观察之于中学思政课程教学评价的价值

课堂观察"能为教育决策与教育评价提供较为客观的依据"②;能够改善学生学习质量、提升教师专业发展,无论是哪个发展阶段的教师,都可以从课堂观察活动中获得实践知识,改进自己的教学技能,提升自己的专业修养。课堂观察对于落实中学思政课程教学评价的基本原则、提升评价的针对性、丰富评价的证据具有重要的价值和意义。

1.课堂观察有利于落实中学思政课程教学评价的基本原则

受传统听评课的影响,中学思政课程教学评价原则和新的评价要求并没有在实践中被充分贯彻和落实。教学评价中存在着一些错误倾向,如注重知识性的传授、忽视立德树人的要求;听课的过程观察点集中在教师怎么教,忽视了学生怎么学;评课过程倾向于评价教学的好坏,忽视了教学改进;评价中重视教师的语言讲授和活动的形式,忽视活动的内容、组织技巧和起到的效果;等等。

课堂观察的起点和归宿都是指向学生。无论是教师行为的改进、课程资源的利用,还是课堂文化的创设,都以学生在课堂中的有效学习为落脚点。这与传统的听评课主要关注教师单方面的行为有很大的不同,即使观察点不是学生,其最终还是需要通过学生是否有效学习得到检验。同时,课堂观察是促进教师专业发展的重要途径之一。它不是站在过去的基点上评价教学的好

---

① 崔允漷、周文叶:《课堂观察:为何与何为》,《上海教育科学研究》2008年第6期,第51页。

② 陈瑶:《课堂观察指导》,教育科学出版社2002年版,第24页。

坏,即通过观察对被观察者做出等级划分,而是为了面向未来改进课堂学习、追求教学的内在价值。在观察的整个过程中听评课与被听评课双方进行平等对话、思想碰撞,探讨课堂学习的专业问题。在教学评价的观课过程中,听课教师、执课教师和学生是教学活动的参与者、反思者、研究者、合作者,因而能够更科学合理的对教学进行评价。

2. 课堂观察有助于提高中学思政课程教学评价过程的合作性

日常的教学评价存在着"有任务、没合作,有结论、没证据,有实践、没研究"的"三无"现象,大大削弱了思政课的评价效果,其中最主要的原因是教师之间缺少有效的合作,一个合作体必须至少拥有四个元素:"有主体的意愿、可分解的任务、有共享的规则、有互惠的效益"①,这四个元素在基础教育领域是比较欠缺的。日常教学活动中教师的听评课往往是规定性任务,是执行命令的结果,不仅没有合作,甚至出现消极应付现象,比如听课时忙着批改自己的作业等。

课堂观察不同于传统的听评课活动,它需要观察者、被观察者、学生之间开展合作才能顺利地完成整个观察活动。开展课堂观察就要建立一种基于四元素的专业合作共同体。没有合作,课堂观察就没法进行。首先,课堂涉及的因素很多,面对复杂的课堂教学中的问题,仅凭教师个体的力量难以解决,需要群体的智慧参与。教师要想解决日常教学中遇到的问题,需要积极寻找并创造听评课的合作机会,抱着求同存异、尊重多元的心态,通过对话、倾听、讨论等交流方式,开展多样化的课堂行为合作研究。其次,有效的合作可以使课堂观察专业化。课堂观察合作体作为一种组织,要求赋予备课组、教研组的运作以新的意义,要求备课组、教研组成为合作体的示范性组织,同时要求参与者基于课堂观察的目标、任务和规则开展专业性的分工观察记录活动。分工合作规范而有序地开展课堂观察体现了听评课的专业性。最后,在课堂观察的整个过程中,每一个阶段都是教师之间多向互动的过程。教师借助于课堂观察共同体,探究、应对具体的课程、教学、学习、管理上的问题,开展自我反思和专业对话,改进课堂教学的同时,促使该合作体的每一位成员都得到应有的发展。高效的思政课教学评价离不开建立在团队合作基础上的课堂观察。

---

① 崔允漷、郑东辉:《论指向专业发展的教师合作》,《教育研究》2008年第6期,第78页。

3.课堂观察有助于提升中学思政课程教学评价结果的专业性

基础教育领域由于受应试教育的影响,教学评价中也会出现很多"无专业主题、无专业方案、无专业反思"①等随意化现象,比如,有听课活动就拎着本子匆匆忙忙到同伴的课堂,漫无目的地听了一节课,听到哪里想到哪里,听课是"无主题变奏"。评课时,经常有教师这样表述:"我是随便说说的""我想到哪里就说到哪里",评课成了"随便说"。再比如,听评课没有专业方案,既没有观察主题的确立,也没有观察工具的开发,更没有观察过程的设计,非专业化特征尤为突出。此外,无专业思维也是常见的状态,没有反思、没有理论基础。观课是蜻蜓点水式的,评课是"想当然"与"拍脑袋"的,听评课之后的收获是碎片化的。

课堂观察是基于主题的听评课,主题是问题的一种表达,因此开展课堂观察时教师应带着问题进入教学现场。作为一种行为系统,它有明确的观察目的、观察目标,比如"分组在议题式教学中的作用""立德树人的任务是如何实现的";作为一种研究方法,它是有证据的听评课,它有研究工具如观察量表,观察工具包括录音、录像,能够把观课过程变成搜集证据的过程,避免在评课的时候发生"随便说说"的非专业状态。课堂观察是基于反思的听评课,反思不是空洞之谈而是追求准确性、清晰性、情境性、勾连性及意义性的阐释,它往往以完整的"课堂观察报告"的文本呈现出来。因此,课堂观察是推动教学评价专业化的有效路径。

(三)课堂观察的框架及中学思政课程课堂观察的实施

1.课堂观察的框架

由于研究目的和对课堂的认识不同,课堂观察的框架结构也就不一样。顾泠沅、周卫设计了一个包括内容设计、教学表述、进度安排、资源运用、激发动机、师生互动、自主学习、鼓励创新的八维课堂观察结构框架②。杨勇、宗树兴、张建华设计了"三维十度"的听课标准。"三维"主要包括学生学习(6个观察视角)、教师引导(2个观察视角)、课堂氛围(2个观察视角)三个维度;"十

---

① 张菊荣:《课堂观察:基于主题、证据和反思的专业化听评课》,《江苏教育》2019第6期,第7页。
② 顾泠沅、周卫:《课堂教学的观察与研究——学会观察》,《上海教育》1999第5期,第14页。

度"主要是指预习程度、合作参与度、学习有效度、思维创新度、课程标准转化度、情感价值体现度、教师导学巧妙度、教学有效度、课堂氛围学习度、综合发展能力度[1]。崔允漷和他的团队设计了课堂观察 LICC 模式，该模式目前应用比较广泛。

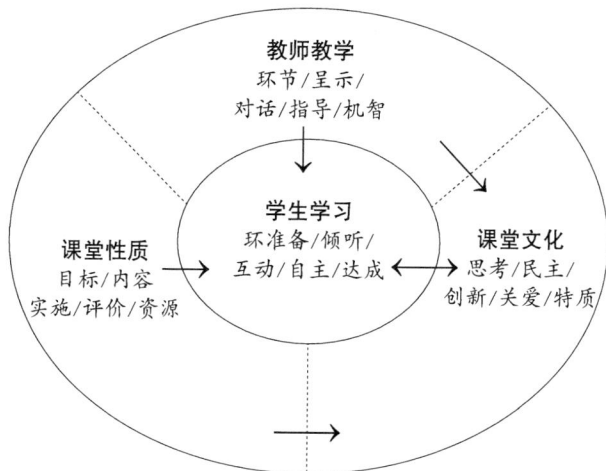

图 8-1　LICC 课堂观察模式中的课堂结构

　　LICC 模式课堂观察框架具有四个维度：学生学习（Learning）、教师教学（Instrution）、课程性质（Curriculum）与课堂文化（Culture）（图 8-1）。其中，学生学习是课堂的核心，另外三个是影响学生学习的关键要素，图中的箭头表明各要素间的关系。出于观察的需要，遵循理论的逻辑，将每个要素分解成 5 个视角，再将每个视角分解成 3—5 个可供选择的观察点，这就形成了"4 维度素20 视角 68 观察点"（表 8-1），这为理解课堂、确定研究问题、明确观察任务提供了一张清晰的认知地图和实用的研究框架[2]。

---

[1] 杨勇、宗树兴、张建华：《"三维十度"听评课标准的建立及其作用》，《河北大学学报》（哲学社会科学版）2014 年第 2 期，第 51—56 页。

[2] 崔允漷：《论指向教学改进的课堂观察 LICC 模式》，《教育测量与评价》（理论版）2010 年第 3 期，第4—8 页。

表 8-1　课堂的4要素20视角68个观察点

要素	视角	观察点举例
学生学习(L)	(1)准备 (2)倾听 (3)互动 (4)自主 (5)达成	以"达成"视角为例,有三个观察点:学生清楚这节课的学习目标吗?有多少人达成了预设的目标?这堂课效果如何?
教师教学(I)	(1)环节 (2)呈示 (3)对话 (4)指导 (5)机智	以"环节"视角为例,有三个观点:由哪些环节构成?是否围绕教学目标展开?这些环节是否面向全体学生?不同环节/行为/内容的时间是怎么分配的?
课程性质(C)	(1)目标 (2)内容 (3)实施 (4)评价 (5)资源	以"内容"视角为例,有四个观察点:教材是如何处理的(增/删/合/立/换)?是否合理?课堂中生成了哪些内容?怎样处理?是否显示了本学科的特点、思想、核心技能及逻辑关系?容量是否适合该班学生?如何满足不同学生的需求?
课程文化(C)	(1)思考 (2)民主 (3)创新 (4)关爱 (5)特质	以"民主"视角为例,有三个观点:课堂话语(数量/时间/对象/措辞/插话)是怎样的?学生参与课堂教学活动的人数、时间怎样?课堂气氛怎样?师生行为(情境设置/叫答机会/座位安排)如何?学生间的关系如何?

通过解构课堂,不仅为观察者开展课堂观察提供了知识基础或问题基础,还能让观察者认识到个人的能力是有限的,需要"合而作之"。

2.中学思政课程课堂观察的实施

尽管中学思政课程与其他课程相比有自己独特的育人特质和教学方法,但是具体观察的实施过程与其他学科一样都可以分为观察前的准备、现场观察过程和观察后的分析总结三个基本阶段,每个阶段又包括一些具体操作程序。

(1)观察前的准备。明确观察目的,做好观察规划。首先根据观察目的确定观察视角,寻找合适的观察点。其次,围绕观察点开放观察量表,选择记录方式。最后,明确分工,提高观察的针对性和有效性。

(2)课堂现场观察。首先,观察者根据观察任务,确定观察位置,确保能搜集到真实的信息。其次,选择恰当的观察位置和观察角度后,根据准备的观察工具和观察前的分工,采用定量或定性的方式,利用拍照、录音、摄像等技术手段,获取真实详细的课堂观察资料。如果采用定量法,那么就需要对课堂事件计数,如果采用定性方法,就需要对事件作出描述,如:"小 A,你为什么会给出这个答案呢?"从数量上看,这个问题可能是老师整堂课提出的 20 个问题中的一个,在分类系统中可能被变为辨析式问题。如果采用定性研究的方法,那就要关注这个问题的意义、影响及对事件的个体解释和群体解释。

(3)课堂观察后的讨论。在研讨的过程中一定要依据观察到的资料就事实讨论问题,讨论过程主要包括三个方面:第一,上课教师进行课后反思,针对教学过程、教学效果总结授课心得和体会。第二,观察者报告观察结果。第三,形成几点结论和行为改进的具体建议。结论主要体现在三个方面:一是成功之处,二是教师的上课特色,三是存在的问题。最后的研究结论可以以研究报告或论文的形式呈现。课堂观察最终是为了发展性评价,促进课堂的改进。

总之,教师的专业成长离不开教学反思和教学评价,如果说反思是一种自我期待,那么教学评价则倾向于外在期待。在规范的自我期待和外在期待双重动力的激励下,不仅能够使一名思政课教师获得快速的专业成长,而且对于高效课堂的生成、学科核心素养的落地等都具有积极的推动价值。

第九章　中学思政课教师专业发展

　　教师专业发展是现代教育发展对教师的必然要求,教师职业专业化也是现代教育的重要标志。作为课程、知识的传递者,教师自身专业化程度对课堂教学和教育改革都是至关重要的,因此教师的专业发展是当今世界各国教育所面临的一个共同课题。正如有研究者所指出的:国际教师教育改革的主旋律是教师的专业发展。

第一节　中学思政课教师专业发展概述

一、教师专业发展的内涵

　　关于教师专业发展,目前有两种理解,即"教师专业"的发展与教师的"专业发展"①,本书取后者之意,又称为教师的专业成长或教师发展,是教师个体的专业素质与专业化程度不断提高的活动过程。它的提出是社会在发展变化过程中对教师这一职业的功能性本质的重新定位。关于教师专业发展学界有三种观点。

　　一是指教师的专业成长过程。如霍伊尔认为,"教师专业发展是指在教学职业生涯的每一阶段教师掌握良好专业实践所必备的知识和技能的过程"。国内也有学者认为,"教师专业发展可以理解为教师的专业成长或教师内在专

---

① 季诚钧、陈于清:《我国教师专业发展研究综述》,《课程.教材.教法》2004年第12期,第68页。

业结构不断更新、演进和丰富的过程"①。

二是指促进教师专业成长的过程(即教师教育)。富兰和哈格里夫斯指出,教师专业发展既指通过在职教师教育或教师培训而获得的特定方面的发展,也指教师在目标意识、教学技能和与同事合作能力等方面的全面进步;我国台湾学者罗清水认为,"教师专业发展乃是教师为提升专业水准与专业表现而经自我抉择所进行的各项活动与学习的历程,以其促进专业成长,改进教学效果,提高学习效能"。

第三种是兼含以上两种理解,即教师专业发展是教师的专业成长过程,也是促进教师专业成长的过程。

教师专业发展是教师成长的过程,是教师内在专业结构不断更新、演进和丰富的过程。这一过程是多侧面、多等级层次的发展过程,包括教师的职业理想、职业道德、职业情感、社会责任感、职业知识与职业能力不断成熟、不断提升、不断创新的过程;教师专业发展也是教师教育的过程,教师通过在职教育或教师培训而获得理论和实践方面的发展。教师专业发展关注教师对理论和实践的持续探究本身,关注教学工作在社会发展和个人生活中的意义。教师专业发展的目的就是要在学校教育过程中使教师和学生都获得成功。对教师专业发展基本理解及其相应各个侧面、层次的次级理解的不同组合,形成了对"教师专业发展"丰富多彩的诠释。

依据教师专业结构,教师专业发展有观念、知识、能力、态度和动机、自我专业发展需要等不同侧面,教师专业结构发展水平有不同等级。一般来说,教师的发展分为两个层次:一个层次是教师作为常态人的发展;另一个层次是教师作为从事教育这一特殊职业的专业人员的发展。教师的专业发展主要是指后者,即教师通过接受专业训练和自身主动学习,逐步成长为一名专家型和学者型教师,不断提升自己专业水平的持续发展过程。也就是说,教师从入职起,就需要不断学习与研究,并逐步走向专业成熟的境界。

二、中学思政课教师专业发展的意义

中学思政课程在中学教育中处于引领的地位,是发展学生核心素养、培养

---

①叶澜:《教师角色与教师发展新探》,教育科学出版社2001年版,第222—226页。

社会主义建设者与接班人的基础性课程。要发展学生的核心素养,培养符合当今社会需要的人才,教师是关键。

(一)落实中学思政课程立德树人根本任务的保证

2014年教育部印发《关于全面深化课程改革落实立德树人根本任务的意见》,立德树人根本任务的确立,引领着我国的教育发生深刻的变化,核心素养、学科核心素养引领着新一轮课程改革,课程标准的颁布、新教材的出版,教学方法与教学理念的更新,要求教师不断的革新自我,课程改革的成功,立德树人根本任务的实现的关键在于教师;为进一步落实立德树人的根本任务,中学思政课程的重要地位日益凸显,而上好思政课的关键在教师。思政课教师的"思想政治素质、师德修养、理论功底和专业素养、职业认同感等"是影响课程改革成效的重要因素。为加强中学思政课程的教师队伍建设,2019年教育部等五部门联合印发了《关于加强新时代中小学思想政治理论课教师队伍建设的意见》。这是新时代立德树人工作的重要内容,也是新时代中小学思想政治理论课教师队伍建设的宏观指导、政策依据和重要遵循,对新时代加强中小学思想政治理论课教师队伍建设提出新任务、明确新目标。作为担任立德树人关键任务的中学思政课教师,要立足于形势发展的变化与课程改革的需要,不断提升自己的专业水平,以适应时代和教育发展的需要。

(二)新时代社会发展的迫切要求

思想政治教育理论研究表明,实现思想政治教育的有效性取决于教育的主客体是否实现有效的匹配。所谓有效匹配是指教育主体能够给予教育客体以"示范与警示"的作用。目前存在一些教师并不能真正履行"为人师表"的崇高职责,没有把教育当成事业,而把它仅作为谋取社会生存的一种手段,这使得其教育丧失社会公德和职业道德,教师的示范效应也在一定程度上出现缺失。解决困扰我们多年的思想政治教育失效性问题的关键就在于有效地实现教育主客体的有效匹配,强化社会的"示范效应",发挥榜样的力量。因此,提升教师素质以适应社会发展的需要,以培育具有极强精神感染力、代表新文化精神、广受学生乃至社会成员爱戴敬仰的教师示范群体,无论是对推进素质教育的发展,抑或是扭转社会风气,克服目前社会存在的文化危机均具有极其重要意义。习近平总书记强调:"办好思想政治理论课关键在教师,关键在发挥教师的积极性、主动性、创造性。思政课教师,要给学生心灵埋下真善美的种子,引导学生扣好人生第一粒扣子。"①他要求思想政治教师要做到"六个要",即政治要强、情怀要深、思维要新、视野要广、自律要严、人格要正,中学思政课教师要以此为指导,不断加强自我修养,更好地担负起培养中国特色社会主义建设者与接班人的重要职责与使命,成为可信、可靠、乐为、敢为、有为的新时代好教师。

(三)教师自身发展的需要

中学思政课教师提高自身素质是升华人生境界、实现人生价值、发展自我的重要途径。美国心理学家马斯洛从社会学和心理学的概念出发,把人的需要按其重要性和发生的先后次序排成:生理上的需要、安全上的需要、感情和归属上的需要、地位和受人尊敬的需要、自我实现的需要等五个层次。而人的素质的提升最主要的内驱力在于提升人生境界、实现人生的价值。马斯洛的需求层次理论给我们的启示在于:人类的物质生活需要是有限度的,而人类的精神追求却是无止境的,人类在追求物质生活的同时,更需要从道德、理想、信仰、人格、情操中寻求精神的寄托,以实现人生的价值并充分享受生命的快乐。可见,教师提高素质是教师自身发展的需要,是教师提高人生境界、实现人生价值的重要途径,是实现自己的职业抱负和职业理想的必然要求。

三、中学思政课教师专业发展的基本特征

目前,作为教师的重要组成部分的中学思政课教师的专业发展引起社会各界的广泛重视。为此,全面把握中学思政课教师专业发展基本特征,深刻分析中学思政课教师专业发展的内在机制,将有助于我们探讨促进教师专业发展的基本策略,对中学思政课教师专业发展水平产生积极的影响。

①《习近平谈治国理政》(第三卷),人民出版社2020年版,第330版。

(一)自主性

中学思政课教师的专业自主性是教师专业发展的前提和基础,中学思政课教师在设计教研、规划教育活动,以及选择教育内容时,应有充分的自主性。中学思政课教师必须具有自我专业发展的意识,具有教师自我专业发展的意识可增强中学思政课教师对自己专业发展的责任感,使其不断寻求自我发展的机会,逐渐获得自我发展的能力。

(二)阶段性和连续性

中学思政课教师的专业发展过程有发展、有停滞、有高潮、有低潮等明显的阶段性。研究教师专业发展的阶段性有助于帮助处于低潮期的教师选择、确定个人的专业发展计划和目标。同时教师专业发展又具有连续性,教师只有不断地进修和研究,以终身学习为基本理念,才能不断促进自身的发展,以确保教育相关素养符合时代的需求。

(三)个体性

中学思政课教师的专业发展带有明显的个性特征。教师的专业发展不是一个把现成的某种教育知识或教育教学理论全面地应用于教育教学实践的简单过程,而是蕴涵了将一般理论个性化、与具体的应用场景相适应、并与个人的个性特征(情感、知识、观念、价值观等)相融合的过程。即是中学思政课教师能把理论知识与教师个人的实践性知识即个人经验结合起来,不断完善个人的教育观念的复杂过程。这一事实决定了中学思政课教师的专业发展不仅需要教师积极参与富有共性的理论知识的学习,更需要尊重并重视教师个人已有教育经验和观念,并能把一般的教育教学"理论知识"与教师个人的"实践性知识"加以整合,完善个人的教育观念。

(四)实践性

实践是教师发展的基础和生命。中学思政课教师的专业发展更多的是在教育教学实践中实现的,教育实践在教师专业发展中有重要作用。教师专业发展的主体是实践着的教师,中学思政课教师首先应关注的主题是自己置身于其中的教育情境的改善和教育教学实际问题的解决,并以解决实践性问题为目的,将自身发展与教学活动联系在一起,与生动活泼的学生的变化联系在一起,与教育实践密切联系是教师专业发展的基本途径,教育质量的提高和学生的健康成长是教师专业发展的目的。"为了实践、关于实践、在实践中"构成了教师专业发展的一条主线。一方面,教学中实践性问题的存在需要教师专业的发展;另一方面,实践性问题的解决又是教师专业水平发展的标志。事实也正是这样,教师在教育教学实践中获得专业发展的同时,也推动着教育教学实践向前超越和迈进。

（五）时代性

中学思政课程的根本任务要求中学思政课教师需要紧跟时代发展的步伐,适应社会实践发展的不断变化。尤其在当下,中学思政课教师需要不断学习习近平新时代中国特色社会主义思想,并根据国际国内经济、政治文化等不断变化的情况和最新的科学技术成果,及时更新教学内容,及时更新教育教学观念、革新教学方式、关注学生最新的思想动态,为学生创设更加生动、活泼的、高效的学习空间,培养学生的核心素养,落实立德树人的目标。

（六）多样性

思想政治教育过程的复杂性决定了中学思政课教师专业结构的复杂性,进而决定了中学思政课教师专业发展的多样性。中学思政课教师的工作包括开发课程资源、选择合适的教学方法、分析研究教材、创设学习情境、组织教学活动、教育与评价学生学习等,中学思政课教师的专业发展体现在这些不同的活动中。思想政治教育过程是师生之间的情感交流过程,也是教师专业发展过程。为了适应思想政治教育的多样性,中学思政课教师专业发展不仅要注重教育知识、技能层面的发展,也应兼顾认知、技能、情意各方面的成长。

第二节 中学思政课教师专业发展的结构与要求

教师的专业结构是教师专业发展的核心内容。教师专业发展实质是教师的内在专业结构不断更新、演进和丰富的过程。教学职业的复杂性决定了教师专业结构的复杂性。

一、中学思政课教师的专业结构

目前,教师的专业结构,主要包括教师的专业信念、专业知识、专业能力、专业自觉、专业自主。

(一)专业信念

专业信念是指教师在对教育工作本质理解基础上形成的关于教育的观念和理想信念。专业信念一旦确立后,它会给教师的心理和行为产生深远的影响,决定着教师成长与发展的方向,为教师的专业成长提供内在动力。中学思政课教师的专业信念主要包括:一是理想信念,理想信念是教师从事好教育事业的根基。教师只有树立崇高的教育理念和教育信念,与时俱进,才能在教书育人过程中发挥聪明才智。二是教育价值观,即教师对教育的作用的根本看法或观点,教师根据自己的教育价值观确定自己教育行为的价值取向。三是学生观,教师怎么看待学生,把学生看成什么样的人,对学生采取什么态度,一直是关乎教育理论和教学实践的重要问题。四是教师观,即教师的教育观念,教师对职业的特点、责任、教师的角色及科学履行职责所必须具备的基本素质等方面的认识,它直接影响着教师的知觉、判断,进而影响其教学行为。五是教育评价观,教师对教育评价的本质、功能、目的、方式的判断,它直接影响着教师对学生的评价方式和手段。

专业信念可能是教师从自己教学实践经验中逐渐累积形成或由外界直接接受而来的教育观念,也可能是经过深思熟虑并富于理想色彩的教育理念。

不管是教育观念还是教育理念，作为一种精神力量，专业信念都是中学思政课教师专业发展之魂，是支撑教师专业发展的基石，失去了它，教师专业发展也就失去了方向，失去了可持续发展的动力。

（二）专业知识

专业知识是教师专业发展的基础。关于教师应具有什么样的知识，不同的研究者有不同的观点。舒尔曼认为教师专业知识应该由三个方面构成：一是原理规则性知识，也就是教育学、心理学、教学法等方面的专业理论知识；二是专业的案例知识，也就是要像医生、律师、工程师那样掌握大量的实践案例；三是运用原理规则性知识于案例之中的策略性知识，也就是要在具体的教育教学情境中灵活运用原理规则性知识。

一般认为，中学思政课教师应该具备的知识，包括：政治学科知识——本体性知识，跨学科的文化知识——综合性知识，教育学、心理学知识——条件性知识。

首先，作为一名中学思政课教师，应当具备广博的有关当代科学和人文两方面的综合知识，这是中学思政课教师正常开展教学和不断自我学习的基本前提。教师只有具备了广博的文化基础知识，博采众长，并将其内化为个人的修养，才能融会贯通，得心应手，才能在教学中将思政课程与其他学科的知识有机地联系起来，更好地理解本学科的知识，才能有效地激发学生的求知欲。综合知识包括社会科学知识、自然科学知识、哲学知识、美学知识等。

其次，作为一名中学思政课教师，必须精通所教授的思政课的专门知识。对思政学科涉及的相关知识要有全面深入的理解，对心理健康、伦理与道德、法律、国情、政治、哲学、文化等方面的知识要有透彻的理解。系统的马克思主义理论素养是中学思政课教师专业知识结构的重要组成部分。这部分知识包括马克思主义立场、观点、方法，社会主义和共产主义理想和信念及社会主义建设的原则等，它是中学思政课教师在教学中有机地把马克思主义理论的基本立场、观点、方法完整地传授给学生，指导他们运用辩证唯物主义和历史唯物主义的方法，科学地认识和把握人类社会发展的必然规律，实事求是地探索真理，逐步树立科学的世界观、人生观和价值观的必要条件。

最后,中学思政课教师必须掌握一般的教育学、心理学知识,它主要包括如何认识教育对象,开展教学活动必须具备的教育基本理论、心理学的基本理论、思想政治教育的基本理论、教学方法与教育教学方法等相关的知识。教师只有掌握教育学相关的专业知识,才能确立先进的教育思想,全面认识和了解学生,并选择正确的教学内容和方法,运用恰当的评价方式,把自己所掌握的知识和技能科学地传递给学生,促进学生的全面发展。

以上三个方面的知识不是相互孤立的,而是相互支撑、相互渗透,有机整合的。中学思政课教师必须将这三个方面的知识相互沟通与融合,形成具有个性特点的专业知识结构。

(三)专业能力

教师专业能力是指教师在从事教育教学活动中,顺利完成教学任务所表现出来的个性心理特征,是教师素质结构的外在表现形式。教师的教学能力是教师专业能力的主要方面,是影响教育教学效果的决定性因素。就中学思政课教师肩负的思想政治教育的任务来说,中学思政课教师的教育教学显然有着与其他学科不同的难度,这必须依赖中学思政课教师队伍的专业能力予以保障。中学思政课教师的专业能力可以概括为以下五个方面。

第一,具有思想政治教育的能力。思想政治教育能力是中学思政课教师的一项基本能力。过去在这一能力要求上一般停留在做好学生的思想政治工作方面,没有突出分析诊断学生心理状态和适时进行心理疏导的能力。而现代中学思政课教师不仅要善于敏感地观察学生的行为表现,通过现象去分析、判断他们的内心世界,对他们的思想和行为的发展趋势作出预测,而且要能采取正确的对策进行教育和疏导,促进学生的心理转变和思想提高。

第二,具有教学能力。教学能力是指教师在从事教学中表现出来的业务能力。现代中学思政课教师应具备的教学能力:一是教学设计能力,包括围绕教学目标加强处理教材、选择利用教学资源、进行教学流程与教学节奏的设计等。二是教学组织与实践能力,教师在课堂教学过程中,具有将教学设计转化为实际教学的过程的能力,如在教学过程中,能创设情景、激发学生的兴趣、营造民主、平等交流课堂教学氛围,通过师生互动、生生互动引导学生发现问题、分析问题与解决问题,教师具有能自如地驾驭课堂的能力。三是语言表达能力,教师的教学活动主要是通过言语来进行的,教学效果在很大程度上取决于教师的言语表达能力。

第三,具有组织管理能力。这是中学思政课教师不可缺少的一种能力。这种能力体现在多方面,例如给学生设置集体发展目标,维持班级正常秩序,培养学生的集体意识,培养班级干部,形成良好的班风,组织和指导学生参加各种课外活动和社会实践活动等。

第四,具有教育研究能力。具有科研的意识、知识与能力是现代社会对中学思政课教师的要求。中学思政课教师的研究能力,首先表现为对自己的教育实践和周围发生的教育现象的反思能力,善于发现问题、发现新现象的意义,对日常工作保持一份敏感和探索的习惯,不断地改进自己的工作并形成理性的认识。教师研究能力的进一步发展则是对新的教育问题、思想、方法等多方面的探索,运用多方面的经验和知识,综合地、创造性地形成解决新问题方案的能力。这种能力的形成,会使思政课教师的工作更富有创造性和内在魅力。

第五,具有创新能力。创新能力是指教师在教学、科研、教育管理及课程开发等过程中表现出的多种能力的复合体,这种能力有利于开展创新教育和培养创新人才。教师创新能力具体表现在教师具有独特的创新意识,具有获取新知识、产生新观念和创新教学方法等方面。在21世纪这个信息化时代,对创新人才的要求提到了前所未有的高度,创新人才的培养需要具有创新能力的教师。因此,创新能力越来越成为一个教师必须具备的能力。

4.专业自主

所谓专业自主,就是中学思政课教师能够抵抗住外在的压力,制订适合自己的专业发展目标、计划并付诸实施;能够根据自己的专业发展需要安排学习,选择适合自己专业发展的学习内容、学习形式和学习时间;能够将专业发展同自己日常教学、研究、反思紧密结合起来,使之成为自己的一种专业生活方式,从中获得有利于自己专业发展的东西,在专业发展上形成自己的特色。因此,中学思政课教师的专业自主不仅包含传统意义上的教师依其专业知识和技能从事教学工作,自由选择不受他人干扰控制的内容,而且包括教师专业发展自主——教师能独立制订适合自己的专业发展目标、计划,选择自己需要的学习内容,而且有能力将自己所制订的目标、计划付诸实施。

教师的专业自主有两个核心因素:专业发展自主意识和自主能力。只有具备专业发展自主意识和能力的教师,才能不断自觉地促进自我专业成长。自主意识,按照时间维度划分为三方面内容:对自己过去专业发展过程的意识、对自己现在专业发展状态和水平的意识、对自己未来专业发展规划的意识。教师的专业发展自主意识是教师真正实现自主专业发展的基础和前提,它既能将教师过去的发展过程、目前的发展状态和以后可能达到的发展水平结合起来,使得已有的发展水平影响今后的发展方向和程度,未来发展目标支配今日的行为,又能增强教师对自己专业发展的责任感,从而确保教师专业发展的"自我更新"取向。专业发展的自主能力是指有能力将自己所制订的目标、计划付诸实施。自主能力是在思想政治教育活动中形成并得以发展的,它需要中学思政课教师具有一定的经验积累,也是中学思政课教师进一步专业发展自主的现实基础。

专业自主既意味着中学思政课教师在专业发展过程中享有较为充分的自主权,又意味着中学思政课教师对自己的专业发展负责,是中学思政课教师专业自主特征的具体体现。

二、新时代中学思政课教师专业发展的新要求

深化课程改革有利于落实立德树人的根本任务,课程改革给中小学课程带来了新的理念,对教师的教育观念、知识素养、教学方式、教学能力等提出了新的要求,为教师的专业发展指明了新的方向,是当今教师专业发展的主要内容。党的十九大报告深刻分析了我国社会发展新的历史方位,提出了习近平新时代中国特色社会主义思想,对中国未来发展的阶段性任务和未来发展目标进行了科学的分析。这些新理论、新论断是中学思政课程的核心内容,作为思政课教师要充分认识到党的十九大报告与学科理念、学科内容的关联,理解相关内容设计的时代特征,真正从根本上理解相关表述的精神实质,并在思政课中具体落实。新课程改革与党的十九大报告既对中学思政课教师提出了要求,也为中学思政课教师提供了发展的平台与动力。中学思政课教师要以习

近平新时代中国特色社会主义思想为指导,全面贯彻党的教育方针,坚持马克思主义的指导地位,坚持社会主义办学的方向,落实立德树人的根本任务,全面加强自身的思想政治素质、师德修养、理论功底与专业素养,切实增强职业认同感、荣誉感、责任感,为培养德智体美劳全面发展的社会主义建设者和接班人提供坚强保障。

(一)适应新时代要求,教师必须更新自己的专业理念

第一,教师应坚定理想信念与政治信仰,这是思政课教师应该具备的基本素质。现阶段中学思政课教师要深入学习习近平新时代中国特色社会主义思想,坚定正确的政治方向,坚定理想信念。具有正确的政治方向,坚定的理想信念既是党和国家、社会对思政课教师提出的要求,也是思政课内在本质要求。第二,教师要不断更新教育教学观念。当前,培养学生"核心素养"引领着新一轮课程改革,关注学生的正确价值观念、核心与关键能力的培养。思想政治学科以培养学生的"核心素养"为目标,促进其专业观念的改变,以适应时代的要求。中学思政课教师应明确本学科的本质与任务,积极落实立德树人的根本任务,将"知识与技能、过程与方法、情感态度与价值观"三维目标的有机统一中,培养学生的学科核心素养。中学思政课教师也要建立起与核心素养培养相适应的教学观念,充分挖掘生活实践中的各种德育资源,将学科内容的教学与学生的生活实际相联系,在教学中引领学生正确的观念与学科核心素养的形成。第三,新课改更加重视学生主体地位,教师要充分发挥学生的主体作用,坚持以生为本,尊重、信任、宽容学生,建立民主、平等、和谐的师生关系,更加注重学生的思维能力和个性特点。教师要深入研究和把握学生的认知规律和心理特点,注重开发学生的潜能,了解和满足学生多元化需求,不让一个孩子掉队,促进学生核心素养的发展。第四,以核心素养为导向的课程改革必然导致课程评价观念的改革,因此要立足于提高学生的核心素养,要建立能够激励学生不断进步的评价机制,实现评价方式多元化,评价内容关注学生的思维品质、政治认同、思想道德素质、价值判断力、法治素养和社会参与能力。第五,以核心素养为导向的课程改革不仅要求教师是学生学习的指导者、促进者、合作者、参与者与伙伴,也要关注教师对于学生正确价值观念的引导,教师

不仅要完成学科知识的教学,更要通过真实的情境与实践活动的体验,引领学生树立正确价值观念和生成良好道德品质。

(二)适应新时代要求,教师应不断丰富自己的专业知识

新课程改革从课程理念到课程目标,从教材内容的选取到知识的呈现方式,从课程结构到课程评价都发生了重大变化,体现出鲜明的时代气息和全新的价值理念,这对中学思政课教师的知识结构提出了新的更高要求。

1.教师应不断丰富和更新学科专业理论知识

习近平新时代中国特色社会主义思想是马克思主义中国化的最新成果,是当代中国马克思主义、二十一世纪马克思主义,是中学思政课程学习的核心内容。教师只有通过系统学习、全面理解和把握习近平新时代中国特色社会主义思想,才能在课堂中把道理说明白,把观点讲清楚。这就要求思政课教师必须不断学习,丰富和更新专业知识,适应新时代发展的需要。

2.教师应不断丰富和更新教育学、心理学知识

中学思政课程改革是在现代教育理论的指导下进行的,现代教育理论是中学思政课程改革强有力的理论支撑。现代教育理论主要有素质教育理论、现代德育理论、多元智能理论、建构主义理论等。中学思政课程改革的新课程标准、新教育理念、新的教学方法等需要教师认真学习。中学思政课教师只有全面系统地学习和掌握了现代教育理论知识,用先进的教育思想为指导,正确选择教学内容和方法,才能把自己掌握的知识和技能科学地传递给学生,促进学生的全面发展;只有不断丰富和更新心理学知识,才能更深入地认识自己的教育对象,进而根据学生的特点做到因材施教。

3.教师应不断学习综合知识

新课程改革的课程结构强调要体现出课程的综合性、均衡性和选择性,这势必要求中学思政课教师具备跨学科的知识结构。它要求教师不断地拓展知识视野,只有具有综合知识,才能把道理说透彻、讲明白。教师可以通过报纸杂志、互联网、电视媒体、集中进修和培训、参加研讨会等各种渠道不断学习,及时更新自己的知识结构,全面拓展综合修养。

新课程改革的课程结构还强调了现代信息技术与课程的整合,从这一点

来说,了解、掌握现代信息技术的相关知识对教师专业发展也很有必要。

（三）适应新时代要求,教师必须不断提升专业技能

教师的专业能力是教师专业发展的核心内容,新课程改革对教师的专业能力提出了更高的要求,为适应新时代要求,中学思政课教师必须不断提升专业技能。

1.教师应不断提高课程资源的开发和利用能力

课程资源的开发和利用对于中学思政课程具有十分重要的意义。其一,由于中学思政课程教学内容具有抽象、概括、滞后性的特点,需要通过课程资源将概括的内容具体化、深奥的内容通俗化、落后的内容时代化,这就需要课程资源来充实教学过程。其二,中学思政课程学科素养目标的养成,需要创新教与学的方式,将基本观点、基本原理融入生活题材中,围绕生活中的问题组织教学,开展相关活动,促进核心素养的真正落地,因此教师具备课程资源开发和利用的能力非常重要,教师应提升开发和利用课程资源的意识,不断提高开发与利用课程资源的能力,通过搜集、对比、筛选、提炼将最具有育人价值与实践意义的课程资源运用到课程教学中来。

2.教师要转变教学观念,采用新的教学方式

新课程改革不只表现为课程内容、教材的变化,更主要的是体现在实施新课程教学理念和教学方式的变化。中学思政课教师在教育教学中要跟上新时代的步伐,做到与时俱进,改进原有的教学方式,探索新的教学方式,如采用议题式、活动式、情境式教学方法等,不断提高教学的能力与水平,通过师生互动、生生互动的方式,充分发挥学生的主动性和创造性,营造民主和谐的学习气氛,鼓励学生积极参与教学过程。通过改变教学方式,使中学思政课程教学贴近实际生活、贴近学生,增强中学思政课程的吸引力与实效性。

3.教师要提升研究能力

教师不仅是"知识的传授者",还是"课程的研究者",这是新课程对教师提出新要求和新任务。一方面,当前新的论断、新的理论、新课程改革、新理念等给中学思政课教师带来巨大的压力的同时,也带来了全新的机遇。中学思政课教师要把握新时代的新要求,切实提高研究能力,探索新理念、新内容、新方

法、新评价在教学实施中的落实问题。另一方面，中学思政课教师担负着提高学生思想品德和思想政治素质的特殊教育任务。经济的快速发展、社会变革的不断深入，文化日益多元化，当代中学生的思想更具有复杂性、丰富性、个体性、灵活性、多变性和可塑性强的特点，中学思政课教师面临比较复杂的教育对象，这就要求教师既要研究学生及其思想，又要研究教材、时政资料，研究教育教学方式方法及学生的学习方式，还要对自己的教学思想、教学态度和教育教学行为进行分析和反思。因此，教师要提高搜集、加工和处理信息的能力，提高分析、说明和解决现实问题的能力，才能真正实现与时俱进，教学相长。

第三节　中学思政课教师专业发展的途径与方法

时代在发展，社会在进步，知识在以前所未有的速度更新，在这样背景下，作为教师必须不断提升专业发展水平。同时，教师的专业发展是建立在教师自主寻求自我发展的基础之上的，教师通过教学实践、教学反思、教育培训等途径不断提升自我。

一、影响教师专业发展的因素

影响教师专业发展的因素有很多，但最基本的有两个方面，即教师个体因素与外部因素。教师的专业发展离不开教师个人的自我反思、自我分析和自我成长；教师的专业成长也离不开外在的指导、培训、管理及良好资源环境的影响，其中教师个体因素是影响教师专业成长的基本因素，两者一起推动教师专业成长。

（一）外部因素

中学思政课教师的专业发展受其工作的社会环境、学校因素和家庭环境等因素影响。

社会环境是影响中学思政课教师专业发展的重要因素。社会经济文化的发展水平,全社会对于教育及教师地位与价值的认识和看法,教育改革与发展对学校与教师的要求,教育行政部门对于教师培养和发展的政策导向、奖惩机制、教育经济制度及政策法规等,都会影响到教师的专业成长。要促进中学思政课教师的专业发展,全社会要树立起尊师重教的意识。

学校因素影响教师的专业成长。学校是教师进行教育教学工作的主要场所,是教师专业成长的主阵地。学校的制度管理、人际关系、文化环境和工作氛围等,对教师的专业成长具有重要的影响。在教育教学实践中,学校应该针对教师的不同发展阶段采用不同的管理方法,如当教师成熟度、工作的自觉性还不是很高的时候,应加大外部激励的力度,用制度来规范教师的教育教学行为;而对成熟的教育教学骨干,应采用参与式或授权式的管理方式,尊重教师的专业地位和专业发展方向,这种方式对促进教师的专业发展也会产生一定的积极作用。又如学校的文化也是影响中学思政课教师专业发展的重要因素。学校是教师从事教育教学活动的主要场所,学校的教学设备条件、班级规模、课程、教学制度、教师文化、校长的办学思想与管理作风等无不对教师专业发展有重要影响。此外,学校提供的充分的学习和合作时间、丰富的学习和教学资源、友善的同事关系、支持性的领导方式和管理行为等,共同构成了有效促进教师专业发展的良好环境。

家庭因素也影响教师的专业发展。家庭支持度、家庭的文化背景、家庭的经济实力等因素影响教师的专业成长。

(二)内在因素

教师的需要、动机和态度是影响教师专业发展的内在因素。它对于教师专业发展起着关键的作用,是教师专业发展的自身推动力。教师专业发展的内在因素包括两方面:专业发展自主意识和专业发展自主能力。只有具备这两方面能力,教师才能不断自觉地加强自我专业发展。

教师的专业发展自主意识是教师真正实现自主专业发展的基础和前提,它既能将教师过去的发展过程、目前的发展状态和以后可能达到的水平结合起来,又能增强教师对自己专业发展的责任感,从而确保中学思政课教师专业发展的"自我更新"取向。

教师的专业发展自主能力是在教学专业活动中形成并得到发展的,它需要教师经历一定时间的教育、教学过程,这也是教师进一步专业发展自主的现实基础。在教师的专业发展过程中,教师的专业活动尽管多种多样,但课堂教学一直是教师的最基本的专业活动形式。因此,对教师专业发展机制的探寻也应该基于教师课堂上的专业活动。课堂专业活动对教师成长具有特别重要的作用。一方面,它给教师创造了一些选择和改变的机会,使教师对自己专业结构的合理性、适应性作出最终决策,同时也是教师对自己长期积累的教学经验的感悟;另一方面,它又能促进教师的自我澄清、理清个人思维,从而促进教师专业结构的改进。在这样一个循环往复的过程中,实现教师专业的不断发展,提高教师专业发展的自主性水平。

当前,加强新时代中学思政课教师的队伍建设,促进专业发展被提到了日益重要的位置。2019年,教育部等五部门印发《关于加强新时代中小学思想政治理论课教师队伍建设的意见》,提出了思政课教师队伍建设的指导思想、基本原则、目标任务,并在规范中小学思政教师的配备制度、健全中小学教师的准入与退出制度,加强思想政治建设、教师专业能力培训、实践教育、源头培养、教研队伍的建设,推进大中学思政课教师队伍专业发展一体化建设,改革评价机制,完善教学改革的激励机制,健全表彰奖励机制,加强党的领导,强化经费保障,完善督导评估,促进社会参与等方面作出指导,为中小学思政课教师的专业发展创造了一个前所未有良好的外部条件。中学思政课教师应该充分利用这一契机,激发自身专业发展的意识,锤炼专业发展的能力,实现专业水平的跨越式发展。

二、促进中学思政课教师专业发展的途径与方法

促进中学思政课教师专业发展的途径是多样的,人们从不同角度提出了许多具体的措施,如进修、培训、知识填平补齐、提高学历层次、进行继续教育,抓好教学基本功训练、学习和掌握现代教育技术、开展科学研究、进行业务交流、优化教师资源配置,等等。中学思政课教师的专业发展是一个系统、综合的过程,需要教师自身、学校和社会的支持与配合,但关键还在于发挥教师自我专业发展的能动性,以自我实践、自我反思、自我规划为主要形式,从根本上

促进教师的专业发展。

（一）立足自我：教师专业发展的关键

教师本人是其专业成长和专业发展的关键，教师要为自己的专业成长负责。此外，中学思政课教师的成长，离不开社会的支持和培养，但更重要的是有赖于教师的主观努力，它是教师专业成长的决定性因素。教师只有立足自我，具有自主发展的愿望，把工作当作一种责任与使命，就越能激发工作的动力，越能把自己的专业学好，越能发挥自己的专业特长。此时，教师不再是被动地对待自己的专业发展，而是把专业发展看作是我实现、自我提升的需要，可以提升职业的满足感。

1. 自我发展规划

人生需要规划，只有制订合理的规划才能有所作为。教师要成为专业成长的主人，对自己负责，必须要发挥自己的主观能动性，首先要制订自我发展规划。规划的核心是为了发展。规划要围绕发展进行，发展要根据规划实现。教师制订自我发展规划最基本的目的还在于"管理自己"，它是教师专业成长的前提。自我发展规划是将影响教师专业发展的错综复杂的因素加以整合，明确自己在专业成长中所具有的优势，制定目标，规划自己的专业发展过程，使职业发展的道路更为顺畅，成功的机会更大。

如何制订合理规划并实现教师的专业发展？首先要分析自我，全面了解和认识自我，要对自己的能力、兴趣、特长、需要等进行全方位的准确分析，要清楚地认识到自己的优缺点，诊断自己的主要问题，认识问题发生的领域、难度，找到自己最擅长的领域和专业发展方向。教师制订专业发展规划，还应考虑到社会、学校和学生的需求，教师的发展目标指向学生的需要，体现学校发展的目标和社会发展的步伐，分别制定近期目标、中期目标和远期目标。制定发展目标后，要依据目标，制订并执行自己的行动计划。在计划执行或完成之时，教师要对自己的活动效果进行评定，了解是否达到预期的目标，计划是否有不周到的地方，可以针对存在的问题设法改善与补救，以更好地促进自己的专业发展。

2. 自主学习

俗话说"活到老,学到老",教师专业发展的过程是教师自主学习的过程,在终身教育成为时代需求、学习化社会成为时代特征的背景下,自主学习不仅是社会对教师的要求,而且是教师自身发展的内在需求和不容忽视的重要权利,是每个教师得到全面发展和不断成长的必要条件。教师通过不断的学习,更新自己的教育教学观念,丰富自己的学识,建构更合理的专业知识结构,提升教育教学能力,以适应不断发展的教育教学的需要;教师通过不断的学习,能做到"常教常新",激励学生热爱学习。

中学思政课教师需要不断地学习,更新知识,具体内容包括:最新的教育教学理论与方法、最新的专业知识、最近的国际国内形势等,要做到视野广、知识新、方法多、思维新颖。教师学习的方式可以多样化,其中阅读书面材料是自学的最基本形式,通过阅读教育专著、论文等,可以拓宽教师视野和加深教育专业理论知识学习;多媒体、网络技术是一种新型的学习方式,通过网络可以浏览最新的教育资料和信息,使自己的知识紧跟时代的步伐;还可向同事学习、向其他骨干教师学习,向名师、专家请教,查漏补缺,学习他人的长处,发现自己的不足,从而得到更好的发展。在学习的过程中教师要善于思考、发现问题。没有思考的学习是肤浅的,是没有高度与深度的学习,只有持之以恒经过思考的学习,才能将知识融合在自己的知识体系中,才能达到提高的目的。只有坚持长期的自学而且方法得当,教师的专业才能不断成长。

3. 自我实践

教师专业水平的提升更多是在在职阶段获得的,实践是教师专业发展的基础和生命。教师的发展与学校的生活是紧密联系在一起的,教师专业素养中最为核心的实践性知识和个人化的教育观念正是教师依存于特定的背景,以特定的教室、特定的教材,甚至特定的学生为对象,在真实的教育教学场景中形成的,是在充满情感、理想和特定的组织文化环境中逐步发展的。实践性知识是教师专业发展的主要基础知识,教师只有在实践中,才能获得实践性知识,提升专业能力,促进专业发展。美国教师教育鉴定委员会认为在教学实践中才能获得最好的学习,实践能丰富并深化教师的教学经验、检查教师的教学进程,展示教师的知识和技能及所做的工作。中学思政课教师在教育教学过程中,需要敏锐把握学生的思想状况,能准确分析与判断现实生活中存在的问题,能恰当处理课堂中突发事件等,这些都需要在实践中锻炼、提升,在实践中学会教育技能,丰富教育经验,形成教育机智,获得专业发展。

4.自我反思

理论和实践的研究表明,教学反思对教师的专业成长具有重要作用。教学反思贯穿教育教学过程的始终,每一堂精心设计的课、每一个教育突发事件、每一个学生学习状态、学习效果都是值得反思的。反思是为了从日常的教学方式、教学行为中发现自身存在的问题,并努力提出解决问题的方案,提升专业水平。反思能使教师置于研究的状态,随时发现问题、分析问题和解决问题。

教师的教学反思对教师的成长具有重要的意义:一方面,反思需要教师主动积极地发现问题、探索问题,并寻求解决问题的新方法与新策略,这会形成教师对问题的独特性思考与创造性解决问题的方法,能更新观念,提升自己的教育教学水平;另一方面,教师在教育教学实践中要善于发现问题,并进行分析和总结,这样能改变惯性思维,使自己挣脱习惯思维藩篱的束缚,进而提高教育教学水平,实现专业成长。

(二)借助外力:教师专业发展的重要助推

1.专家引领

专家引领,又称专业引领、专家指导、专业培训,中小学校邀请专家对教师进行引领和指导,有利于教师开阔眼界,拓展思路,更新观念,提升水平,形成教育教学风格和特色,促使中小学教师从"经验型"向"科研型"转化。专业引领是中学思政课教师专业发展的必不可少的途径。《关于加强新时代中小学思想政治理论课教师队伍建设的意见》中强调"推进大中小学思政课教师队伍专业发展一体化建设。发挥高校马克思主义学院辐射作用,主动对接中小学思政课教师队伍建设,开发专门培训项目,并鼓励教师走进中小学校开展教学实践。推动大中小学思政课教师专业发展一体化团队建设,每年遴选一批国家级示范团队,确保每个团队涵盖各学段思政课教师,定期开展大中小学思政课一体化教学研究活动。鼓励高校马克思主义学院与中小学开展结对活动,定期开展教学研讨、课程研究、教师实践教育等活动"。中学思政课教师处在教育教学的第一线,实践经验丰富,却无暇深入学习教育教学理论知识和政治学科专业知识,通过专业引领,能使一线教师全面、准确地把握教育教学所需要的专业知识,更新教育观念;大多数中学思政课教师的理论水平和实践经验大体相同,对中学思政课程教育教学中存在的问题有时会比较迷茫,通过专业引领,能对所存在的问题进行准确的分析与判断,并给予较好的建议;通过观摩特级教师的课堂教学或观看其录像课,可以学习名师的课堂教学改革的理念、课堂教学的方法和艺术,提升课堂教学的能力。总之,专业引领能帮助教师释疑解惑,提升政治专业理论水平,开阔思路,更新观念,提升教学的实践水平,形成教育教学特色,促使中学思政课教师从"经验型"向"科研型"转化。

2.教师互助合作

合作是减少成本、提高工作效率的有效措施。由于不同的学术背景、不同的认知结构、思维方式、教学经验等,教师在处理问题的方式、教学方式上都有不同,即使在教同一门课程的同一内容,教师的教学设计、教材内容的处理、教学方式的选择等都会有很大的差异,这种差异本身就是一种宝贵的学习资源。教师间的互助与合作、对话与交流,可以对各种观点进行进一步的比较与鉴别,从而获得对问题更为本质的、全面的认识,获得共同提高。教师间的互助合作还能帮助教师克服困难。在新课程实施中,中学思政课教师面临着更多新问题的新挑战,这时加强教师之间的交流尤为重要,它能帮助教师共享课程改革的经验,共同解决在新课程实施中所遇到的问题,更好地促进专业发展。

教师间的合作交流的方式和渠道是多样的,如学校中学思政课程教研组的交流,通过会议与其他学校、地区的思政课教师的交流,通过互联网实现更广泛的交流等。

教研组是学校管理的基本单位之一,是同学科教师提升业务素质的组织,是学校提高教学质量的主要途径。传统的教研组主要关注教材、教法和学生成绩的提高,对教师的专业发展关注不够。《关于加强新时代中小学思想政治理论课教师队伍建设的意见》中强调要"加强中小学思政课教研队伍的建设。健全各级中小学思政课教研机构,确保人员配备到位。加大从中小学思政课教师队伍中选拔思政课教研员的力度,配齐建强中小学思政课程教研队伍",

"健全中小学思政课教研员示范授课、巡回评课等制度,引领中小学思政课教师整体提升教学水平。支持中小学思政课程教研员与思政课教师建立教研共同体,开展高质量教学研究和专项课题研究活动"。在当今学习化社会和教育改革的浪潮下,很多学校重新建立起学习型教研组。学习型教研组要求教师有改进教学和提升学生学习的共同愿景,成员之间为实现共同的目的而相互支持和学习,并能意识到专业发展需要共同愿景下的团队学习;在合作中对改进教学和自身学习不断进行反思性的专业探究,如同事之间合作进行课程开发和教学设计,相互听课,交流新的观点和信息,去解决教学中的问题,以更好地改进教学,而在此过程中教师也能实现自身的专业发展。

名师工作室的建设。近年来,很多地区启动各学科的名师工作室建设,助力教师专业发展。名师工作室建设的目的在于充分发挥名师的示范、辐射和指导作用,为教师发展搭建平台,实现资源共享、智慧生成、全员提升的目的,培养一批师德高尚、造诣深厚、业务精湛的教师。

在信息技术迅速发展的今天,出现了很多新型的教育信息传播手段,如各种专业网站、微信公众号、微博等手段被广泛运用。这些新的技术手段突破了传统的时空限制,使教师间的学习、交流与共享能更方便、快捷,教研组、名师工作室以开放的形式使更多的教师加入相互交流的行列中来,好的经验能影响更多教师,进而形成一个学习共同体,真正实现教师这个大群体的共同发展。

3.学校支持

教师的专业发展需要有一个宽松、和谐的氛围,学校的管理者要树立既是教师专业发展的服务者,又是教师专业发展的外驱力的思想,这就需要学校领导者首先要强化服务的思想,引领教师专业素质的提高,引导教师以实现自我价值为目的,积极鼓励教师,给他们的发展提供精神和物质的支持。在促进教师专业发展中,学校管理应拓展并强化其在专业领导上的功能,教师与管理者是平等的,学校管理者应是一个专业化的教师,是学习、科研、教学里的行家里手,能给予教师的专业发展一定的指导。这种指导包括以下三个方面。

(1)形成教师专业发展的价值观。学校管理者应通过一定的方式使全体教师接受、认同学校所确立的关于教师专业发展和教师专业素质结构的基本思想,内化为自身的观念与需求;并使这样一种共同的观念和认识对教师的行为倾向与选择产生影响力,促使学校对教师专业发展的共同认识转化为客观现实。

(2)通过制度规范改变教师行为。从学校管理角度促进教师专业发展,制度是一个将理想转化为现实的途径。学校管理者应将教师专业素质要求通过一系列制度和规范与改变教师的专业行为加以体现,如通过评价机制、激励机制的改革来促进教师的专业发展。

(3)营造和谐共享的工作环境。学校的工作环境影响着教师的专业发展。而良好的工作环境需要学校管理者去营造,学校管理者应努力为教师营造宽松和谐、合作共享的工作环境。教育工作是富有创造性的工作,教师在宽松愉悦的氛围中进行教育教学实践,教师的心情是放松的,思维才是开放的,工作的热情才是高涨的,这样的氛围会给教师带来无限的创造力。学校要努力构建管理者与教师之间、教师之间、师生之间的互帮互信、有共同目标和理想的和谐关系。

4.在职培训和进修

在职培训和进修是中学思政课教师职前教育的继续,是更新、补充知识、技巧和能力的有效途径,可以为教师专业发展提供机会。当前我国基于核心素养的课程改革使原有的教育观念、教学方式方法、教学内容、课堂教学评价等发生了根本性改变,中学思政课教师迫切需要通过在职培训或进修以改变自己的教育观念和教育行为。教师的在职培训是在职教师的再学习活动,在职培训的方式必须坚持业余为主,自学为主,如可以利用暑期、周末,或集中一段时间函授进修。教师进修是提高自己水平的一种成人学习行为,必须做到目标集中、重点突出、学用结合、学以致用。在职培训和进修的方式有很多,教师要根据自身需要和学校的安排,选择恰当的方式进行。

主要参考文献

1. 胡田庚主编：《新理念思想政治(品德)教学论》(第三版)，北京大学出版社2019年版。

2. 刘强主编：《思想政治学科教学新论》(第二版)，高等教育出版社2009年版。

3. 陈善卿、张学曾主编：《思想政治课教学研究》，南京大学出版社1992年版。

4. 吴铎主编：《中学思想政治教学论》，高等教育出版社1994年版。

5. 邝丽湛主编：《中学德育学科教学论》，北京大学出版社2010年版。

6. 邢安仁、谭伟才、项复初等主编：《新编中学思想政治课教学法》，广西师范大学出版社1988年版。

7. 陶永华：《新课程思想政治(品德)怎么教》，安徽师范大学出版社2013年版。

8. 刘强主编：《当代中等学校德育学科教学论》，中国人民大学出版社2011年版。

9. 黄甫全、王本陆主编：《现代教学论学程》，教育科学出版社1998年版。

10. 黄甫全主编：《课程与教学论》，高等教育出版社2002年版。

11. 张建文主编：《基础教育课程史论》，人民出版社2011年版。

12. 张建文：《思想政治课程与教学论》，人民出版社2008年版。

13. 吴铎编著：《德育课程与教学论》，浙江教育出版社2003年版。

14. 傅道春：《教育学——情境与原理》，教育科学出版社1999年版。

15. 李壮成：《新课程教师论》，四川大学出版社2010年版。

16.孙菊如、陈春荣编著:《课堂教学艺术》(第二版),北京大学出版社2018年版。

17.裴娣娜主编:《教学论》,教育科学出版社2007年版。

18.欧阳超主编:《中学思想政治课教学论》,四川大学出版社2002年版。

19.叶澜主编:《教育概论》,人民教育出版社1991年版。

20.顾明远主编:《教育大辞典(增订合编本)》,上海教育出版社1998年版。

21.彭栋明主编:《思想政治课优化教学的理论和方法》,中华出版社2000年版。

22.刘天才:《思想政治(品德)教学论》,陕西师范大学出版社2006年版。

23.陈美兰:《中学政治学科教学论新编》,北京大学出版社2019年版。

24.于洪卿主编:《中学思想政治课程与教学论》,浙江工商大学出版社2021年版。

25.陈丽杰等主编:《新课程与思想政治学科教学论研究》,北京师范大学出版社2011年版。

26.罗越媚主编:《思想政治课程与教学论》,广东高等教育出版社2013年版。

27.高青兰等主编:《中学思想政治课教学论》,人民出版社2013年版。

28.李如密主编:《教学艺术论》,山东教育出版社1995年版。

29.叶澜、白益民、王枬等:《教师角色与教师发展新探》,教育科学出版社2001年版。

30.胡天庚、高鑫主编:《高中思想政治课程标准与教材分析》,北京大学出版社2021年版。

31.朱小蔓主编:《〈义务教育思想品德课程标准(2011年版)〉解读》,北京师范大学出版社2012年版。

32.高孝传、杨宝山、刘明才主编:《课程目标研究》,教育科学出版社2001年版。

33.郭多华、张晓丹主编:《中学思想政治教学技能实训教程》,科学出版社2017年版。

34.戴兆国主编:《思想政治理论课分类教学研究》,安徽师范大学出版社2022年版。

35.胡兴松:《思想政治课教学艺术论》,广东教育出版社2000年版。

36.胡田庚主编:《新理念思想政治(品德)教学技能训练(第二版)》,北京大学出版社2013年版。

37.韩震、朱明光主编:《〈普通高中思想政治课程标准(2017年版2020年修订)〉解读》,高等教育出版社2020年版。

38.韩震、万俊人主编:《〈义务教育道德与法治课程标准(2022年版)〉解读》,高等教育出版社2022年版。

后　记

　　《中学思政课程教学论》是高等师范院校思想政治教育专业的一门专业核心课程,是中学思政课教师必须掌握的专业知识。该课程经历了从"教学法"到"教材教法研究"到"学科教学论"的发展过程,具有比较成熟和完整的学科知识体系和教材建设体系。在新时代教育落实立德树人根本任务、全面加强教师队伍建设的背景下,师范专业建设面临着新任务新挑战,需要优化课程结构、加强课程建设、推进教学改革;思政课作为落实立德树人根本任务的关键课程,在课程标准、课程内容和课程教学与评价等方面也需要通过改革来不断适应新时代的新要求。

　　本书按照上述背景要求,依据新时代教师教育课程标准和《普通高中思想政治课程标准(2017年版2020年修订)》《义务教育道德与法治课程标准(2022年版)》关于中学思政课程教学的新精神、新理念、新方法、新要求编写,可以用作高等师范院校思想政治教育专业本科生教学、相关专业研究生课程学习和教师入职后培训与业务能力提升。

　　本书编写是分工合作与集体智慧的结晶,由刘建良担任主编,蒙宇、戴家芳担任副主编。全书最初由刘建良提出框架结构,经与蒙宇、戴家芳共同商定后,按照文责自负的原则分别研究和撰写,最后由刘建良统稿和定稿。各章编写人员依次为:

　　第一章、第二章、第三章,上海师范大学刘建良;

　　第四章,宁夏师范学院董宜祥;

　　第五章,安徽师范大学戴家芳、大连市甘井子区博雅中学彭泳力;

　　第六章、第七章,广西师范大学蒙宇;

第八章,江苏师范大学王翠;

第九章,肇庆学院方拥香。

上海师范大学马克思主义学院课程与教学论专业研究生申巧巧、陈质颖、陈婷、贾瑜瑜以及学科教学(思政)专业研究生于淑宁、梁晓晴等协助主编做了部分资料整理和文稿编辑工作;广西壮族自治区桂林市第十八中学伍荷秀老师为我们提供了教学设计和说课稿;安徽师范大学出版社吴顺安老师自始至终关心和指导本书的编写工作,责任编辑胡志立老师为本书顺利出版做了大量繁琐而细致的工作,对此我们深表谢意!

需要指出的是,本书在编写中参考、引用了党和国家公开发布的政策文件以及现行义务教育道德与法治、普通高中思想政治课程标准等材料;同时我们还参阅了学界的大量文献资料,广泛吸收了近年来关于中学思政课程教学与研究的相关成果,在此一并致谢!

我们真诚欢迎读者在阅读使用过程中就其中存在的问题给予批评指正,以期未来修订完善!

刘建良

2022 年 7 月 28 日